广东省"十三五"高等教育课程体系建设规划教材

大学体育与健康

（修订版）

李尚胥　林锋　钟进聪　主编

中山大学出版社
SUN YAT-SEN UNIVERSITY PRESS
·广州·

版权所有　翻印必究

图书在版编目（CIP）数据

大学体育与健康/李尚胥，林锋，钟进聪主编．—修订版．—广州：中山大学出版社，2023.8（2024.8重印）
ISBN 978-7-306-07805-6

Ⅰ.①大… Ⅱ.①李…②林…③钟… Ⅲ.①体育—高等学校—教材 ②健康教育—高等学校—教材 Ⅳ.①G807.4 ②G647.9

中国国家版本馆 CIP 数据核字（2023）第 088360 号

出 版 人：	王天琪
策划编辑：	王旭红
责任编辑：	王旭红
封面设计：	曾　斌
责任校对：	舒　思
责任技编：	靳晓虹
出版发行：	中山大学出版社
电　　话：	编辑部 020-84111946，84113349，84111997，84110779，84110776
	发行部 020-84111998，84111981，84111160
地　　址：	广州市新港西路 135 号
邮　　编：	510275　　传　真：020-84036565
网　　址：	http://www.zsup.com.cn　　E-mail：zdcbs@mail.sysu.edu.cn
印 刷 者：	佛山市浩文彩色印刷有限公司
规　　格：	787mm×1092mm　1/16　13.5 印张　264 千字
版次印次：	2023 年 8 月第 1 版　2024 年 8 月第 2 次印刷
定　　价：	35.00 元

如发现本书因印装质量影响阅读，请与出版社发行部联系调换

编委会

学术顾问： 张保华

主　　编： 李尚胥　林　锋　钟进聪

副 主 编： 房胜棠　隋志宇　辛娟娟　黄元骋　李岱峰
　　　　　　赵　乐　刘远超

参编人员： 陈发平　黄　胜　吴　强　李文波　许　捷
　　　　　　朱　政　王玉立　王雨薇　丘文俊　李永贤
　　　　　　梁钊国　汤　淼　饶舒扬　黄继珍　刘英梅
　　　　　　彭爱莲　李立宝　田太锋

前　　言

体育教育是高等教育的重要环节，是高等学校文化教育的重要组成部分。大学体育是集大学生身体及心理健康教育、思想道德教育、科学文化教育于一体的一门必修课。《中共中央　国务院关于深化教育改革全面推进素质教育的决定》的颁布，标志着我国教育改革与发展进入了一个崭新阶段。该决定明确指出"学校教育要树立健康第一的指导思想，切实加强体育工作"。为提高体育教学质量，本书编写组按照教育部颁布的《全国普通高等学校体育课程教学指导纲要》的精神，根据学校对体育课程建设的总体部署，遵循课程建设的客观规律，在认真总结多年大学公共体育教学实践和教学经验的基础上，紧密结合教学实际，针对大学生的年龄特点、心理特点、体质状况，以全新的理念，突出体现"健康第一"的指导思想，重视提高学生的身体、心理和社会适应的整体健康水平，使现代大学生在价值观念、身体健康、生活能力等方面能适应社会的变迁，并与之保持同步发展。

本教材本着以育人为宗旨，以增强学生体育锻炼意识、学会科学合理的锻炼方法、提高机体活动能力、培养学生终身体育锻炼习惯为主线，树立"以人为本""健康第一"的思想，体现人本主义特征，将体育运动、身心娱乐、机体健康有机融为一体，引导大学生积极主动地接受体育教育，在欢愉中享受体育带给他们的乐趣，最终达到养成终身体育锻炼习惯、不断促进身心健康发展的目的。

本教材是在体育课程改革的基础上，经多次修改而成。教材试图通过构建"体育与健康"课程新体系，使体育课程改革有所依托，并为普通高校体育课程教材改革提供具有鲜明特色的模式。本教材在部分教师的通力合作下完成。在完成初稿的基础上，由主编对全书进行修改、补充和最后定稿。参加本教材编写的人员主要有：李尚胥、林锋、钟进聪、房胜棠、隋志宇、辛娟娟、黄元骋、李岱峰、赵乐、刘远超、陈发平、黄胜、吴强、李文波、许捷、朱政、王玉立、王雨薇、丘文俊、李永贤、梁钊国、汤淼、饶舒扬、黄继珍、刘英梅、彭爱莲、李立宝。本教材的编写是一种改革的尝试，参加编写的人员都是中青年骨干教师，他们既有一定的业务水平和理论水平，又有开拓创新的精神。在编写过程中，他们都体现出一定的风格和特点。相信这本教材将对完善普通高校体育课程体系起到极大的促进作用，而且将对学校体育的发展产生积极的影响。

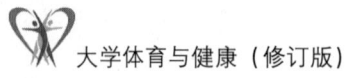

　　本教材分大学体育基本理论编、大学体育与健康理论编、体育与健康实践编共十一章，在强调正确处理健康理念、体育知识、身体素质、能力四者的辩证关系的同时，试图建立以增进健康、更新观念、提高能力、培养学生积极主动参与体育运动的兴趣和习惯为主线的教材新体系。大学体育基本理论编是每位学生都应掌握的体育理论知识，它是树立正确体育观念和建立形成良好生活方式所必需，也是拓宽学生视野和科学指导体育锻炼所必需；大学体育与健康理论编向学生讲授健康的理论和方法、如何获得健康的身体并树立良好的健康观念；体育与健康实践编介绍了科学的自我锻炼、运动处方、传统养生、日常简易健身方法和自然力锻炼，以及大学体育与健康课程目标和内容纲要，目的是使大学生掌握提高健康水平的方法并学会评估自己健康状况的方法。

　　总的来说，本教材根据大学体育课程的特点，突破了传统的编写体系，内容充实、结构完整、颇具新意。本教材立足新时代，突出了大学体育课程的教学特色，力图形成大学体育与健康课程体系。在注重加强基础理论知识论述、扩大知识面的基础上，着重增强学生体育意识和培养新型体育健康实践的素养。在重视对体育方法介绍的同时，加强理论与实践的紧密结合，改变了传统的理论与实践分离和以竞技技术为主线的弊端，让学生既懂道理又会实践，既注重科学性，又讲究实用性和可读性，从而提高大学生的健康理论水平和实践能力，达到大学体育教学的目标。

编　者
2023 年 4 月

目 录

大学体育基本理论编

第一章 体育概述 ·· 2
 第一节 体育的起源、概念及本质 ··· 2
 第二节 体育的功能、演变、构成及特征 ·· 5
第二章 大学体育概论 ··· 15
 第一节 大学体育概述 ·· 15
 第二节 大学体育的地位 ··· 18
 第三节 大学体育的目的和任务 ··· 20
 第四节 大学体育的健康功能 ·· 28
第三章 体育的科学基础与大学体育 ·· 33
 第一节 体育的生物学基础 ··· 33
 第二节 体育的生理学基础 ··· 36
 第三节 体育的心理学基础 ··· 41
 第四节 体育的社会学基础 ··· 44
 第五节 现代社会发展与大学体育 ·· 47

大学体育与健康理论编

第四章 健康概论 ··· 52
 第一节 健康的概念、演变及价值 ·· 52
 第二节 影响健康的因素与健康维护策略 ··· 59
 第三节 健康理念培养及健康素质 ·· 64
第五章 体育与健康 ·· 68
 第一节 健康行为及其影响因素 ··· 68
 第二节 促进健康行为的做法 ·· 69
 第三节 心理健康与体育锻炼 ·· 76
第六章 大学生体质健康测试与评价 ·· 82
 第一节 体质健康的相关概念 ·· 82
 第二节 大学生体质健康标准测试的内容和方法 ····································· 87
 第三节 大学生体质健康标准与测试结果评价 ·· 93
 第四节 提高身体素质的锻炼方法 ·· 97

大学体育与健康（修订版）

体育与健康实践编

第七章 科学的自我锻炼 108
 第一节 体育锻炼的基本原理 108
 第二节 体育锻炼的原则 110
 第三节 体育锻炼方法与内容的选择 114
 第四节 体育锻炼运动负荷的调控 117

第八章 运动处方 122
 第一节 运动处方概述 122
 第二节 运动处方的制定与实施程序 124
 第三节 常用运动处方示例 130

第九章 传统养生 136
 第一节 传统养生学说简介 136
 第二节 传统养生原则 138
 第三节 传统体育养生方法 139

第十章 日常简易健身方法和自然力锻炼 149
 第一节 日常简易健身方法 149
 第二节 自然力锻炼 157

第十一章 大学体育与健康课程目标和内容纲要 161
 第一节 传统运动项目 161
 第二节 新兴运动项目 184

参考文献 206

大学体育基本理论编

第一章 体育概述

第一节 体育的起源、概念及本质

一、体育的起源

体育作为人类文化的重要组成部分,是随着人类社会的发展而逐渐形成和发展起来的。据史学家和考古学家的研究,人类早在原始时代就把走、跑、跳跃、投掷、攀登、爬越等作为最基本的生产劳动和日常生活的技能和本领传授给下一代。这是人类教学的萌芽,也是体育活动的萌芽。

体育首先是起源于劳动。体育是在劳动过程中产生的。原始人类为了获取小动物做食物,就要有快跑的能力;为了抵御和擒获大猛兽,就要有使用器械和投掷的力量;为了捞取水中的鱼虾做食物,就要学会游泳的技术;为了采摘高山上的果实充饥,就要掌握攀登的技巧。当人类在劳动中认识这些能力和技术的重要性,并有意识地去学习、去锻炼这些技能时,就开始有了体育。体育在原始社会生活和劳动过程中产生,是原始社会教育活动的主要手段和内容。

体育主要起源于生产劳动和战争,其产生的根本源泉是生产劳动,是因人类生存和人类社会生活的需要而产生的,并随着社会的进步不断发展。原始人类的社会活动,除生产劳动外,还有其他多种活动,如部落之间的军事冲突、宗教祭祀活动、舞蹈和游戏以及防止疾病等身体活动。人类社会的这些活动,都与体育的起源有着密切的关系,都是体育产生的源泉。

跑、跳、掷、游泳、攀登等技能虽起源于劳动,但只有在战争中才能得到更迅速的发展。在进入畜牧稼穑的生活阶段之后,人类和野兽拼搏的机会少了,而在争夺财物的争斗中却需要发展身体能力,如追击对手时的奔跑速度、搏斗时的身体力量、准确的投掷技术,以及弓箭的使用能力,都较之人与野兽的斗争要求更高。这就使渔猎时代作为劳动技能的许多体育项目,在社会进入畜牧稼穑生活之后,不仅没有被废弃,而且得到更大的发展。后来,随着战争的发展扩大,又创造出更多的属于练武手段的体育项目,如举重、摔跤、武艺、足球、马球等。这些项目经过流传和演变,都成为体育竞赛活动。在世界性的体育项目中颇多这类情况,如拳击、击剑、策马等,显然都是由军事训练手段转化而来的。至于射箭、射击和现代五项（游泳、越野、射击、击剑、马术）运动的兴起，则明显带有军事性质的痕迹，在战争中，为了提高战斗技能，体育成为人们进行军事训练和身体训练的手段。体育的许多项目和军事、战争有密切的关系，说明体育的产生和发展与战争也有关联。

还有部分体育项目是源于社会的娱乐活动，如杂技、舞蹈、秋千、拔河和球类游戏等，都是人类在生产有了提高、生活资料逐步丰富、能够得到温饱之后，为寻求休闲时的娱乐活动而创造出来的。世界上各个民族在原始时代都创造了自己的舞蹈。古奥林匹克运动会就是在祭神仪式活动中产生的。在埃及原始人的壁画中有球戏图形；我国古代传说在黄帝时代就发明了足球游戏，在新石器时代的遗址上，发现了大批的石球和陶球；路易斯·亨利·摩尔根（Lewis Henry Morgan）在《古代社会》一书中提到，处在原始生活阶段的易洛魁人，在没有任何外来输入的条件下，也有球类游戏；蹴鞠是足球的雏形，其起源于中国，据《史记·苏秦列传》记载："临淄甚富而实，其民无不吹竽、鼓瑟、蹋鞠者"。这一切都说明了体育的部分项目起源于娱乐。体育是人类精神娱乐生活中不可缺少的一个部分。

体育是伴随人类进步和文明而产生和发展的。人类在进化过程中，为了生存，在同自然界斗争的过程中发展了走、跑、投掷、游泳、攀登等多种技能。人类早期的生产和生活技能与现代人的体育活动均是身体活动：生产过程的身体活动旨在谋生，而生活过程的身体活动多为锻炼身体。

体育的发展与教育、军事、科学技术的发展，以及人们的宗教活动、休闲娱乐活动有着密切的关系。体育的发展大致经历了原始的体育萌芽时期、自觉从事体育时期、形成与完善体育制度时期。

二、体育的概念

随着人类的进化和人类社会的不断发展，人们对体育的认识在其内涵和外延上也在不断地发展变化。内容上的不断丰富和功能上的不断拓展，确立了体育在人的精神、文化和教育方面的特殊价值。

体育虽然有悠久的历史，但是，"体育"一词却出现得较晚。"体育"一词，最初是法国人使用的。1760年在法国的一些报刊上发表关于儿童教育的文章中使用了"éducation physique"的字样。当时，"体育"和"肉体教育"虽形式不同，但都是指对儿童进行身体的养护、培养、训练。而在古希腊，体育活动往往用"体操"来表示。希腊语"gymnos"是"体操"一词的词根，它的原意是裸体。在古希腊时期，多项身体操练被列为教育内容，包括拳击、奔跑、投掷等。我国古代体育活动则多用"导引""武术"

"养生"等词来标记。19世纪欧洲提出"体育"(physical education)一词，其含义是指与维持和发展身体的各种活动有关联的一种教育活动。

"体育"一词在刚传入我国时，是指身体的教育，是作为教育的一部分出现的，是与维持和发展身体的各种活动有关联的一种教育过程，与国际上理解的"体育"是一致的。随着社会的进步和体育事业的不断发展，其目的和内容均大大超出了原来"体育"的范畴，体育的概念也出现了广义与狭义的解释。《中国大百科全书·体育》把体育概念分为广义的体育和狭义的体育。其中，广义的体育是指根据人类生存和社会生活的需要，依据人体生长发育、动作技能形成和机体机能提高的规律，以各项运动为基本手段，以达到发展身体、增强体质、提高运动技术水平、丰富社会文化生活、为发展经济和政治服务目的的身体运动。广义的体育通常称为体育运动。狭义的体育则是教育的组成部分，是全面发展身体，增强体质，传授体育知识、技术、技能，培养道德品质与意志品质的有目的、有计划、有组织的教育过程。

体育学院通用教材《体育理论》对体育的定义是："体育是以身体练习为基本手段，以增强体质、提高运动技术水平、丰富文化生活为目的的一种社会活动。"高等学校体育学类本科专业教材《体育概论》对体育的定义是："体育是以身体活动为媒介，以谋求个人身心健康、全面发展为直接目的，并以培养完善的社会公民为终极目标的一种社会文化现象或教育过程。"但体育理论界对体育的定义有不同的观点。如费尔辛提出："体育是把运动作为一种技艺、科学和有意义的过程来进行学习。"齐柯勒认为："体育的普遍定义是作为志愿和有目的的人类运动的技艺和科学。"

目前比较普遍且较有群众基础的观点是："体育是指根据人类生存和社会生活的需要，依据人体生长发育、动作技能形成和机体机能提高的规律，以身体练习为基本手段，达到全面发展身体、增强体质、提高运动技术水平、丰富社会文化生活的一种有意识、有目的、有组织的社会活动，及其在人类社会发展中形成的全部财富。"

若从体育哲学、体育概论、体育教育学、体育社会学和体育文化学等不同范畴来认识体育，归纳起来，有两种不同观点。一种是体育的教育观，如日本学者前川峰雄说："体育是通过可视为手段或媒介的身体活动进行的教育。"另一种是体育的生物观，如美国学者认为："体育以身体活动为媒介，培养在身体、精神、情操等方面与社会相适应的公民。"

从体育的诞生之日起，它就有一个明确的基本目标，就是通过人类自身的体育活动，实现人的身心健康，达到人的持续发展。随着社会不断进步，人类文明程度日益提高，体育作为社会的一项事业，其目标更为明确和全面。它不仅要在增强人的体质的基础上实现人自身的可持续发展，而且要通过体育活动推动全社会的可持续发展，从而实现人和社会的全面可持续发展。这是体育发展的根本追求和终极目标。

三、体育的本质

体育的本质，是体育学的一个最基本的概念。国内外对什么是体育众说纷纭，因而对体育概念和本质的研究成为体育理论研究的一个重点和热点问题。研究者认为，确定体育的概念要遵循三个原则：要反映体育的本质，要有辩证的发展的观点，要以我国体育实践为出发点。

体育本质是体育内在的规定性，表现为体育的属性。国际体育联合会1970年发布的《世界体育宣言》认为："体育是教育的一个组成部分；它要求按一定的规律以系统的方式，借助身体运动和自然力的影响作用于人体，完成发展身体的任务。"因此，可以认为体育是教育的一个组成部分，它的本质就是以各种运动为基本手段，是发展身体、增强体质的一种教育。

第二节 体育的功能、演变、构成及特征

一、体育的功能

体育的功能取决于其本身的特点和社会的需要。随着社会的发展，体育的价值在实践中越来越明显地表现出来并被人们所认识。体育的功能分为两个方面：生物功能和社会功能。体育的生物功能主要有健身功能、健美功能、保健功能；体育的社会功能主要有教育功能、娱乐功能、政治功能、经济功能。正是由于体育的功能不但满足了人们生存、享受和发展的需求，而且也满足了社会发展的需要，所以人们对体育的需求呈不断增加的趋势。

体育具有多功能性、多目标性、多层次性。体育的功能正在被人们逐步认识、逐步开发。随着人类社会的发展、实践活动的丰富和科研水平的提高，人们不仅认识到体育在增强人的体质方面所具有的医学、生物学作用，而且逐步认识到体育对人的精神、教育和文化方面等亦具有特殊的价值与功能。

体育的功能具有时间和空间两重性。也就是说，体育是随着人类社会的发展而不断前进和发展的；体育功能在不同条件下，其结构不同，因而功能也不尽相同。一般来说，体育的功能可分为一般功能和特殊功能。一般功能是指体育的教育功能、娱乐功能、经济功能；特殊功能是指体育的增强体质、增进健康的功能。体育的特殊功能，也是其本质功能，是其他教育所不

具备的。体育的特殊功能反映了体育的本质属性及其特征，而一般功能则反映了不同教育学科的共同功能属性。这种特殊功能（本质功能）和一般功能的关系，反映了矛盾的普遍性和特殊性，也是个性和共性关系。随着社会的发展，体育的功能会不断扩展。但体育的特殊功能，也就是体育的增强体质、增进健康的本质属性和特征不能变，体育如果没有了这种特殊功能，那就失去了体育的本质属性，体育就会发生异化。体育是随着人类社会的发展而产生和发展的。人类在进化过程中，为生存同自然界斗争的过程中，发展了走、跑、投掷、游泳、攀登等多种技能。人类早期的生产和生活技能与现代人的体育活动均是身体活动；生产过程的身体活动旨在谋生，而生活过程的身体活动多为锻炼身体，提高人体素质。

（一）体育的健身功能

科学实验和无数人的实践证明，体育锻炼是增进健康、增强体质的最积极、最有效的方法。体育的健身功能是医学和生物学效应。即人们合理、科学地从事体育运动，通过医学和生物学的多种机理，改善和提高人体新陈代谢水平、体内营养物质的分解与合成能力，促进人体健康和增强体质，使人体自身得到有效发展。

这种有效发展表现于：体育运动可改善与提高人体神经系统，尤其是中枢神经系统的机体能力；体育运动可促进人体有机体的生长、发育，提高人体的机体能力；体育运动可改善和提高人体心血管系统和呼吸系统的机体能力；体育运动可改善和提高人体消化系统的机体能力；体育运动可提高人对外界环境的适应能力；体育锻炼可提高人的身体素质。

（二）体育的教育功能

体育的教育功能是体育派生的最基本的功能，就体育教育功能所起作用的广泛性而言，它对人类社会产生的影响是体育的其他功能所无法比拟的。虽然世界各国的社会制度、政治观念、宗教信仰和意识形态不尽相同，但是各国都很重视体育在教育中的独特作用。体育的教育功能主要表现在两个方面：一是在社会中的教育作用，二是在学校中的教育作用。

1. 体育在社会中的教育作用

体育具有活动性、竞争性、技艺性、群聚性、礼仪性、国际性等特点，这使得它在振奋民族精神、激发爱国热情、培养社会公德等方面具有特殊的社会教育意义。当人们置身于竞赛场中时，庄严的赛前礼仪形式、紧张激烈的竞赛对抗氛围、令人叫绝的精湛技艺和竞赛胜负结果等自然会激起人们的荣誉感、集体观念、民族意识和进取精神。这种借助体育实践所诱发的情感因素所产生的社会影响和社会教育作用是难以估量的。例如，中国女排在奥运会、世锦赛、世界杯等国际级大赛中，连续五次夺冠时，中国人民无不欢欣鼓舞。又如，当宣布中国申办2008年奥运会成功的时候，全国人民为之欢呼，焕发出浓厚的爱国主义激情。这些体育大事无不对中国人民进行了一次次生动而形象的社会教育。

2. 体育在学校中的教育作用

自体育问世以来，人们最先看到的是体育能够帮助人强身健体的功能，并将体育纳入学校教育的重要内容，为培养全面发展的人才服务。中国古代教育家孔子就提出在教育中要学习"六艺"。所谓"六艺"，即指"礼、乐、射、御、书、数"。其中，射、御就是现今的体育技能和锻炼。可见，早在两千多年前，孔子已将体育列入学校教育的重要组成部分。古希腊大哲学家亚里士多德曾提出，体育、德育、智育是相互联系的整体，体育应先于智育。亚里士多德认为，只有健全的身体才能有健全的智力。因此，"德智皆寓于体"的教育名言一直流传至今，世界各国政府无不重视体育在学校教育中的作用和地位。

实践证明，体育在学校教育中的多功能性是其他学科所不具备的，因此，体育在学校教育中具有不可替代的作用。培养与教育学生在未来担任社会角色所必备的体育素养，以适应未来社会工作和生活的需要，这是体育在学校发挥教育作用的主要方面。此外，体育还对受教育者进行思想政治、道德观念、意志品质和自身发展的多方面教育。学校体育教学采用体育理论讲授、课外体育活动和课余运动训练等形式，使学生获得科学锻炼的体育理论知识，掌握一些普遍的、必要的运动技能，学会科学锻炼身体的方法，提高运动实践能力，养成系统从事体育锻炼的习惯，树立终身体育思想。

综上所述，为适应现代社会发展的需要，学校体育教育在强调培养学生思想政治、道德观念、意志品质和自身发展等多方面教育作用的同时，还要在如何培养学生终身从事体育的兴趣、爱好，树立终身体育思想方面下功夫。

（三）体育的娱乐功能

体育的娱乐功能较早地被人类认识和利用。原始社会，人们在渔猎闲暇时进行游戏和嬉戏活动，借以消除疲劳、宣泄情感，就潜意识地利用了体育的娱乐功能。《帝王世纪》记载的"击壤而歌"，恰是记录了原始人在休闲时伴之歌唱的一种游戏活动；《太平清话》则记载着始于黄帝时代、用于调节士兵生活的蹴鞠游戏。在体育形成的早期，一些娱乐消遣的活动、游戏，通常在节日庆典、宗教仪式和技艺表演中出现，它们对丰富和调节人的生活起着重要作用。欧洲文艺复兴时期，新兴资产者和人文主义者以"改善和提高人类生活"为宗旨，曾大力提倡开展娱乐消遣活动，且利用多种体育娱乐手段，广泛开展社交活动。以竞争体育为主体的奥林匹克运动，人们最先偏重的也正是"畅心所欲"的娱乐作用。

我国改革开放以来，人民的物质生活质量日益提高，精神生活也逐渐受到重视，人们的业余体育活动和文化生活日渐丰富。现代大都市生活让人远离大自然，而一些户外体育活动，如游泳、爬山、越野跑等不仅调节了人们紧张的生活，而且使人们重返大自然，在大自然中陶冶情趣。此外，从事一些惊险的体育项目——攀岩、蹦极和汽车越野，不仅可以挑战人体自身极限，还可以向大自然发起挑战，从中体验人生的价值与乐趣。现今，我国人民的"全民健身"计划正在实施，人们正寻找适合中国国情的最佳体育娱乐方式，以便更好、更快地消除学习和工作中的身心疲劳，使心境、情绪调整到最佳状态以净化情感，享受生活乐趣，达到健康与长寿的目的。

而欣赏高水平的体育比赛，也已经成为人们日常娱乐消遣的重要组成部分。经常欣赏体育比赛与表演，诸如体操、艺术体操、跳水和花样游泳等一些充满运动美感的项目，可以从中得到美的艺术感受与享受，同时，也可以受到美学教育。

英国一位学者说："不能教会学生支配余暇时间的教育是一种不完整的教育。"所以，我们要发展一种符合中国国情的，以体育方式为主要内容的消遣娱乐，并要对全社会，特别是对大学生进行余暇消遣、体育娱乐的教育，使之真正成为能适应社会发展的全面人才。

(四) 体育的军事功能

体育的军事功能的存在，主要源于战争和训练士兵的需要。冷兵器时代的军事训练，从某种程度上说就是体育锻炼，即为了取得战争的胜利，必须进行跑、跳、投掷、摔跤、搏斗等训练，那时，体育的军事功能尤为突出。现代的体育竞技项目就是从古代军事训练手段演变而来。

现代社会，随着尖端武器的发展、部队机动性的提高，以及新战略和战术的运用，更需要士兵在短期内掌握复杂的军事技能，并最大限度地调动人的精神和体能。因此，进行全面的体力训练，掌握部分体现军事实效的体育项目，如游泳、爬山、攀岩、滑雪、划船、摔跤、格斗、擒拿、拳击和队列操练等，已成为现代军事训练所必需的内容。由此，还衍生出"军事体育""警察体育"等体育分支。

(五) 体育的经济功能

体育的经济功能是近期被认识和开发的社会功能，它是由体育与经济的互相促进作用所决定的。经济学家认为，劳动生产力提高是社会经济发展的重要标志，尤其在对生产力的价值进行评价时，人的素质又是最主要的衡量标准。而在人的诸多素质中，由于身体素质显得至关重要，世界各国都格外重视体育对发展劳动者体力的作用，以期减少发病率，借以达到促进社会生产力发展的目的。这表明，体育的经济功能最初是由体育本身的发展，并间接通过提高国民身体素质，再转化为劳动生产力的。

体育发展对国民经济的促进作用，还明显表现在高度发展的商品经济社会。伴随体育社会化、娱乐化和终身化程度的不断提高，为满足人们对体育不断扩大的需要，各种运动器材、体育场地设施、体育用品的生产、建设和供应，乃至体育健身、体育娱乐和体育旅游业都在迅速发展，并有可能在国民经济中逐渐形成一个庞大的体育产业。

竞技体育和商品经济的联系更为密切。一场精彩的体育比赛可以吸引成千上万的观众，并由此获取颇丰厚的门票收入。比如，2003年年初，中国有关方面以150万美金的巨资邀请2002年世界杯足球赛的冠军队——巴西队在广州同新组建的中国国家足球队比赛，由于组织者的成功经营，举办这场比赛竟然获纯利润800万元人民币！

举办一些大型运动会如奥运会、世界杯赛和世界锦标赛等，可以带动一个国家的经济发展。从1984年洛杉矶奥运会开始，举办大型运动会开始可以给一个国家带来巨大的商机。举办大型运动会，除了可以从门票，电视转播权，发行邮票、纪念币、彩票，收纳广告费，印刷宣传品等方面直接获得收入，还可带动旅游业、商业、交通、电信和新闻出版等行业的发展，从中获得相当可观的经济效益。如1964年的东京奥运会使日本的经济开始腾飞；1988年汉城奥运会的成功举办，加速了韩国经济的发展；2008年北京奥运会的成功举办，提高了北京的知名度，也使中国的经济跨上了一个新的台阶。

（六）体育的政治功能

在国际舆论中，经常有人宣传体育超脱政治的观点，这种观点带有理想化的色彩。体育的内涵决定了体育带有政治的色彩，体育是为政治和经济服务的，并受一定的政治和经济制约，因此，体育和政治的相互联系是始终客观存在的。奥运会从一开始就带有政治色彩，因为它要以国家为代表参加比赛，由此决定了奥运会的政治性。

最早体现体育影响政治的历史事件可追溯到古希腊城邦交战的鼎盛时期。当时，古希腊人利用恢复奥林匹克竞技会，在伊利斯城邦国王伊菲图斯的政治斡旋下，终于签订了奥林匹克"神圣休战"公约，由此开创了体育为政治与和平服务的先河。

体育在维护国家主权和民族尊严方面所显示的政治立场更为鲜明。1956年，我国为抗议制造"两个中国"的政治阴谋，断然宣布不参加第16届奥运会；为抗议种族歧视，非洲国家体育组织曾集体抵制了1976年蒙特利尔奥运会。至于为提高国际地位和为本国外交政策服务也不乏其例。中国的"乒乓外交"，用体育竞赛的和平方式促使中美关系正常化，被世界各国所称道。这在1980年莫斯科奥运会和1984年洛杉矶奥运会中表现得尤为突出。1980年7月19日至8月3日，在苏联首都莫斯科举行的第22届夏季奥运会上，仅有81个国家和地区的5872名运动员参赛。这是因为苏联军队入侵阿富汗，为了抗议苏联军队的侵略行径，在国际奥委会承认的140余个国家和地区奥委会中，约43%的国家公开抵制和拒绝参加莫斯科奥运会，这在奥运会史上堪称绝无仅有。1984年美国洛杉矶举行的第23届奥运会也同样受到了以苏联为首的东欧国家的抵制。显而易见，体育是服从政治需求的。然而必须指出的是，体育服从政治需求绝不等于可用政治替代体育。

二、现代体育的演变及构成

（一）现代体育的演变

现代奥林匹克运动的兴起是现代体育发展的重要标志。现代体育在中世纪后期有了较快的发展，随着世界政治、经济、文化各方面的发展变化，它的形成经历了长期的历史过程。自文艺复兴以来，欧洲社会在政治、经济、文化、教育等方面发生了一系列变革。其中，在哲学和思想观念上，由以上帝即神为中心转为以人为中心，近代实验科学体系的形成，由农业社会向工业社会的转变，现代国家与公民意识的出现，以及体育活动自身的组织化、规范化趋势，是现代体育赖以形成和发展的五个必要前提。这五个方面对体育现代化的历史进程起着重要的作用，并为现代体育于18世纪在西欧的初步形成奠定了基础。欧洲体育既有对古希腊、古罗马体育及中世纪体育的继承、复兴，又有发展、创新。其在世界体育发展过程中占据了非常重要的地位，对世界其他地区的体育有着巨大的影响，是现代体育的基本组成部分，是社会发展的产物。

现代体育给人以平等享有体育的权利，由原来只有少数贵族参与转变为适合大众开展的组织方式。为了适应新社会的体育需要，现代体育打破地域、等级、肤色、文化的界限，并最终摆脱其传统性而成为与现代生活相适应的全新体育方式。在现代社会中，体育作为一种社会现象，既是社会发展的产物，又能对社会进步起到积极的促进作用。随着现代社会的经济发展、人们生活水平的提高，体育已经发展成为人们改善生活方式、提高生活质量不可或缺的因素。

（二）现代体育的构成

现代体育在国际体育界被一致认为发源于19世纪的英国。1828年，英国教育家托马斯·阿诺德（Thomas Arnold）开办了一所橄榄球学校，首先把体育列入学校课程，这对现代体育的产生和发展产生了决定性作用。在英国的影响下，1844年在柏林举行了大学生田径运动会，1857年成立了田径协会并在剑桥大学举行了世界第一次大学生锦标赛，这对世界现代体育的发展产生了深刻影响。随着现代体育100多年的迅猛发展，体育发达国家不仅开始对身体锻炼与竞技运动加以区别，还开始建立起由体育教育、竞技体育、社会体育三部分组成的现代体育体系。

1. 体育教育

体育教育在我国通常又称学校体育。学校体育既是体育的重要组成部分，也是学校教育的重要组成部分，同时，还是全民体育的基础。学校体育作为体育和教育的交叉点和结合部，是整个国家体育事业发展的战略重点。从教育和发展身体的总目标出发，不同层次的学校体育按不同年龄阶段、年龄特点和教育阶段，借助于体育课程、课余体育活动和课外体育运动训练这三种基本组成形式，围绕"增强体质"这一中心，全面实现学校体育的各个任务。由于学校体育处在学校这个特定环境，其实施内容被纳入学校的总体计划，实施效果又有相应的措施得以保证，从而与其他教育环节共同构成了一个完整的教育过程，目的在于使学生在德、智、体、美、劳得到全面发展。

2. 竞技体育

竞技体育亦称竞技运动，它是在体育实践中派生出来的。竞技体育是在全面发展身体素质的基础上，最大限度地挖掘体力、智力与运动才能，以夺取优异成绩为目标而进行的科学训练和各种竞赛活动。它在追求"更高、更快、更强——更团结"目标的同时，提倡"公平竞争"和"参与比取胜更重要"等原则。为应对激烈的赛场竞争，各国正广泛地采用先进的科学训练方法和手段，以探索人类竞技运动的极限。

竞技体育的最高国际组织是国际奥委会。在国际奥委会的推动下，体育运动项目不断发展，目前已有50多种用于国际比赛的运动项目，并设有相应的国际体育组织和单项运动协会。传统的中国武术也被奥委会所看好，相信在不久的将来也将成为奥运大家庭中的一员，这将是中国为世界竞技体育运动项目做出的重大贡献。

竞技体育具有很强的观赏性，其以高超的技术、娴熟的战术、默契的配合、精湛的表演、宏大的场面吸引着广大观众，欣赏高水平的竞技比赛已成为人们生活中不可缺少的一部分。同时，它作为一种极富有感染力又容易传播的精神力量，在活跃社会文化生活、振奋民族精神、促进各国人民之间的友谊和团结等方面都有着特殊的作用。

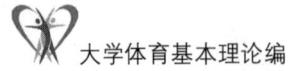

3. 社会体育

社会体育亦称大众体育，健身、娱乐、休闲体育、余暇体育、养生体育和医疗体育等均可列入社会体育范畴。它的对象主要是一般民众，其中包括男女老幼及伤病残者，活动领域遍及家庭乃至整个社会，所以堪称是活动内容最广、表现形式多样、适应性较强、参加人数最多的一项群众性体育活动。社会体育开展的广泛性和社会化程度，取决于一个国家经济的繁荣、生活水平的提高、余暇时间的增多、社会安定等因素。从世界发展趋势看，社会体育作为现代体育发展的重要标志，无论普及程度还是开展规模，都不亚于竞技体育，大有跃居第二位的势头。我国的社会体育正在蓬勃发展，特别是自1995年《全民健身计划纲要》实施以来，全民体育意识大大增强。除"公园体育"仍旧不减外，不少人逐渐改变了体育观念，注重健康投资，开始把健身器械引进家庭，并涉足台球、网球、保龄球、高尔夫球等消费水平较高的休闲、娱乐体育项目。各种体育俱乐部、体育游乐园、健身娱乐中心也都竞相开办，吸引了大批体育爱好者，这表明我国社会体育已经进入了一个全新的历史发展阶段。

三、现代体育的特征

（一）竞技体育的国际化和全球化

以奥运会为最高层次的竞技体育成为现代体育的主旋律，竞技体育的国际化和全球化发展是现代体育的特征之一。20世纪初期，随着大工业生产的迅速发展，欧洲各国出现了大工业生产所形成的城市化快速生活节奏。社会实践使人们认识到紧张的生活节奏需要更富于游戏性的体育运动，而竞技运动作为各种动作的综合体，更能满足人们的娱乐需求，因此，竞技体育在现实中得到了迅速的发展。随着世界市场的形成，民族间的堡垒被打破，社会的生产和消费国际化的进程大大加快，于是，体育也超越了国界，形成了东西方体育以及不同形式体育交流融合的体育国际化大趋势；特别是国际体育组织的产生和发展，则成为现代体育国际化最重要的标志。20世纪以前只有3个国际体育组织，其他的国际体育组织都是在20世纪以后建立起来的，这加快了现代体育国际化的速度。现代体育的国际化主要表现在全球范围内体育运动全方位展开的客观现象。1896年第一届奥运会举行时，只有13个国家295名运动员参加。经过了一个多世纪的发展，2000年悉尼奥运会已有200个国家和地区的1万余名运动员参加，国际奥委会197个成员组成了比联合国更为壮观的"国际大家庭"。体育运动的国际化、全球化为人类社会的进步、文化的繁荣和世界和平做出了积极的贡献。

（二）竞技体育的科学化和高水平化

竞技体育的科学化和高水平化是现代体育的另一特征。第二次世界大战以后，现代科学技术进入跃进时期，新技术革命加速崛起，多学科革命呈现连锁效应，推动了生产力水平的提高和经济的腾飞，加速了现代体育的科学化。从运动员的服装到运动器材，从场地建设材料到光电计时测距装置，从借助计算机和信息技术进行组织管理到大型电子信息服务系统的采用，从闭路电视转播比赛的实现到卫星电视的实况转播，从 X 光透视、CT 断层扫描到核磁共振成像技术在体育科研中的运用，显示了体育运动已逐渐成为现代科技的直接研究对象，加快了现代科技成果向体育科技成果转化的进程。现代体育与现代科技的相互促进、共同发展，对人类社会产生了深远的影响。

（三）竞技体育的商业化和职业化

20 世纪 80 年代以来，充分利用商业手段运作大型体育竞赛已成为现代体育的一个重要特征。体育竞赛有着巨大的吸引力，广大体育爱好者直接或间接地观看体育竞赛，为商业化运作提供了各种机会。最为典型的是 1984 年洛杉矶奥运会商业的运作大获成功之后，各种体育竞赛纷纷效仿这种商业化运作模式，极大地促进了体育运动的开展。20 世纪 70 年代末，申办奥运会的城市只有洛杉矶 1 个，到申办 2000 年奥运会，竞争城市竟增加至 11 个，一度面临生存危机的奥运会也再度充满活力。仅 1993—1996 年奥运会商业开发就获得了 25 亿美元，其中 1996 年亚特兰大奥运会电视转播权就卖了 9 亿美元。将商业化引入奥林匹克运动，不仅是为解决其本身的问题，也是将商业化用于体育运动的大胆尝试，对体育发展具有开拓性意义。

竞技运动的职业化是指运动员以从事体育运动作为一种谋生的手段，职业竞技的组织者和运动员通过提供高水平的比赛，在满足人们观赏需要的同时获得经济收入。职业网球选手获得参加奥运会资格后，立即引起连锁反应，职业足球、篮球等选手也先后获得了奥运会比赛资格。竞技运动的职业化使运动成绩有所提高，使比赛更加激烈，扣人心弦。职业竞技运动的组织者和个人可以从中获得可观的利润。但值得注意的是，体育运动中若不加限制地进行商业化会使体育的伦理道德受到扭曲，人们追求真、善、美的热情和体育运动内在的价值逐渐淡漠，从而使竞技运动沦为人们追求财富的手段。一些腐败现象和违背体育伦理道德现象的不断显露，使体育运动失去了其原来的意义和价值。

（四）现代体育的生活化和大众化

生活化是现代体育的社会性表征的一个重要方面。体育源于生活，并在社会生活中演变和发展。但是，这并不意味着体育的生活化。体育的生活化

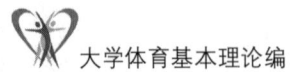

意味着体育如同吃饭睡觉那样，成为这个社会中每一个人日常生活必不可少的组成部分。作为生活主体的个人，不仅有物质方面的需要，而且有精神方面的需要，而发展水平较高的社会不仅能够提供给个人较好的物质生活条件，还能较好地引导和满足个人在精神生活方面的需要。这是社会发展到一定程度时个人与社会相互协调和融洽的反映。体育的生活化是以大众化为前提条件的，也就是说，体育必须作为日常生活的一个内容纳入广大民众的需要范畴。

以扩大体育人口为目标的大众体育是现代体育十分突出的特征。在人类社会发展的历程中，体育运动在很长的一段时间都是作为祭祀神灵的宗教活动、达官贵族的娱乐活动、训练士兵的手段。文艺复兴以后，特别是进入20世纪以来，体育逐渐由"圣"入"俗"，成为平民百姓强身健体、娱乐身心的活动，体育运动逐渐平民化。

大众体育的多样化和生活化包括：一是指人们对体育的价值观念的多元化。由过去的单纯健身观向身心健康、休闲娱乐、达成目标、满足需要等多元化方向发展，形成了现代体育的价值观体系。二是体育活动形式的多样化。体育运动是人与人的社会交往、感情交流的重要方式，它以扩展生活空间的形式调节人们的生理和生活方式，因此，人们自愿地参加体育协会、自发性体育组织、各种体育俱乐部举办的各种形式的体育活动和体育比赛。在各种形式的体育活动中，人们获得运动欲望的满足感、人际社会关系的调和感、目标达成的自我价值实现感和形体的健壮美感。三是体育运动项目的多样化。现代大众体育的发展已不再拘泥于某几种健身项目的活动，更多的人希望掌握现代体育运动技术，将其作为终身体育锻炼的手段，特别是新兴体育项目的开发，为大众体育多样化增添了新的内容。随着社会的发展，人们的人生观也由维持生存向追求发展进而向追求享受转化。在现代社会中，体育不仅是一种强身健体的手段，还成为人们生活中的重要内容，人们开始追求参加体育活动本身的价值，享受体育运动的愉悦，把体育作为生活的一部分并使其生活化。大众体育在终身体育和终身健康思想的指导下，在多元化体育价值观的影响下，呈现多样化和生活化的特征。

第二章　大学体育概论

第一节　大学体育概述

一、大学体育

体育在整个教育过程中具有不可替代性，大学体育是学校教育的重要组成部分，同时又具有体育的属性和功能，是促进学生全面发展的重要手段。

大学体育属于教育学和体育学下的学科层次，应充分体现体育和教育的共同属性。一方面，大学体育是学校教育的重要组成部分，其目的应与学校教育的总目标相一致；另一方面，大学体育又是体育的一个重要内容，它应该充分体现体育的属性，即要以运动和身体练习为基本手段，提高人的机能，增强体质，促进身心健康，促使大学生全面发展。所以，综合来讲，大学体育的目的就是以运动和身体练习为基本手段，对大学生机体进行科学的培育，在提高人的生物潜能、心理潜能的过程中促进大学生德、智、体、美、劳全面发展，达到身心健康、全面发展的育人宗旨。

二、大学体育形势

（一）素质教育与大学体育

《中共中央　国务院关于深化教育改革全面推进素质教育的决定》的颁布和"学校教育要树立健康第一的指导思想"的提出，标志着我国的素质教育进入了整体推进阶段。

1. 素质教育的基本要求

素质教育通常指"基本素质教育"，即为人生做准备的公民教育，使受教育者学会做人、学会学习和学会生活。素质教育的主要内容是提高学生的全面素质，紧密结合社会和人的发展需要，注重发挥人的智力潜能，发展个性心理素质。人的素质是在先天遗传和后天获得的基础上形成的。素质是人的智力、体质、品德和才能的综合表现，是体现人的身心发展水平、质量和功能的基本因素。这包括思想道德素质、科学文化素质、劳动与工作技能素质和自身心理素质。

现今，素质教育是我国教育发展和改革的主流。其目的在于将受教育者

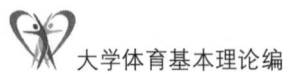

培养为有理想、有道德、有文化、有纪律的社会主义公民。可见，从"应试教育"转变为"素质教育"是世界教育革新的共同趋势，这是由飞快发展的社会要求所决定的。素质教育有以下三大特征。

（1）主体性。素质教育是弘扬人的主体性，注重开发人的智力潜能，注重形成人的精神力量的教育。这一特征恰是相对"应试教育"缺乏人格教育而言的。

（2）全体性。素质教育是面向全体学生的。它应使每一位受教育者均能在其天赋的容许范围内得到充分的发展。就此而言，素质教育也是"差异性"教育，体现了"受教育机会人人平等"的原则。

（3）全面性。素质教育要求人要全面发展。它要求学生德、智、体、美、劳并重，全面发展人的生理、心理和文化素质。

2．大学体育与素质教育的关系

大学体育是高等教育的重要组成部分，大学体育正在从知识传授型教育向素质型教育转变。传统的大学体育偏重于竞技，无论是对教学内容和运动项目的选择，还是对教法、考试内容、考核标准等方面的要求，都偏重于对人体的生物潜能——运动素质的挖掘，例如，在教学中偏重于对知识传授、动作规范的追求，不重视运动能力和终身体育等意识的培养。这不利于青年人的全面健康成长。

大学体育应当充分发挥体育教育的多功能性，遵循素质教育的要点，对学生进行全面培养，使受教育者具有高尚的思想道德情操、丰富的体育科学知识、较强的体育锻炼能力、良好的身体和心理素质以及健康的个性。

大学体育不仅应注重增强学生体质的短期目标，还应注重学生对未来"发展"和"享受"长远目标的需求。注重体育锻炼的科学性、系统性和长期性，培养学生的体育参与意识，体育消费意识，体育欣赏意识，主动参与、投身体育意识，形成自主体育锻炼的习惯，树立终身体育观念。

此外，大学体育还应当重视体育教育的全体性，让每个学生都学习体育、参与体育，消灭体育锻炼的死角。注重学生的个性化发展，因材施教，发展学生的个人体育兴趣和爱好，帮助学生形成个人体育特长。尤其要重视那些身体素质比较弱、体育锻炼兴趣不高、没有体育专长的学生，从思想上启发他们，从制度上要求他们，从方法上帮助他们，使之全面提高体育素质和能力。

（二）大学体育的发展方向

随着"健康第一"和"终身体育"思想的提出，新的健康观念正在使大学体育的教学目标、教学方法以及考核内容和方式发生变化。

1. 教育指导思想——"健康第一"

大学体育以"健康第一"为指导思想，正在从单纯地追求体制的发展和技术的传习，转变为新的健康观指导下的体育教育。

大学体育逐渐把其教育的最终目的确定为培养适应现代化生产和生活的人，要完成这一体育教育的育人宗旨，必须树立"健康第一"的指导思想。

2. 教育目标——培养适应时代发展的人

要实现这一目标，体育教学主要在两个方面进行转向：第一，在目标的空间上，从单纯追求学生的外在技能水平转移到全面追求学生的身心协调发展上来，即打破以往的以运动技术传授为主线的教学体系，建立起以合理的运动实践为手段，全面完成增强体质、发展身体活动能力和养成锻炼习惯的统一协调的新教学体系；第二，在目标的时间上，通过体育教学不但要完成在校期间增进学生生长发育、培养技能、传授知识的任务，还要培养学生爱好体育的能力和意识，为学生终身参加体育活动打下基础，即完成对现在和未来两个方面的培养任务。

3. 教学内容丰富多彩

在教学内容方面继续强调要打破以竞技运动项目（特别是以运动技术结构）为主线的教学体系，改变把"素材"当作教材的错误观。从育人的角度出发，全面结合体育文化的显性教材意义（如健身、技能培养的功能）和潜性教材意义（如对人的社会化、人格培养和情感的作用），许多新兴的项目（如旱冰、体育舞蹈、登山、攀岩、击剑等）成为大学体育教学内容。教学内容的丰富提高了学生对体育项目的选择性，进而增强了学生的学习兴趣。

4. 教学方法灵活多样

体育教学方法的研究一直是大学体育的研究课题之一，目前大学体育教学方法正向多样化发展。体育教学方法的改进主要有三个方面：第一，改变过去只强调教师在教学过程的主导作用而忽视学生在教育过程的主体地位的现象，采用有利于学生理解原理、掌握技术和体验乐趣的新的教学方法；第二，改变过去过分强调组织纪律性的呆板教学方法，实现课堂上不拘泥于形式的整齐划一、快乐体育的教学思想进入课堂。强调体育教育的参与性、娱乐性，降低学习难度，采用多种形式的教法，使学生在运动中体验快乐；第三，改变过去千人一法的教学模式，注重学生的个性发展，因材施教，培养学生的创造性思维。

5. 教学组织形式全校化

大学体育过去只重视体育课堂教学，忽视了学生课外活动的重要性。目前大学体育正在向全校园进行体育教育的方向发展，即在重视课堂教学的同

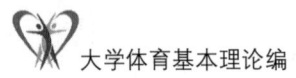

时，也重视学生的课外体育活动，把其列入整体体育教育的范畴。鼓励学生自主进行体育锻炼，养成锻炼习惯，树立终身体育锻炼思想。同时，改变体育教育总是由体育教师在主导这一现象，调动其他各个方面的积极性，使体育教育全校化。

6. 考核方式科学化

大学体育的考试方式正在从过去以运动技能的好坏、运动素质的高低来评价学生的方式改变为从能力、参与、健康等方面对学生进行考核。从单一的评价转向全面的综合质量的评价，强化普及教育，淡化技术技能评定。

7. 体育俱乐部正在成为学生体育锻炼的主要载体

各种体育俱乐部和体育协会在各大学中方兴未艾。体育俱乐部以其灵活的组织形式吸引有浓厚兴趣的学生长期参与体育锻炼，是大学生今后课外锻炼的主要形式。体育俱乐部具有以下功能：为学生提供一个体育活动的场所；为学生提供一个社交的地方；为学生提供一个学习、提高体育技能的课堂；组织学生训练，提高其运动技术水平，使其参加校内外各级比赛；组织校内外各级各类体育比赛。

8. 大学体育与社会体育接轨

大学体育越来越注重将体育教学与学生的生活和课外活动相联系，将体育教学与生活体育、社会体育相联系，主要表现在：一是体育教学的内容向社区体育活动内容靠拢，二是非场地型的野外型活动日益受到青睐，三是自由表现类项目得到关注，四是体育与现在、未来生活的结合日益受到重视。

第二节　大学体育的地位

发展高等教育，首先要研究并认识体育在大学的地位与作用。我国教育实践证明，大学体育是我国培养身心健康发展的高级专门人才的需要，是发展我国体育事业的需要，是建设社会主义文明、丰富大学文化生活的需要。大学体育是我国高等教育和我国体育事业的重要组成部分，也是我国社会主义建设中的一项重要事业。

一、大学体育是我国培养身心健康全面发展的高级专门人才的需要

学校的根本任务是培养身心全面发展的人才，以适应社会发展的需要。《中共中央关于教育体制改革的决定》指出："大学担负培养高级专门人才和发展科学文化的重大任务。"无论是培养高级专门人才还是发展科学技术文化，学校都必须要培养学生德、智、体全面发展。

当代社会的科学技术突飞猛进，生产力高度发展，对人的素质（包括身体素质）以及人的全面发展的社会需要已日益成为人类共同关注的问题。我国正在实现社会主义文化建设的宏伟任务，为适应新时代我国经济腾飞和社会发展的需要，必须大规模地培养新的各级各类合格人才。这些人才，应是有理想、有道德、有文化、守纪律、身心健康，并愿为建设中国特色社会主义而献身的合格人才。高等教育担负着艰巨而光荣的任务，作为高等教育重要组成部分的体育，必须与德育、智育、美育、劳动教育紧密配合，在培养新时代人才中做出应有贡献。

二、大学体育是全民健身的基础，是终身体育的基础，是发展我国体育事业的需要

我国体育的根本任务是增强中华民族的体质，而学校体育是全民健身的基础。大学生正处在18～22岁年龄段，其身体的形态、功能发展虽已不断完善，但仍保留有青春期的一些特点，即发展的不平衡性和不稳定性，身体尚未完全成熟，有待进一步发展。在大学期间，加强锻炼，可促进大学生身体正常生长发育，增强其体质，提高其健康水平，为其身心健康打下基础。新中国成立以来，我国大学生体质和健康状况虽有较大改善和提高，但由于种种原因，目前我国大学生健康水平与一些发达国家相比尚存在一些差距，为此，在大学中加强体育工作，贯彻"健康第一"教育指导思想，大面积提高大学生健康水平，是我国大学体育教育一项十分紧迫的任务。民族素质的优劣，关系到一个民族、一个国家的兴衰存亡。青少年体质水平是一个民族素质水平的象征和标志。

学校体育是终身体育的基础。该如何理解学校体育与终身体育的关系呢？从终身体育的范围看，它包括婴幼儿体育、学龄前儿童体育、学龄儿童体育、青少年体育、中老年体育等。由各个年龄段体育构成的终身体育体系，按完成体育的目的和任务来分类，又可分为家庭体育（婴幼儿）、幼儿园体育（学龄前儿童）、学校体育（儿童、少年、青年）、社会体育（成年后至老年）等几个组成部分（见图2-1）。大学生处在18～22岁年龄段，是青春发育期的关键时期，也是有目的、有计划、有系统地全面锻炼身体，促进身心健康，掌握体育知识、技术、技能，养成锻炼身体的习惯，培养体育意识的重要时期。如果青年时期身体发育得不好，如脊柱侧弯、驼背、心肺机能差等，到了成年以后往往无法弥补，而成为终身的缺陷。所以，大学体育在终身体育的体系中，起着承上启下的作用，是终身体育的重要一环，是奠定终身体育基础的关键时期。

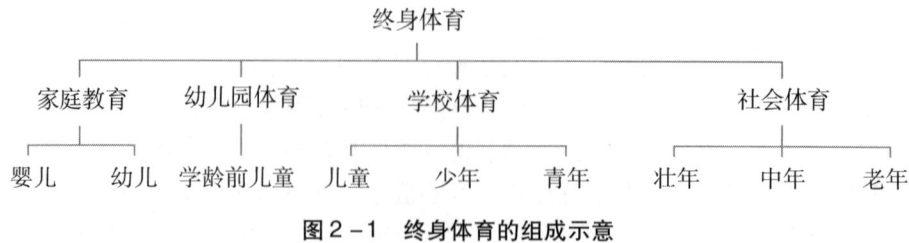

图 2-1 终身体育的组成示意

大学是培养我国体育后备人才、提高竞技体育水平的重要源泉。大学生在体能与智力上都有较大的适应性和优势,有条件也有可能为我国竞技体育发展做出贡献。

大学生形成良好的身体锻炼习惯,掌握体育知识与技能,提高运动能力,不仅是自身完善的需要,还为毕业后走向社会、坚持终身体育、成为社会体育骨干、推动我国群众体育发展创造有利的条件。

三、大学体育是丰富校园课余文化生活,建设社会主义文明的需要

大学生在紧张的学习生活中,需要文明、健康、和谐的课余文化生活,以适应大学生身心健康发展的需要。体育不仅可以为智力开发提供良好保证,而且可以传播社会文化,提高学生文化素养,引导大学生健康文明生活,抵制精神污染,防止和纠正不良行为。学校体育既是文化建设的重要内容,又是思想建设的重要手段。学校体育是一个开放系统,对文化思想建设有着积极作用,必然影响到全社会。因此,大学体育也有助于推进整个社会的精神文明建设。

第三节　大学体育的目的和任务

大学体育的目的,是指在一定的时期内,大学体育实践所要达到的预期结果。它决定着大学体育的方向与过程,是评估大学体育工作的重要依据,对大学体育工作的开展起着导向、控制和激励的作用。根据目标体系结构理论,大学体育的目的可分为条件目的、过程目的和效果目的三个方面。衡量大学体育目的完成的最终标准,一般均以效果目的为标准。所以,我们这里所说的大学体育的目的主要是指大学体育的效果目的,即大学体育的总目的。

一、大学体育的定位

现代体育包括学校体育、竞技体育和社会体育三个基本方面。学校体育是全面发展学生的身体，增强体质，传授体育知识、技能，提高运动技术水平，培养道德和意志品质的有目的、有计划、有组织的教育过程。由于学校教育对象的差异，我们将学校和学生相应分成小学、中学、大学三个学段和小学生、中学生、大学生三个基本级别。因此，我们这里所说的大学体育，隶属于我国学校体育的范畴，主要是指非体育专业大学生在大学期间所接受的学校体育教育，按照"健康第一"和终身体育思想的要求，其含义是指传授体育文化，增强学生体质，提高学生身心健康水平和适应能力的有目的、有计划、有组织的教育过程。

二、大学生的生理、心理特点

大学生的年龄大体在 18～22 岁，这是一个人生长发育走向成熟的关键时期。大学生的身体形态、生理机能、身体素质和心理素质都遵循着一定的规律不断发展变化，并具有明显的年龄阶段性特点。

（一）大学生生理特点

1. 运动系统

运动系统由骨骼、关节、肌肉三部分组成。随着年龄的增长，骨骼的坚固性增强，韧性降低，骨骼软骨逐渐骨化，到大学高年级时，骨化基本完成，身高基本不再增加。在这一时期，由于骨骼柔软且可塑性较大，应注意保持正确的身体姿势和身体的全面发展，避免局部或一侧肢体用力过多，造成肢体特别是脊柱出现病理性弯曲。同时，应注意适宜的运动负荷，防止负荷过大造成的骨化提前，影响身高继续增长。

这一时期的关节软骨较厚，关节囊韧带伸展性大，关节周围的肌肉细长，所以关节活动范围大，但牢固性较差，在外力的作用下易脱位。因此，要提高柔韧性素质，重视发展关节的坚固性，以防关节脱位。

随着年龄的增长，肌肉中水分明显减少，有机物增多，肌纤维增粗，横向发展较快，肌肉重量不断增加，肌力增强。因此，可以进行较多的力量练习，以促进肌肉继续生长。

2. 心血管和呼吸系统

大学生心脏的结构和机能正逐步完善，心脏的重量已达到成人水平；心率减慢，心脏收缩压增加，每搏输出量增多；肺的机能也逐步提高，肺活量也接近成人水平。但是，最大摄氧量和负氧债能力较成人低，且女性比男性低。此时期的体育锻炼可适当增多静力性练习和耐力练习，以有效提高心肺的功能。

3. 神经系统

神经系统发育得最早最快，其功能在少年期已日趋完善，但大脑皮质中兴奋和抑制两个过程不够均衡，兴奋过程占优势而抑制过程相对较弱。到大学阶段，第二信号系统得到发展，抽象思维能力不断提高。

根据上述特点，大学生在运动实践中应注意多样化，避免单调的训练内容，多安排些竞争性的游戏和小型比赛，以提高其兴趣。在活动安排上应适当提高密度，相应缩短时间，可增加些技术分析，以培养其思维能力。

4. 身体素质

身体素质通常指的是人体肌肉活动的基本能力，是人体各器官系统的机能在肌肉工作中的综合反映。身体素质一般包括速度、力量、灵敏性、耐力、柔韧性等，经常参加体育运动，不仅可以使肌肉发达，动作有力，而且在动作的速度、柔韧性、灵活性等方面也有显著的增强，对体力劳动的耐受力，以及致病因素的抵抗力和对各种外界刺激的适应力也都有明显提高。

身体素质的提高是提高运动能力的基础，因此，提高身体素质十分重要。

(二) 大学生心理特点

1. 智力水平迅速提高

大学生的智力发展日趋成熟，其观察力、记忆力、想象力和思维能力迅速接近并达到成人水平。感知能力更富有目的性、系统性、深刻性和全面性。记忆力的发展开始进入鼎盛时期，意义记忆快速发展并居主要地位。想象的目的性、有意性发展突出，能够围绕现实问题进行思考。思维方式显著变化，辩证逻辑思维占优势，能运用科学方法对某些事物和现象进行抽象性和理论性思维活动；思维的独立性和批判性明显增强，喜欢独立地提出问题和寻找解决问题的办法，对事物的认识开始有自己的独立见解，开始用怀疑和批判的眼光看待周围的事物，喜欢争议、辩驳和提出一些新奇的想法。

虽然这一时期的智力水平提高较快，但由于个人阅历比较浅，知识经验不足，辨别能力尚不够强，思维的独立性和批判性不够完善，因而，容易产生一定的片面性和表面性，缺乏深思熟虑，过分自信，固执己见，易走极端。

2. 情感丰富而强烈

大学生的生活和学习活动范围日益扩大，处在体力和精力旺盛的时期，因此，他们的情感丰富多彩、强烈而瞬息万变。情感的体验以肯定、乐观与振奋为主要特征。他们的爱国主义、集体主义、责任感、义务感、友谊感、荣誉感等情感均有较大的发展。他们对美的体验表现得更为复杂而深刻、爱憎分明。此外，大学生情绪的两极化比较突出，极易出现高度的兴奋、激动、热情，或是极端的愤怒、晕气、绝望，既有活泼、愉快、奋发向上等积极倾向，又有低沉、悲观、颓废等消极倾向。

由于和社会生活的接触日益增多，各种社会行为规范使大学生逐渐具有调节和控制自己情绪的能力，因而他们的情感又往往表现出内隐性和闭锁性，他们或将自己的真实情感隐蔽起来，表露出一种与内心体验并非一致的情绪状态；或有选择地暴露给不同的对象，这对了解他们的真实思想带来了一定的困难。

3．自我意识不断增强

自我意识是指人对自身的认识。大学生的自我意识有以下特点：第一，自我认识和评价水平大为提高。表现在自我认识的自觉性和主动性较强，能根据周围的人对自己的各种态度来认识、评价自己，也能将自己与别人进行对比来评价自己，自我评价的客观性有所提高。第二，自我控制的愿望非常强烈，水平明显提高，有了明显的自觉性和主动性，并逐渐以社会标准、社会期望、社会条件为转移。第三，自尊心十分突出。表现为对真诚的赞扬和尊重，批评常使自己感到内疚和羞愧，嘲笑更使他们难以忍受。第四，独立意向十分强烈。要求自主和独立，要求摆脱对成人的依赖，当这种意向因某些原因受阻时，他们会产生不满、对立情绪或反抗行为。第五，自信心、好胜心增强。在接受新任务时，他们会跃跃欲试，不甘人后。

三、现代社会对人才的基本要求

世界经济的全球化和科学技术的迅猛发展，正日益深刻地改变着当今人类的生产方式和生活方式，以信息资源为特征的知识经济时代已初见端倪，这预示着未来社会的一个重要发展方向，即知识、人才、民族的素质和创新能力等要素已成为经济增长和社会发展的关键因素。但决定人类社会命运的最重要因素是人才的因素。《中国教育改革和发展纲要》指出："世界范围的经济竞争、综合国力的竞争，实质上是科学技术的竞争和民族素质的竞争。"可以说，谁拥有符合现代社会发展的人才，谁就能在 21 世纪的国际竞争中处于战略主动地位。大学是一个国家培养人才的基地和摇篮。现代社会对合格人才的基本要求可以归纳为以下四个方面。

（一）要有较高的思想道德素质

现代社会的发展，要求人才应具有较强的社会责任感、合作精神和集体主义精神；要有良好的职业道德和社会公德；要具有较强的民主意识和自主意识；善于继承本民族的优秀文化遗产，善于吸收城外文化中有价值的成分，并形成正确的价值观念和高尚的审美情趣；在世界各民族文化日趋融合

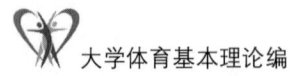

的今天，更要求人才具有强烈的爱国主义精神和国际主义精神。

（二）要有较好的科学文化素质

面对21世纪知识量剧增、知识更新速度加快、科学技术迅速发展的挑战，现代社会合格的人才需要系统地掌握基础知识和具有熟练运用知识的技能，而且要具有选择、加工和综合处理知识信息的能力，善于吸收现代科学技术最新成果；需要具有运用计算机、程序控制等技术的能力；需要具有较强的求知欲望和学习能力；需要确立终身学习的观念，善于通过工作实践，汲取新的科学技术知识。

（三）要有较完美的心理素质

现代社会要求人才的思维活动过程加快，减少重复性，增加科学性和准确性，提高广泛性和深刻性；要求人才的思维方式由封闭型转为开放型，由单项型转变为多项型和系统型，特别强调认识和思维的创造性；要求人才具有科学精神、创新思维；还要求人才具有收集处理信息的能力、获取新知识的能力、分析和解决问题的能力、语言文字表达能力、团结协作和社会活动的能力、较强的应变能力和承受挫折的能力。

（四）要有较强健的身体素质

身体素质是人的其他素质发展的基础。现代社会要求合格人才的身体素质具有很强的对外界的适应能力、对疾病的抵抗力和对灾难的承受力；具有良好的卫生习惯和健康的生活方式；经常性地进行体育锻炼，并且了解相关的人体健康知识；大脑反应要灵敏，身体动作要迅捷；善于放松和调节自己，使身心经常处于和谐安宁的状态。

四、大学体育的目的与任务

根据现代社会发展的需求，根据我国学校教育事业发展的需求，根据大学生身心发展的年龄特征，根据体育的功能，我国大学体育的目的是培养大学生的体育健康观念，增进体育能力，养成自觉锻炼身体的习惯；培养大学生的体育意识、能力和习惯以及良好的思想品质，使其成为德、智、体、美、劳全面发展的社会主义建设者和接班人。为了达到大学体育的目的，应努力完成以下基本任务。

（一）增强体质、增进健康

增强体质、增进健康是我国大学体育的核心任务。这充分体现了我国社会主义现代化事业和当代大学生身心发展的基本要求，也是体育本质功能的正确反映。大学生正处在青年期，生命活动最旺盛，是身心发展的关键时期。在这时期通过体育健康教育，可以促使学生遵守合理生活制度，重视营养卫生、心理卫生，积极参与丰富的文化活动并科学地进行体育锻炼，可以促进学生正常生长发育和内脏功能的发展，塑造健康体格，发展健康素质和活动能力，有效地进行自然力锻炼，增强学生对环境的适应能力和对疾病的抵抗能力。

（二）掌握体育健康基本知识和技能，养成自觉锻炼身体的习惯

为了培养大学生体育与健康的新观念，掌握体育和健康的基本规律，充分调动大学生参加体育锻炼的积极性，提高其增进健康的实效性，大学生必须学习体育学和健康学的基本知识，掌握主要运动项目的科学锻炼方法和基本技术并且逐步养成自觉锻炼身体的习惯。这既是大学生身心全面发展的需要，也是现代人终身受益的需要。

（三）培养良好思想品德、意志品质，促进学生个性完善发展

大学体育不仅要育"体"，而且要育"心"。大学体育，必须根据体育自身特点，通过大学体育的各种组织形式——体育课程、课外活动运动训练及体育竞赛等具体过程，对学生进行思想品德和意志品质教育。教育学生为社会主义现代化建设事业而锻炼身体；培养学生吃苦耐劳、艰苦奋斗、团结友爱、勇于奉献、拼搏进取的优良品质；使学生养成良好的健康行为，提高其热爱美、鉴赏美、表现美的情感能力，以使其在知、情、意、行诸方面有更高层次的追求，促进其个性完善发展。

（四）提高运动技术水平，为国家培养体育人才

各大学应在广泛开展群众性体育活动的基础上，对部分体育基础较好并有一定专项运动才能的大学生进行有计划的课余运动训练，充分利用大学有利条件和大学生体能和智能上的优势，按照教育和体育规律，坚持系统科学训练和竞技教育，不断提高运动技术水平。这样既可以进一步推动大学群众体育活动开展和丰富校园文化生活，又可以为国家培养竞技运动后备人才。

上述各项任务应全面贯彻，不应偏废其中任何一项。并且，所采取的措施应围绕增强体质、增进健康核心任务来安排。

五、实现大学体育目的与任务的途径

《学校体育工作条例》规定，学校体育工作是指体育课教学、课外体育活动、课余体育训练和课余体育竞赛。这四个方面也是实现我国大学体育目的与任务的基本途径。

（一）体育课教学

体育课教学是大学体育中的重要组成部分，是实现我国大学体育的目的

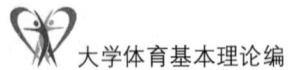
大学体育基本理论编

与任务的主要途径之一。《学校体育工作条例》规定:"普通高等学校的一、二年级必须开设体育课……对三年级以上的学生开设体育选修课程。"2002年教育部又规定,在普通大学从 2002 年 9 月 1 日起把体育课改为体育与健康课。这些规定都为体育课教学工作的正常开展提供了强有力的法规保证。

通过开设体育与健康理论课、体育实践课和体育保健课,教师向学生传授体育基础理论知识,提高大学生对体育的认识,树立终身体育的观念;学生学习科学锻炼身体的方法,掌握锻炼身体的基本技术,从而提高大学生的体育文化素养和体育欣赏水平。

（二）课外体育活动

大学生的课外体育活动是大学体育教育过程中不可分割的环节,它为实现大学体育的目的与任务提供了又一重要途径。通过课外体育活动可以培养、巩固与增强大学生的自我锻炼意识和锻炼能力,学生以自身的身体健康状况和运动能力为基点,结合自己所学专业和未来职业选择的特殊需要以及现有条件,制订科学的自我锻炼计划。通过开展多种形式的课外体育活动,促进身心健康,增强体质,提高学习质量,丰富业余文化生活,提高运动技术水平和体育欣赏水平。常见的课外体育活动形式有以下三种。

1. 晨练

晨练是大学作息制度中为学生安排的清晨体育活动,要求每位学生都应该参加。坚持晨练,对保持合理的生活作息制度、锻炼意志品质、养成良好的卫生和锻炼习惯都十分重要。晨练的内容可以安排跑步、做广播操、跳健美操、练习武术或做提高身体素质的简单练习,也可以根据自己的锻炼计划安排健身锻炼内容。晨练可以集体组织活动,也可以个人练习或集体组织与个人练习交替进行,时间安排以 30 分钟为宜。如果将晨练与其他形式的学习活动相结合,则效果会更好。

2. 课间活动

课间活动,是利用课间休息时间所进行的体育活动。大学生的课间操一般以个人活动为主,最好在室外进行,可以散步、做操、做游戏、踢毽子、跳绳等,但运动负荷不宜过大。课间活动的主要目的在于进行积极性的休息,以消除疲劳、调节身心、提高学习效率。

3. 课后体育活动

课后体育活动,是指大学生结束一天课程学习之后在晚饭以前所进行的体育活动。《大学生体育合格标准》要求在校大学生课后体育活动要保证每周不少于两次。课后体育活动的种类十分广泛,包括健身娱乐性体育活动、竞技性体育活动、医疗性体育活动、职业实践性体育活动、卫生保健性体育活动以及一般性身体锻炼活动。应鼓励大学生参加各种体育组织和体育俱乐部的活动，或按照个人兴趣及需要实施相关的锻炼计划。

（三）课余体育训练

大学课余运动训练是利用课余时间，对部分身体素质较好并有某项运动专长的学生进行系统训练的一种专门教育过程。它是大学课外体育活动的重要组成部分，一方面肩负着提高运动技术水平、创造优异运动成绩、参与校际或国际交往、为校为国争光的光荣使命；另一方面又承担着指导普及、促进大学体育运动蓬勃开展的艰巨任务。大学课余运动训练队的建立是根据学校传统运动项目的特点和体育教师的指导力量，以及学校的场地设施、运动器材等客观条件决定的。通过参加大学课余运动训练队的系统训练，可以较有效地提高大学生的运动技术水平，培养勇敢、顽强、拼搏进取的精神品质。

（四）课余体育竞赛

1. 群众性体育竞赛

群众性体育竞赛，包括校内、校外两种。校运动队队员可代表学校参加校外组织的各种比赛。校内也可组织各种群众性的以促进体育活动开展为目的的各类比赛，是大学课外体育的又一种形式。它以广泛性和形式多样化为特点。校内体育竞赛常见的有班级之间、年级之间、院系之间的单项比赛、对抗赛、友谊赛等，以及每年举行的全校学生均可报名参加的田径运动会、达标运动会等。

课外群众性体育竞赛的开展，有助于培养学生勇敢顽强、拼搏进取的精神品格；培养学生遵守纪律、服从裁判等优良品质和集体主义精神；活跃校园的业余文化生活，对校园的社会主义精神文明建设也具有重要意义。

2. 野外活动

野外活动是指在山、河、湖、海、草原、天空等自然环境中开展的各种活动的总称。根据活动的环境可分为陆地运动、水上运动、冰雪运动、空中运动、草原运动等。根据活动的目的可分为竞技性活动、健身娱乐性活动、教育性活动等。国内外的实践和研究表明，野外活动是一项具有陶冶情操、强身健体、消除疲劳、愉悦身心等效能，深受大学生喜爱，并为其他运动所不能替代的有益的体育活动，已成为发达国家学校教育的内容和进行终身体育教育的有效途径。

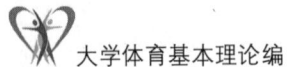

第四节　大学体育的健康功能

一、大学体育的心理健康功能

（一）心理健康的标准

人的心理健康标准是一个比较复杂的问题，对此，心理学家、精神病学家和社会学家各有不同的看法。综合国内外专家的观点，一般认为心理健康的标准主要包括以下八点：了解自我，悦纳自我；接受他人，善与人处；正视现实，接受现实；热爱生活，乐于工作；协调与控制情绪，心情良好；人格完整、和谐；智力正常；心理行为符合年龄特征。

（二）大学体育可以促进学生的心理健康

1. 有助于改善大学生的情绪状态

在繁重的学习压力下，大学生中的某些人经常会产生忧愁、紧张和压抑等情绪反应，参加体育活动可以转换个体不愉快的意识、情绪，因为运动能够提高人的情绪唤醒水平。唤醒水平是指一个人情绪兴奋的水平。运动能提高人的唤醒水平是因为有各种感觉信息的输入。当达到一定的运动负荷，唤醒水平就会提高，使人精神振奋、乐观自信、充满活力。

2. 有助于培养大学生的意志品质

意志品质指一个人的果断性、坚韧性、自制力以及勇敢顽强和主动独立等精神。意志品质既是在克服困难的过程中表现出来的，又是在克服困难的过程中培养起来的。在体育活动过程中需要不断克服各种客观困难（如气候条件的变化、动作的难度、运动损伤等）和主观困难（如惰性、胆怯、畏惧、疲劳等），坚持参加体育活动，可以培养坚强的意志品质，并能够将意志品质迁移到学习、生活和其他工作中去。

3. 有助于培养大学生的人际交往能力

人际交往是指在社会活动中人与人之间进行信息交流和情感沟通的联系过程。人际交往能力强是一个人心理健康的重要标志之一。经常参加体育活动有助于培养学生的人际交往能力，因为体育活动增加了人与人接触和交往的机会。很多体育运动项目是以集体参与的方式表现出来的，参加运动的过程就是一个与他人紧密协作和配合的过程。如排球的二传手与攻球手之间，足球的前锋与中锋之间，田径接力比赛的交接棒之间，甚至体操比赛的单项与团体之间，等等，都存在着锻炼人际交往的机会。

4. 有助于大学生心理卫生问题和心理障碍的防治

一提到心理卫生问题和心理障碍，人们往往误认为是精神病，如一个人因焦急而头痛、因生气而失眠、因过度忧郁而肠胃功能紊乱等，这些都属于心理卫生和心理障碍的范畴。据世界卫生组织（World Health Organization，WHO）于2022年发布的《世界精神卫生报告》显示，全球有近10亿人患有精神方面的疾病。无论男性还是女性，焦虑症和抑郁症都是最常见的精神障碍，体育锻炼被公认为是一种有效的心理治疗方法。美国的一项调查显示，在1750名心理医生中，80%的人认为体育锻炼是治疗抑郁症的有效手段之一，60%的人认为应将体育锻炼作为一种治疗方式来消除焦虑症。由学习压力和其他方面的挫折因素导致的焦虑症和抑郁症成为大学生常见的心理疾病，而通过大学体育可以减缓和消除这些心理疾病。

二、大学体育的生理健康功能

（一）有助于大学生运动系统的发展

运动系统是大学生正常生活、工作、劳动和运动不可缺少的器官和系统。运动生理学研究表明，进行体育活动有助于人体骨骼的发育和生长；有助于人体关节的灵活，增加动作的幅度；有助于增加人体肌肉的体积和肌力。

1. 运动促进大学生身高的增长

人体的身高主要与骨骼的发育水平有关。大学生在经历了青春发育的高峰期后，骨骼发展进入了缓慢的发展阶段，但骨化过程尚未结束，身高的变化仍存在着相当大的可塑性。有资料表明，经常参加体育锻炼的学生与其他同龄人相比，身高平均多增长4～7厘米。这是因为，经常参加体育活动，可有效刺激和促进人体的新陈代谢，使骨骼的新陈代谢加强，血液供应充分，骨细胞生长能力增强，从而使骨的长度增加，骨密质增大，骨变粗，骨小梁的排列更加整齐有规律，机械稳定性加强。影响身高增长的因素除体育活动之外，还有营养、作息、遗传、卫生等因素。

2. 运动可使关节的灵活性、稳定性加大，动作舒展优美

关节是构成人体形态、连接骨骼的组织器官。运动时，骨、关节和肌肉都能得到良好的锻炼，韧带和肌腱的柔韧性和力量、关节的稳定性和活动的范围都可以得到增强，从而使动作表现出舒展大方、优美协调的效果。

3. 运动能够有效地增加肌肉的体积和力量

肌肉是人体运动的动力器官，也是构成健美体形的外在组成部分。俄国诗人马雅可夫斯基曾这样赞美道："世界上没有任何一件衣裳比健康的皮肤和发达的肌肉更美丽。"大学生的肌肉发展特点是由肌纤维纵向发展转向肌纤维的横向发展。在体育锻炼中，肌肉的不断伸缩可使肌球蛋白不断增加；可使肌肉储存水分的能力增加而有利于肌肉的氧化反应；可使肌纤维的供能

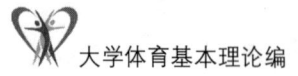

中心线粒体数量增加，不易产生疲劳；可使肌肉结缔组织增厚，肌纤维的数量增加和横断面增大，肌肉的力量增大，肌肉更结实丰满。研究表明，经过长期的运动，人体肌肉的重量可由占体重的40%（女性占35%）左右改变为50%左右，运动可以明显地改善身体的形态结构。

（二）可以促进大学生心血管系统机能的提高

人的心血管系统是由心脏、血管和血液三部分组成的，它担负着人体内新陈代谢过程的运输任务。心脏是血液循环的总动力中心。大学生的心脏在形态结构和功能上，均已接近成人的水平：心脏重量为300～400克，心脏容积为240～250毫升，心跳频率为每分钟65～75次，血液总量占体重的7%～8%。

在体育锻炼中，心脏毛细血管开放的数量增多，心肌的血液供应和新陈代谢加快，增加了心肌中蛋白质和糖原的储备，心肌纤维变粗，心肌增厚，可以使心脏的形态发生良好的变化。随着心肌收缩力量增大，心脏容量得以增加，心脏每搏输出量和每分输出量也会增加。有资料表明，每搏输出量一般人为70～90毫升，经常锻炼的人为100～120毫升。安静时，一般人每分钟的心率为70～80次，经常锻炼的人每分钟的心率可减少到50～60次；剧烈运动时，一般人每分钟的心率只能达到180次，经常锻炼者每分钟的心率可达200次。这些变化都是心血管系统机能增强的表现。

此外，经常参加体育活动还会影响血管壁的结构，改变血管在器官中的分布状态，使冠状动脉口径增粗、心肌毛细血管的数目增加。因而，参加体育活动也是预防一些心血管系统疾病、保护心脏健康的积极手段。

（三）可以提高大学生呼吸系统的机能

人体的呼吸系统是由呼吸道（包括鼻、喉、气管和支气管）和肺组成的。呼吸道是呼吸运动时气体的通道，肺是进行气体交换的场所。大学生肺的结构和机能迅速生长发育，呼吸肌力量逐渐加强，呼吸差、肺活量已接近成人。呼吸频率逐渐减慢，一般为每分钟约为16次，呼吸深度相应增加，呼吸系统已经达到健全程度。

经常参加体育活动可使呼吸系统的机能得到改善。因为运动可保持肺组织弹性，改进胸廓活动范围，使呼吸深度加大，肺活量增加。一般成年男子肺活量为3500毫升左右，成年女子为2500毫升左右，而经常锻炼的成年男子肺活量可达到4000～7000毫升，成年女子可达到3500毫升左右。运动也使呼吸系统的通气和换气功能得以增强。一般人安静时每分钟的呼吸频率为12～18次，肺通气量为4～7升，而经常锻炼的人每分钟的呼吸频率仅8～12次就可达到同样的肺通气量。在定量工作时，呼吸机能还能表现出节省化现象，能够较长时间地保持高效率工作，能够适应和满足较大运动负荷对呼吸系统的要求。

（四）可以改善神经系统的机能

神经系统包括中枢神经系统和周围神经系统。中枢神经系统是指挥整个机体活动的"司令部"。周围神经系统散布于机体各处，上连中枢神经，下连各器官、系统，把人体的各种刺激传给中枢神经，也把中枢系统的指令传到人体的各部分。人体任何一个器官、系统的活动，都是在神经系统的调节、控制下完成的。大学生的神经系统处于脑细胞建立联系的上升期，大脑神经细胞的分化机能迅速发展，大脑皮质的结构和功能发生着巨大变化。

经常参加体育活动可以使人的头脑清醒，思维敏捷。因为大脑虽然只占人体重的2%，但它所需要的氧气都要由心脏总血流量的20%来供应，比肌肉工作时的所需血流量还要多。进行体育活动，特别是到大自然中去活动，可以改善大脑供血、供氧情况，促使大脑皮层兴奋性增强。

另外，进行体育活动是调节大脑皮层兴奋和抑制过程的积极有效措施，这是因为人体神经系统的活动就是兴奋和抑制过程的相互转换。人体进行运动的过程，需要肌肉不停地做出收缩和放松的反应，这个过程本身就是对神经系统兴奋与抑制机能的很好的锻炼，从而使人的动作敏捷、反应灵敏、思维灵活、行动果断，同时也能改善神经系统对心血管系统、呼吸系统、运动系统等器官系统的调节功能，更好地保证大学生在校期间的学习。

三、大学体育的社会健康功能

大学体育的社会健康功能主要体现为参加体育活动有助于大学生社会化过程的完善。社会化是指作为个体的生物人成长为社会人，并逐步适应社会生活的过程。正是经由这一过程，社会文化得以积累和延续，社会结构得以维持和发展，人的个性得以形成和完善。大学体育的社会化功能主要表现在以下几个方面。

（一）有助于大学生学习和理解社会行为规范

体育是一种特殊的社会文化活动。激烈的对抗竞争、频繁的人际交往和多种形式的群体活动，是这一文化活动的鲜明特征。体育领域确立了明确而细致的各种行为规范，如运动员守则、比赛规则、竞赛规程等，并通过裁判、仲裁、公众舆论、大众传播媒介等进行监督。体育的这些规范训练可以在体育教师的指导下经常重复地进行，这就使大学生在体育运动中学习行为规范准则，懂得了行为规范的一般特征，有助于大学生对其他社会规范的理解和学习。

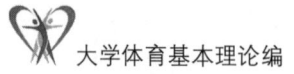

(二) 有助于大学生形成正确的价值观念

体育文化之所以存在，其哲学意义在于对人的肯定，是追求人的价值和人的权利的过程，是发展和完善人的肉体和精神的过程。体育承认人的肉体存在的合理性，从而令人体验现世生活的乐趣、自由和幸福，培养人积极进取的精神和高尚的品行与气质。

(三) 有助于大学生尝试多种社会角色

社会学理论认为，社会角色是指与人们的某种社会地位、身份相一致的一整套权利、义务的规范与行为模式，它是人们对具有特定身份的人的行为期望，并构成社会群体或组织的基础。可以说，一个人要符合社会的要求，取得社会成员的资格，就必须学会扮演适当的社会角色。

大学体育能为学生们学习社会角色提供优越的环境与适宜的条件。所谓体育运动中的角色，是指个人在体育过程结成的社会关系中所处的地位。这种地位有其权利、义务和相应的行为要求。比如，某个班级在分组进行足球比赛时，两个组各自的前锋、边锋、中锋、后卫和守门员等各个角色，都是在自己所处的地位上，通过与该地位相适应的角色行为而产生相互的关系。权利与义务伴随着行为过程而发生，在由体育而结成的社会关系中，每个角色都有获胜的权利、获得嘉奖的权利和按照规则进行技术动作行为的权利，同时也有遵守体育法律规范、道德规范和技术规范的义务。

在多数情况下，体育活动都是通过角色学习出现的。也就是说，体育教育是通过体育场合中人与人的相互交往行为进行的，而这种交往常常又是以群体的形式出现的。当群体活动的学习过程与群体成熟的过程相吻合时，可以得到较为理想的教育效果。所谓群体成熟的过程，也就是群体的每个成员能够适应群体的活动，并能够从中得到满足的过程。群体在成熟时，除群体自身及其活动内容具有魅力外，所有成员还需要具有四个条件：一是能做到与群体规范相一致，二是满足于自己的地位与角色，三是与领导人物、核心人物关系协调，四是具有与其他成员的一体感。

总之，通过体育角色的学习，大学生可以体会到经过个人努力是能够成功扮演各种角色的，从而认识到人的主观努力是改变社会地位的重要途径。

第三章 体育的科学基础与大学体育

体育科学是研究体育现象，揭示体育内部和外部规律的一个系统的科学群。面向世界科学发展总趋势，体育是科学技术发展的橱窗。只有体育科学的发展才能带来体育运动的高度发展。体育科学并不是一门单一的学科，而是包括许多学科的一个学科群。其中，有从社会科学方面研究体育的学科，有从自然科学方面研究体育的学科，有从管理学或人文科学方面研究体育的学科。在这些学科之间存在着内在、本质联系，从而构成一个有序的体系，我们称之为体育科学体系。下面仅就体育的生物学、生理学、心理学、社会学的一些基本原理做简要介绍。

第一节 体育的生物学基础

一、人体生物结构与运动

从生物学角度来看，人体的生物学结构最适宜于运动（包括各种活动）。人类进化的历史表明，人类已经从低级生命形式发展的过程中取得巨大进步。人的进化是逐步进行的。在最早的时代只有单细胞植物和动物，然后开始了无脊椎动物时代，接着是鱼类、两栖类、爬行类、哺乳类动物，之后是类人猿以至进化至人类。原始人通过走、跑、跳、攀、投、悬垂等活动来获取食物，搭起窝棚和在不利条件下求得生存。在人类进化的漫长历史中，这些活动也不断进化，形成了人类的基本动作。据一项进化论方面的研究表明，人不能在静止的条件下生存。人需要运动，要活动身体的各个部位，而且要进行户外活动。

人类的进化过程给人体生物结构带来许多优点，但是，也有弊端。人类自从直立行走以后，凭着手脑的进步、神经系统的发展和言语工具的运用，获得了生物竞争的优势。可是，直立姿势也给人类带来许多困扰：人类祖先是用四肢爬行的，直立姿势易使胸腔下垂，内脏器官易受挤压，严重影响消化系统和血液循环系统功能，往往易导致便秘和结肠类病患；直立姿势使心脏位置低于头等部分身体部位，造成血液分布不规律，增加心肌收缩的负担，这样就易出现头晕目眩，甚至造成昏迷；直立姿势对静脉回流也有影响，由于心脏至脚部的血柱重量引起身体下半部血压增高，这样就易患水肿、痔疮、静脉曲张等疾患；直立姿势也使骨盆位置发生变化，改变了身体重量压力方向，脊柱往往因不胜负荷，造成各种各样的病态，如腰酸背痛就是由于骨盆位置发生变化所造成的进化病。

人类直立行走带来的诸多弊病，可以通过体育活动得到缓解，走、跑、跳及各种体操动作，不仅可以增强腹部肌肉力量，使内脏器官处于适当位置，而且能改善血液循环，这对预防心脏病和消化系统疾患有良好作用。

早期人类居住在开阔而安静的旷野，饮食简单，积极追捕猎物以及较为单一的生存方式，使早期人类发展了适应生存需要的强健体魄和健全的神经系统。然而随着人类现今社会高度工业化、自动化和都市室内生活方式的到来，首先，人的神经系统不能尽快地适应。神经系统疾患和心理疾患发病率增加，每年死于心脏病的人超过70万，这都同现代人生活中神经过于紧张有一定关系。其次，烟、药物、呼吸系统疾病等使人的味觉和嗅觉下降到不如一些野生动物的灵敏程度，而近距离工作和写作也降低了人的视力。再次，飞机、汽车噪声等对人的听力造成了不良影响。最后，人们居住环境拥挤和空气混浊，对人的心血管、呼吸系也产生了不良影响。

仔细观察现实可以发现，许多人正以虚弱和不健康的方式生活着，运动严重不足、饮食结构不合理、寻找刺激（烟、麻醉剂等）和逃避现实，引起了神经系统疾病、心脏病、癌症、肥胖等"文明病"，可以说，人体以心理和身体两方面的退化向人类提出了严正警告。

二、适应与应激

适应是指生物适合环境条件而形成的一定特性和性状的现象。它含有两方面意义：一指过程，即生物不断改变自己，使自己适合于某一环境中生活的过程；二指结果，即有利于生物生存和繁殖的种种特征。总之，适应的基本含义是表示生物对环境的一种适合。

人类从古猿进化成人的发展过程，本身就是一种生物适应过程。人类发展的首要条件是不断地适应环境，不断地同客观环境取得动态平衡。人是万物之灵，不仅能消极适应环境，而且能积极改造环境。

生物适应性具有相对性特征：适应现象尽管很巧妙、很合理，但是适应是相对的。适应是对一定条件产生的反应，而不是对所有客观环境所产生的反应。也就是说，生物产生的适应具有明显的针对性。如动物的视觉有很大差异，鹰的视觉非常敏锐，能在高空近千米发现地面草丛中活动的老鼠，这是由它长期所在的生活环境塑造的，但鹰的辨色能力很差。与鹰不同的是，虽然人的远距离分辨物体能力与鹰相差甚远，但人具有高度辨色能力，这是因为人的远祖生活在森林中，靠采集果实为生，如果没有辨色能力就不能生存。从上述例子可以知道,世界上没有一种适应是十全十美的,不存在以一变应万变的适应性。

由于生物具有适应性,使人的体育锻炼能产生效应,这种效应实质上是人体对锻炼的一种适应。由于生物适应性具有相对性、针对性这一规律,在体育过程中必须有针对性地选择手段,或选择对心肺功能有效的手段,或选择对肌肉有效的手段,同样不存在一种万能手段。

生物对客观环境产生适应性只是一种暂时的应答反应。外界给予生物的特定刺激消除了,那么已取得的适应性也会相应发生消退。人通过体育锻炼可以使身体产生一些良好的适应性变化,如肌肉粗大、心肺功能增强等;但一旦体育锻炼停止,原来所取得的良好适应性变化也会一点点地消退。这一规律正是体育锻炼要持之以恒的理论依据。

生物学中把生物体对刺激发生反应的特性称为感应性,或称为应激。外界环境中各种因素的变化,如光、电、声等都构成了刺激物。在大多数情况下,生物体都以某种不同形式的运动对刺激做出应答性反应。

人体生理应激是人体适应环境的重要规律。日光、空气、水等自然因素是生命的源泉,人类的发展一刻也离不开它们。为了适应自然环境的变化,人们除了采用积极的御寒手段,还通过自然力锻炼、身体锻炼,使机体内部产热或散热过程更加旺盛,体温调节更灵敏。激烈运动的实质是紧张的肌肉收缩活动,这种紧张的肌肉收缩活动,就是一种强烈的应激刺激。这种刺激对人体能起到急性或慢性安抚作用。有规律的身体锻炼还可取得心理效果,如减轻沮丧、焦虑等消极情绪。

三、遗传与变异

遗传和变异是生命的最基本特征之一。遗传,在遗传学上是指遗传物质从上代传给下代的现象,一般指亲代性状又在子代表现出来的现象。变异是指同种生物世代之间或不同个体之间的性状差异。遗传现象是由遗传基因——脱氧核糖核酸(DNA),又称遗传密码,不断向后代遗传的结果。生物学上的遗传是相对的、保守的,而变异是绝对的。正是由于遗传性才保证有机体的种性的相对稳定,而变异则导致种性的发展和进化。遗传和变异是生物进化中的一对矛盾,是生物变化发展的内在依据。

通过体育手段,使有机体的某些形态结构、生理机能和心理素质发生变化,向适应社会所需要的方向发展。这种体育过程也是一种变异。人的体质具有遗传性,表现在遗传对人的身高有明显影响。国内外学者调查研究的结果表明,遗传对身高影响的相关度(H)在 0.7 以上;人的各种身体素质,如反应速度、速度力量、爆发力、弹跳力等身体素质均受遗传影响较大;无

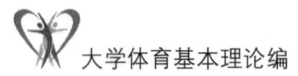

氧代谢能力比有氧代谢能力受遗传影响更大（$H=0.7$）；人的相对肌力受遗传影响也较大（$H=0.643$），而绝对肌力发展则主要取决于环境因素。

第二节　体育的生理学基础

一、肌肉机能与运动

健壮的肌肉是健康的重要标志，同时也是取得优良运动成绩的基础，因此，认识肌肉的一些生理规律是必要的。

（一）肌肉的构造和机能

人体的运动由运动系统实现，运动系统由206块骨骼和400多块肌肉以及关节等组成。骨骼构成人体支架，关节使各部位骨骼联系起来，而最终是由肌肉的收缩、放松来实现人体的各种运动，全身肌肉占人体体重的40%。

组成肌肉的基本单位是肌纤维，许多肌纤维排列成肌束，表面有肌束膜包绕，许多肌束聚集在一起构成一块肌肉。肌纤维是一个呈长纤维状的细胞，每条肌纤维外有一层薄膜叫肌膜，相当于细胞膜，肌膜内除肌浆外，中间有许多根圆柱状上面带横纹的肌原纤维，肌原纤维又由粗细不同的蛋白质微丝构成。肌肉的收缩就是由这两种微丝相对滑行而实现的。体育锻炼能使肌肉结实粗壮，是由于锻炼使肌纤维中蛋白质含量增加，从而使肌纤维增粗。

（二）肌肉的种类和收缩形式

肌肉由随意肌和不随意肌两种类型组成。随意肌是使人体具有活动性的肌肉——横纹肌或骨骼肌；不随意肌是心肌和平滑肌。人体中59%的肌肉由横纹肌所组成。

肌肉在完成各种动作时，就整块肌肉的长度来说，可以发生也可以不发生长度变化，故将肌肉的收缩区分为多种形式，主要有向心收缩、等长收缩、超等长收缩三种形式。

向心收缩是肌肉长度发生缩短的一种收缩形式。如利用哑铃、杠铃、单杠、沙袋等锻炼肌肉均属此类。

等长收缩指当肌肉收缩产生的张力等于外力时或肌肉紧张用力维持肢体保持某种姿势时，此时肌纤维虽积极收缩，但肌肉总长度没有变。如在地面上坐撑成直角静止不动就是这种肌肉等长收缩。

超等长收缩指肌肉先进行离心收缩后再进行向心收缩。如连续双足跳，此时股四头肌先在落地时离心收缩（被拉长），紧接着又立刻做猛烈向上跳起（向心收缩）动作。这类练习对肌肉锻炼的价值较大。

（三）影响肌肉收缩力的因素

肌肉力量大小同生理因素有关系，主要表现在以下四个方面。

（1）肌肉的横断面。肌纤维增粗使肌肉生理横断面增大，而收缩性蛋白质含量增加使肌纤维增粗，从而使蛋白质微丝收缩滑行所产生的力量加大。

（2）肌群协调能力。肌群协调能力是指在运动中动员肌纤维参加工作的程度和各肌群间协调工作的能力。一个经常锻炼的人，在最大用力时能动员90%肌纤维参与活动；而不经常锻炼的人，最大用力时只能动员60%左右肌纤维参与活动。显然，前者肌肉收缩力就大。同时，经常锻炼的人，各肌群在最大用力时相互协调配合也更好，因此更能发挥肌肉收缩效果。

（3）肌肉收缩前的初长度。肌肉收缩时的力量与收缩肌肉所处的长度和状态有关系。肌肉处于缩短或过分拉长的状态时都不能发挥肌肉收缩力量，只有把肌肉拉到一个初始长度，才能有效发挥肌肉收缩力量。

（4）肌肉收缩的代谢适应。肌肉的收缩与放松有赖于能量供应。在运动中，肌肉中毛细血管网增加，可以保证氧气及养料供给；此外，肌肉中能源物质如肌糖原等含量增加都对肌肉收缩产生影响。

（四）体育锻炼对肌肉生长发育的作用

由于体育锻炼使肌肉工作加强，新陈代谢旺盛，毛细血管开放量大大增加，血液供应增多，蛋白质等营养物质的吸收与储存能力增强，肌纤维增粗，肌肉体积增大，肌肉变得更加粗壮、结实、有力。另外，肌肉结构的变化、酶的活性加强，以及神经调节的改进，可使得人体机能提高，表现为肌肉收缩力量大、速度快、弹性好、耐力强。经常锻炼，不但可使骨骼坚固、增长，而且可使肌肉丰满、结实，身材匀称。

二、运动中能量代谢特性

新陈代谢是人体生命活动的基本特征之一，是维持生物体生长、繁殖、运动等生命活动的化学变化的总称，包括同化作用和异化作用两个方面。同化作用是指在新陈代谢过程中，生物将从食物中摄取的养料转换成自身组成物质及储存能量的过程；异化作用是指新陈代谢过程中，生物自身组成物质分解以释放能量或排出体外的过程。而能量代谢则是指物质代谢过程中所伴随的能量释放、储存、转移和利用的过程。人体进行运动时，能量供应是充沛体力和获得良好运动成绩的重要条件。运动时，能量供应有一定的生理规律，认识这些规律，对正确选择锻炼内容及提高锻炼效果有一定的帮助。

（一）人体能源物质及储备

人体内糖、脂肪、高能磷酸化合物和蛋白质都是能源物质。人体运动时

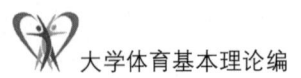

主要靠糖、脂肪、高能磷酸化合物提供能量，只有在不得不动用时，蛋白质才会转化为能源供应运动所需。人体内糖原是以肌糖原和葡萄糖的形式储存于骨骼肌、肝脏、体液中。脂肪是一种含能量最多的物质，在体内氧化释放的能量是糖、蛋白质释放能量的两倍。高能磷酸化合物，主要包括三磷酸腺苷（ATP）和磷酸肌酸（可用 CP 代表）等高能量的物质。

（二）运动时的直接能源

人体运动时，直接能源来自高能磷酸化合物——三磷酸腺苷。肌肉活动时，肌肉中的三磷酸腺苷在酶的催化下，首先迅速分解成二磷酸腺苷与磷酸，同时放出能量收缩肌肉。人体肌肉中的三磷酸腺苷含量甚微，只能供给肌肉短时间消耗，因此，肌肉要持续运动就要及时补充三磷酸腺苷。

（三）运动时的三个供能系统

人体运动时，当三磷酸腺苷分解释放能量后需及时补充，能量补充来源于三个供能系统。

1. **磷酸原供能系统（非乳酸能供能系统）**

当三磷酸腺苷分解为二磷酸腺苷时，肌肉中磷酸肌酸立即分解为磷酸和肌酸，同时释放能量。这个供能系统的供能能力仅能持续 8 秒钟左右。

2. **乳酸能供能系统**

当人体肌肉快速运动持续较长时间（超过 8～10 秒），磷酸原供能系统的供能能力不能及时提供三磷酸腺苷，于是就要动用肌糖原进行无氧酵解供能。这一系统供应不需要氧，但会产生乳酸积累。乳酸能供能系统的供能能力最大持续时间约为 33 秒。要提高速度、耐力，就要发展乳酸能供能系统的供能能力。

3. **有氧供能系统**

人体运动在氧气供应充分的条件下，由糖和脂肪有氧代谢供能，长距离跑等耐力项目就是由有氧供能系统供能。这一供能系统的供能能力主要与人体心肺功能有关。

事实上，从事任何运动，很少是仅属一种供能系统供能，大多数情况下都是三个供能系统同时供能。但不同运动项目三个供能系统所占比例各不相同（见表 3-1）。

表 3-1　跑的能量来源特点及百分比

项目（成绩）	有氧代谢/%	无氧代谢/%	能量供应特点
30～60 米	0	100	ATP、CP 供给

续表 3-1

项目（成绩）	有氧代谢/%	无氧代谢/%	能量供应特点
100 米	0	100	开始靠 ATP、CP 供给，后靠肌糖原、葡萄糖无氧酵解供给，跑后血乳酸增多
200 米	5～10	90～95	
400 米（1 分 30 秒）	18.5	81.5	
800 米（2 分）	33.33	66.67	有氧分解和无氧分解功能均重要
1500 米（3 分 40 秒）	52.3	47.5	
5000 米（25 分）	80	20	主要靠有氧分解功能，血乳酸含量减少，能量来源于肌糖原、葡萄糖和脂肪的有氧分解
10000 米（45 分）	90	10	
马拉松（2 小时 15 分）	97.5	2.5	

（四）超量恢复

运动时，体内代谢过程加强，以不断满足运动时能量需要，运动中及运动停止后，能量物质需要不断进行补充与恢复。能量的恢复过程可大致分为三个阶段：第一阶段由于能量消耗多，此时恢复跟不上消耗，因此体内能量物质储备下降；第二阶段是运动结束后，此时体内能量消耗少，恢复过程加强，直到能量物质恢复到锻炼前水平；第三阶段是超量恢复，能量恢复到原水平并未停止，而是继续恢复补充，能量物质恢复可超过原来储备水平。如果经常锻炼，体内能量物质不断消耗，而恢复过程也在不断加强，那么，超量恢复能达到更高程度，体质也不断获得增强。

三、运动中的氧运输系统

在人的健康素质中，人的心肺功能是重要组成部分。人体供氧能力不但影响人的健康，而且影响人体运动能力。

（一）氧运输系统对人的健康及生命活动具有十分重要的作用

氧运输系统由呼吸系统、血液与心血管系统组成。呼吸系统把氧气从体外吸入体内，氧气进入血液与血液中的血红蛋白结合，由心脏这个血液循环动力站不停推动使血液流遍全身，将氧气送到各器官组织。血液在体内沿一定路线流动，右心室的血液流向肺部，在此进行气体交换，吸收氧气，然后流回左心房，血液从左心房流入左心室，并由此流向全身。将营养给了全身细胞和装载了代谢废物之后，血液又流回右心房，血液在全身运行一周所需时间不到 1 分钟。

呼吸系统由气管、支气管和肺泡等组成。呼吸系统有两种主要功能：吸收氧气和排出二氧化碳。氧运输系统工作的第一环节是肺的呼吸运动。实现肺与外界环境的气体交换称之为肺通气。实现肺泡与肺毛细血管血液间的气体交换称之为肺换气。人体不能储存氧气，必须根据需要吸入，人体时时刻刻都要吸入氧气。

在整个氧运输系统中，心血管系统功能处在重要地位。因此，心脏对人体健康至关重要。联合国世界卫生组织曾经用"您的心脏就是您的健康"的口号来提醒人们注意保护心脏。

（二）最大摄氧量与运动能力

怎样衡量人体氧运输能力的强弱？除了用心血管和呼吸系统的一些指标进行衡量外，常用衡量指标就是最大摄氧量。

最大摄氧量就是人体在运动时，呼吸系统和循环系统功能达到最大能力时每分钟能够吸入并被身体利用的氧的最大数量。普通健康人最大摄氧量为每分钟2～3升，而经常锻炼的人可达4～5升，甚至可达6～7升。

运动时，肌肉激烈活动使机体对氧的需求较平常大大增加。因此，人的最大摄氧量高低直接影响运动能力。尤其是耐力性质以有氧代谢为主的运动与最大摄氧量相关更紧密。

人体最大摄氧量的测定，可采用直接测定法。但这种方法往往受环境、设备条件等因素限制，一般在学校不易普及。现介绍一种用台阶测定推算的方法。其推算公式为

最大摄氧量［毫升/（千克·分钟）］= 1.488 + 0.038 × 体重（千克）− 0.0049 × 台阶负荷时第5分钟后心率（次/分）

具体做法：先准备台阶（男性用40厘米，女性用33厘米）。受试者以每分钟22.5次的频率上下台阶5分钟，即刻测脉搏10秒，将10秒心率乘以6得1分钟心率，然后将心率及体重代入公式，即可推算出最大摄氧量。

（三）运动锻炼对心血管系统的影响

1. 能够增强心脏的功能

经常锻炼可以使心肌壁增厚、心肌力增强、心脏重量和体积增加、心脏容量增大。平时冠状动脉血流量占输出量的8%～10%，但在运动时血输出量增加，冠状动脉血流量可达安静时的10倍。由于心肌在锻炼中得到大量营养，心肌纤维变粗，心容积增大、收缩力增强。心搏频率更加适应锻炼要求，出现心搏徐缓，使心脏每次收缩后有较长舒张期，得以充分休息，同时也使心脏储备量增加。

2. 能够增加血液中红细胞、白细胞和血红蛋白含量

一般人每毫升血液中红细胞含量，男性为450万～550万个，女性为

380万～460万个，而运动员可达700万个。经常锻炼的人白细胞中具有免疫力的淋巴细胞比例明显增加。一般人血红蛋白含量为600克左右，而运动员可达800克。血液中各成分的增加，能很好地供应和运输氧气与排除代谢物。

3. **可提高血管功能，改善微循环，防治心血管疾病**

经常锻炼可使动静脉血管壁弹性提高，管径增大，有利于血液畅流；经常锻炼可促进毛细血管开放和增生，改善微循环功能；经常锻炼可促进新陈代谢，促进脂肪的利用，使脂肪积存减少，增加纤溶酶的活动，防止冠状动脉硬化和血栓形成；经常锻炼，通过肌肉活动对大脑皮层的影响，可调节血管收缩和舒张的神经中枢活动趋于正常，血压下降，一般比不常锻炼的人的高血压发病率低三成，有助于预防心血管疾患。

第三节 体育的心理学基础

心理学是研究个人及其行为的科学，研究范围包括生长发展、动机行为、情绪想象、个别差异等问题。近百年来，心理学不但进步迅速，而且应用日趋广泛，其在体育教学中的应用也有一定程度的发展。体育教学涉及心理学问题很多，本节将集中讨论生命的整体性、体育理论学习的个别差异问题。

一、身心一元论

近代心理学对教育和体育的最大贡献应该是身心一元论的确立。几千年前，西方思想家们对此问题就有冗长的辩论，有人认为人是一个整体，被称为整体观；也有人认为"身体是灵魂的奴隶"，身体与精神是相分离的，被称为分离观。在这种分离观占优势的前提下，一切有关身体的发展都视为不急之务。更不幸的是，一些体育、卫生医务专业人员也把体育锻炼的目标简单化。关于人是功能的整体的认识，虽已经被科学证明，但是身心分离的旧观念始终存在，从而造成多方面偏差。

生命是一个整体，不可分制。我们平常说的身体、心智所指的不过是整体的某一方面，实际上它们是同一物体相互关联和相互依赖的不同方面。

身心一元论不是一种盲目的信念，而是有实际证据和科学基础的。不论从解剖学、生理学学还是心理学立场来看，生命都是一个整体。

（1）从胚胎的生长开始，在细胞分化和组合的过程中，不同细胞担负不同任务。从生命开始的时候起，不同的细胞有着不同的特殊功能，但所有细胞都为整体生存各尽所能，这种分工合作、相辅相成的作用是多细胞生物

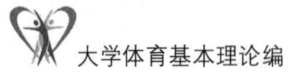

高于单细胞生物的基础。

（2）常人多认为大脑专为思想而设，其实我们无法将大脑及其思想过程和身体状态分开。大脑的某些区域对身体和思想都有直接影响。例如，大脑某部分的皮层不仅为发生学习的所在，而且也为抑制和指导某些情绪反应所在。视丘下部和中脑藏有管理情绪表达、温度调节、代谢、内分泌、循环呼吸活动的控制中枢。

（3）内分泌系统是机体的重要调节系统，它与神经系统相辅相成，共同调节机体的生长发育和各种代谢，维持机体内环境的稳定，并影响行为和控制生殖等。人体主要的内分泌腺有甲状腺、脑下腺、肾上腺、卵巢等。这些腺体所分泌的激素通过血液循环作用于特定细胞，维持机体内环境稳定的同时又互相影响和协调。所以，只有在神经系统和内分泌系统正常时，机体内环境才能维持最佳状态。

（4）现代科学证明，生理和心理之间的关系密不可分。生理疾病是心理疾病的基础，某些生理疾病，可以导致心理问题的产生。而某些心理疾病反过来又有可能导致更多的生理反应。

（5）一个人的肌肉力量和他的活力以及社会生活能力之间确实存在某种关系。丰满的肌肉和良好体格与个人适应力的水平呈正相关，缺乏肌力者显得体格羸弱、迟钝、健康不良、适应能力差和有自卑感等。

身心一元论获得科学事实支持后，作为教育组成部分的体育应以培养全面发展的人为目的。我们既不希望体育只限于促进代谢功能或肌肉力量，也不希望体育的功效仅限于提供欢乐和调剂精神。虽然这些价值单独地被承认，但是单独一种价值不足以代表体育的全面功能。这就是说，我们的体育观念如同医学一样，都要由纯生物学观念向"三维"（即生物—心理—社会学）观念转变。体育要在培养完人方面做贡献（所谓完人意指包括思想、精神、情绪、品格、身体、功能等方面都有良好发展的个人），这就要求体育充分发挥在促进智力发展、完善个性和精神文明建设方面的功能。

体育运动对一个人个性完善的影响也很突出。一个人的精神面貌往往由人的个性决定，人的个性是个人的各种心理特征的综合，体育运动是引导发展个性的有效手段。经常参加田径、体操等各种运动，可以提高人的注意力和坚忍、自制、果断、勇敢等品质；经常参加球类运动，可以培养人的沉着、冷静、团结协作、遵守纪律等优秀品质；特别是参加对抗性的体育竞赛活动，可以培养人的拼搏、守时、自信、讲求实效等思想品质。体育锻炼对美育也有很好的促进作用，它以自己丰富的内容和独特的形式，可以培养人良好的审美观，即通过体育活动，不仅可练出一个健美体魄，而且可以提高人对美的动作、美的仪表、美的情愫的感受、鉴赏、表达和创造能力。

生命是一个有机整体。有机体的每一方面都是生命的本体，既不能分离，也不能分割。体育学习的目的不仅仅限于肌肉是否发达、运动技术是否优越等片面收获，而是要通过体育培养一个人成为全面发展的人。

身心一元论的重大贡献是使大家认识到，一个有机的整体不可分割。一切思想方面的活动可以影响身体，而身体方面的活动同样也可以影响精神和情绪。思想和身体无从属关系也无主客之分，二者不过是生命的不同方面而已。有了这种认识以后，专门以训练思想为出发点的旧教育观念自然破产，代之而起的是可视为完人的教育观。教育是以培养完人为目标，体育乃应运而生，且跻身于各级各类教育中充当重要的角色。

二、体育学习理论

体育学习虽然是以运动锻炼为中心，但不仅限于此，因为体育学习不单是学习运动技术，还包括学习体育卫生保健理论、运动规则、运动时所必需的行为方式等。因此，可以说，体育学习具有多目标系列复合性特征。也就是说，学习理论知识、运动技术、发展体能等均各自有其目标、规律和方法。体育理论知识的学习，要根据认识规律，经过感知教材、理解教材、巩固教材、运用教材几个阶段，掌握知识理论，最终运用知识，提高分析问题和解决问题的能力。发展体能也是一种学习，要根据体能发展的能量代谢原理，通过反复锻炼，不断地实现超量恢复，最终使体能得到增强。而运动技术的学习也有其独特的规律和方法。

如何使学习经济有效，是教育心理学的重要课题。对于学习原理，不同的心理学派各有不同主张，其中以试误说、情景说（制约说）、领悟说三者最为著名，而且各有实验结果支持其理论。然而，从运动技术学习立场来看，三种学习理论有同时加以运用的必要：肌肉的动作只能从实践中去学习，因此试误是必要的；缺乏情景则提不起学习兴趣，因此情景是必要的；没有领悟基础的学习，进步就会受到限制，因此领悟也是必要的。

学习一定要有成效，然而每个人的进步情形并不一致。大体来说，在体育学习的过程中，有突进时期，也有停顿时期，前者为兴起期，后者为高原期。高原期是指在体育学习的中后期，技能的进步常常出现停滞，不再继续上升而保持在一定水平，有时甚至稍有下降。高原期的形成主要有两方面的原因：一方面，练习时间过长导致兴趣降低、身体疲劳；另一方面，练习方法不妥当，不适宜某种技能的练习。为克服高原现象，除了要合理安排练习时间，还要注意改变原有的练习方法，代之以新的活动方式或方法。

体育学习须以兴趣为基础，这一点对业余运动学习者来说尤其重要。兴趣能有效地激发学习动机。强化学习动力，调动主动性和积极性。同时，兴

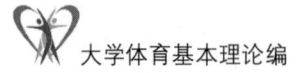
大学体育基本理论编

趣有利于学习者在学习中自觉控制注意力,全神贯注、专心致志地投入动作或技能的学习中,使激烈的体育运动产生的疲劳转移成为一种快乐情感体验。兴趣还有利于学习者在学习中产生丰富的想象和积极的思维。可见,在体育学习中培养运动兴趣很重要。引起兴趣的途径多种多样,比如,体验成功的喜悦。没有什么东西比成功更能增加满足感,成功乐趣的获得是产生求知欲望的前提。再如,为学习者营造一个良好的学习氛围,搭建一个充分展示的舞台。又如,通过不同的情景、不同角色的扮演等形式激发学习者的兴趣。

第四节 体育的社会学基础

体育的社会学基础主要反映参与体育过程的人的社会化问题。社会化是个体对社会的认识与适应。它是通过个体与社会环境相互作用而实现的,是一个逐步内化的过程。人的社会化是自然人经过社会的改造,转化为适应社会生活和文化传统、履行社会义务的社会人。

一、体育与社会化

体育作为一种社会现象,随着社会发展而发展。体育的社会化包括两层含义:一是体育作为社会现象的社会化;二是参与体育过程人的社会化。体育成为一种社会事业,本身就具有社会性活动的性质。如大众体育,它深入到不同行业、不同阶层,人们把它作为社会福利的重要组成部分。

人发展的两重性决定着自然人向社会人发展的过程。人自然发展的结果为社会提供了可塑性生命体,只有在此基础上才有社会化过程,而社会化的过程就是将人塑造成社会人。体育对社会各阶层的人都有其特殊影响。人参与体育过程的目的就在于改造自我、适应社会的需求。现代社会要求人具有创新精神和开拓能力,具有现代化的思维素质,具有健全的体魄和充沛的精力,具有强烈的竞争意识和实践能力。体育在塑造人方面,以它的特殊功能,完善着人作为社会人所应具备的素质。

二、体育与人格

人格,就是个人所有、可以决定其社会地位的特质的总和。人格就是人之所以为人的性格。人格与人性不同,人性是人类共同具有的性质,而人格则是个人所具有的个别的性质。由此可见,人格是一种特质,一方面有别于动物,另一方面有别于他人。

人格的养成和社会环境有密切关系。只有在社会环境中,同社会环境不断发生交互刺激和反应作用，方能养成人格的特质。社会环境可以决定人格的特质，所谓染于苍则苍，染于黄则黄。此种环境造成人格的力量，以幼年时期最显著。就人格的养成而论，体育活动可以提供最理想的环境。体育运动大多是在规则的规范要求下进行的活动，是在"公开、公正、公平"的宗旨下进行的活动。在体育运动中，每一位参与者都会受到规则的约束，个人的行为要符合规则要求，在体育运动中暴露自己的缺点，发现自己的优点，不断修正自己的认识和行为，对自己的缺点和不足努力改正和克服，对自己的潜能和长处发扬光大，正确对待成功与失败。因此，体育运动对培养人良好的行为规范有着重要和积极的作用。

三、现代社会的休闲活动

科学技术在现代社会生活中的应用，使人们的生活工作都发生了巨大的变化。随着生活节奏的加快、工作压力的加大，各种"现代生活方式病"越来越受到人们的关注。运动休闲作为一种积极、健康的休闲方式，能够引导人们进行科学合理的户外活动，从而正确宣泄压力和情绪，培养良好的生活习惯，已日益融入人们的现代生活。

（一）定义、特征和分类

休闲活动是指个人除工作时间以外所参加的活动。休闲活动意指个人选择某些活动是受自我动机驱使，以期从参加中获得满足的经验。休闲活动具有以下五个特征。

（1）闲暇时间性。必须先有空闲时间，才能有休闲活动。因此，工作不能称休闲活动。

（2）乐趣性。对参加活动的人来说，休闲必须能给予其欢乐和满足。

（3）志愿性。参加活动的人可以根据自己的志愿选择活动和活动种类，不受任何外力强制。

（4）建设性。空闲时可以消遣的活动很多，但只有那些有建设性的有益活动才能列入休闲活动。如赌博也是消磨时间的方法，但赌博缺乏建设性（不利于身心健康），所以不能列入休闲活动。

（5）非生存性。凡是为了生存的一切活动均不能称休闲活动，如吃和睡两者不能称为休闲活动。然而野餐的性质就不同，因为除饱餐一顿外，还包括游戏，那就自然有休闲意义了。

休闲活动的范围十分广泛，一般可将其分为以下四类。

（1）文化活动。如朗诵、写作、研读、调查、书画、收藏、集邮等。

（2）社教活动。如会谈、交谊工作、福利工作、社会工作等。

（3）体育活动。如狩猎、登山、钓鱼、旅游、个人及团体竞技运动等。

(4) 艺术活动。如雕刻、音乐、舞蹈、戏剧、手工艺等。

（二）现代人的生活中心

在以人为本的现代社会中，休闲活动将成为人们生活的中心和生活方式中的重要组成部分。其原因是空闲时间的增加，加强了休闲活动的需要，同时，现代社会生产、生活特征促使休闲活动成为现代生活中心的主要力量。

从表面看来，现代人类的生活比从前忙碌得多，住在城市的人更觉得手忙脚乱，无片刻松弛的时光，然而实际并非如此，平均起来现代人比我们祖先空闲得多。研究结果表明，文明程度越高，人们的空闲时间越多。社会学家施铁尔（J. W. Sill）以1885年、1950年、2000年为界，将西方经济发达国家人的生命总时数与消耗在上学、工作、休闲、睡眠和用餐四项活动上的时数的百分比做了一个比较，其结果见表3-2。

表3-2 生命时数比较

年份	平均寿命/岁	上学时间/%	工作时间/%	休闲时间/%	睡眠和用餐时间/%
1885	40	5.6	26.0	7.8	60.5
1950	70	4.0	15.3	20.7	59.5
2000	75	4.8	7.9	27.1	60.2

在21世纪，人们在一生中，除了吃饭和睡眠，几乎有一半的时间用于休闲。我国虽是发展中国家，人们的休闲时间尚不多，但随着经济的发展和人民生活水平的提高，人们的休闲时间有明显的增加，特别是实行双休日后，休闲时间的充分利用，也将成为社会关注的问题。我们要讲究的不是生命的长短，而是生活的质量；不是活得多久，而是活得充实。要使生活内容充实，休闲活动的利用方式大有值得探讨的必要。因为它不但能使生活丰富多彩，而且可使生活保持应有平衡。对于体力的有效运用的途径是体育活动，而对于时间的有效运用的途径则是休闲活动。

社会越进步、分工越细，每个人所从事的工作越难使人有窥其全貌的机会以满足其创造欲望。以机械工人而论，现代机械工人所管理的机件往往只是千百件当中的一件，其工作的过程只是千百种过程中的一个阶段，只是紧张而单调地操作一份工作，没有或者缺少机会发展创造力，享受成功。也就是说，在现代工业化社会中，大多数人的工作环境和生活方式，都失之于单调而不能维持应有平衡，缺乏兴奋、创造和冒险的机会。这种现象只有用有效的休闲活动来弥补，这是休闲活动成为现代生活中心的原因之一。

现代社会科学技术的进步，结束了人类繁重的体力劳动。虽然体力活工作量由100年前占94%，下降到今日有些国家只占1%，但同时也威胁着人类自身的发展。现代社会人类的劳动性质发生了变化，人脑的负担越来越重，因为今日的高科技要求人的接受能力、反应速度、思维能力不断提高，高效率的记忆力和创造力，使人承受着特别紧张的脑力活动。这种脑力活动带来了精神上和心理上的紧张。因此，人们不得不在实际生活以外的范围设法寻找自由放松，而休闲活动正是满足自由、消除精神和心理紧张的良药。

自从休闲问题受到社会的重视以后，"有价值地利用闲暇时间"成为教育任务之一。教育的责任是指导人们如何去选择一些有意义、有价值的活动和如何在闲暇时间中获得最高的享受。

第五节 现代社会发展与大学体育

一、现代社会发展的要求

大学生是国家的宝贵财富。德、智、体、美、劳全面发展的大学生将会有效地推动与促进我国生产力的快速提高和社会的进步与发展，他们将对国家和人民，乃至对整个人类做出巨大贡献。

多年来，国家各主管部门及相关部门采取了诸多强有力、切实可行的措施。如毛泽东同志在20世纪50年代提出了"发展体育运动，增强人民体质"的号召。当时我国的教育方针明确地将体育作为"三育"之一；在各级学校的教学大纲中都将体育课作为必修课，并规定了具体学时，全面推行国家体育锻炼标准和大学生体育考核标准。我国颁布的《中华人民共和国教育法》和《中华人民共和国体育法》都对体育教育提出了具体要求。2010年，全国第三次教育工作会议又明确提出，把坚持以人为本、全面实施素质教育作为教育改革和发展的战略主题，把促进学生健康成长作为学校一切工作的出发点和落脚点。此后，我国还制定了《国家学生体质健康标准》。这些措施的实施都取得了显著成效。

现代大学生不再仅仅满足于掌握体育锻炼的技能和方法，而是渴望从理论上认识体育锻炼，了解学校体育的概况，明确高等学校体育锻炼的目标和组织形式，从而为其树立现代体育价值观、构建在校期间的体育自主锻炼模式和树立终身体育的思想奠定基础。

（一）现代社会发展及对人的要求

现代社会是以工业发达为标志，政治、经济、科技和文化高度发展的社会。现代社会不断面临着深刻的变革，科学技术的不断发展给人类社会带来

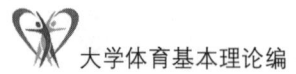

日新月异的进步，人类在创造和享受物质的同时，在精神上也不断地更新价值取向。

现代社会的发展促进着人的发展，而人的多方面素质的发展与提高，恰恰是推动社会现代化的先决条件。因此，了解现代社会、把握人的多方面素质的发展与提高，成为大学生步入社会前的重要课题。

（二）未来社会对人才的要求

国际的经济竞争，其本质就是人才的竞争。决定国家经济繁荣稳定的首要因素就是人才因素。《中国教育改革和发展纲要》指出："世界范围的经济竞争、综合国力的竞争，实质上是科学技术的竞争和民族素质的竞争。"从这一含义出发，可以说，哪个国家和地区拥有符合现代社会发展的人才，那么，这个国家和地区就能在国际竞争中处于战略主动地位。可见，未来社会对人才的要求十分迫切，各种教育也必须顺应未来社会对人才的要求。为此，每一个大学生都应有使命感、责任感，且应努力地去适应未来社会对人才的要求。

1. 良好的道德品质

现代社会的发展要求人才应具有良好的人生观、价值观，应有良好的社会道德和职业道德，应具有较强的社会责任感、集体主义精神和协作精神，具有较强的民主和自主意识。现今，世界多种民族文化不断交流，且日渐相融，现今的人才应具有爱国主义和国际主义精神。只有具备这样的思想道德素质的人，才能适应现代社会的高速发展。

2. 良好的科学文化素养

21世纪是知识快速更新、知识量剧增和科技发展迅猛的世纪。现代人才时时、处处面临着多种巨大的挑战。这就要求现代人才要全面、系统地掌握多学科的基础理论知识，且能在实践中熟练运用这些知识；现代人才必须有良好的求知欲和具备不断学习的能力，以使自身知识、科学文化水平与社会发展需求相吻合。

3. 良好的竞争意识和创新能力

随着社会的不断发展，对人的要求也越来越高，要想在未来社会中有所成就，就必须具备良好的进取心和竞争意识，没有竞争意识和竞争能力的人则会被社会淘汰。创新能力是一种综合能力，必须有坚实的知识基础做铺垫，还要有敏锐的观察能力、较强的动手操作能力、不断探索与实践的毅力，才能使自己的创新能力不断提高、发展。

4. 良好的心理素质

实践与研究表明，良好的心理素质是每个人在学业和事业上取得成功的重要因素之一。现代社会对人才的心理素质要求更高，尤其强调人的认识和思维的创新性，与此同时，更要求人才具备较好的应变能力和较强的承受能力。只有具备上述良好的心理素质，现代人才才能更好地适应复杂多变和快速发展的社会、经济、科技、文化等多方面的需求，推动社会发展。

5. 健康的体魄

"身体是载知识之舟"，健康的体魄是人的其他各方面素质存在和发展的基础。未来社会对未来人才的健康水平要求更高。未来社会人才的身体应是健康的，对周围不断变化着的社会环境和自然环境有良好的适应能力，对疾病有抵抗力，对突发的各种灾难具有高的承受力。为了适应现代社会快速发展的需求，未来社会的人才应该具备健康的体魄，把体育运动作为生活的一部分，养成良好的生活习惯，使自己身心健康、和谐发展。

二、现代社会生活的特征与挑战

（一）现代社会生活的特征

社会科学技术不断发展与进步，现代社会更加开放，人们的生活环境和工作、劳动条件都发生了重大变化。比如，生活电器化；以汽车、电梯代步；食品半成品化、快餐化；劳动生产过程的机械化、自动化；等等。正是现代科技的高度发展，才使得人们的生活和生产过程变得日趋效率化和合理化。社会学的研究表明，社会发展的可持续化、社会资产投入无形化、社会知识化、教育终身化、生产方式集结化、信息传递网络化的趋势和特征将对学校的教育改革和发展、对人才培养的方针和途径以及对如何适应未来社会发展与社会生活需要等提出新的要求。这些恰恰是学校体育，尤其是高等院校体育所面临的新的、重要的问题。

（二）现代社会生活带来的挑战与危机

现代社会生活给人们提供了方便和舒适，与此同时，也带来诸多挑战、危机和不利因素，归纳起来有以下五个方面。

（1）高科技的挑战。信息时代，大众传媒的覆盖面越来越广；电脑被广泛应用，信息"大爆炸"；人们则需不断地获得、挑选和应用诸多信息，学会正确面对崭新的信息环境。

（2）精神过度紧张。以机械化、自动化为代表的生产方式虽然大大减轻了劳动者身体的生理负荷，但久而久之劳动者会产生厌倦感，其心理负荷越来越大。伴随着机器工作，人的精神紧张度也越来越高，精神疲劳大为增强，城市中的人口密度大，交通拥挤、噪声增大，加之以广告为代表的宣传泛滥等，均可成为使人易疲劳的因素。

（3）道德和情感的困惑。现代社会以互联网用户构成的社区也将逐渐

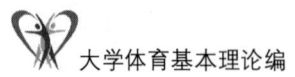

成为城市日常生活的主流；这些超越时空的因素使人与人之间的交往、交流方式变得复杂，这种情感的交流是不完全的。此外，办公家庭化、信息个人化等因素，使人应有的面对面的直接的情感交流越来越少，这种时空阻断和对直接交流的渴望，使得有些人不可避免地产生道德和情感困惑。

（4）生态危机。这是因为人的居住条件的不断改善，人口相对高度集中，人与大自然的距离日渐拉大；加之生产过程的多种失误，人生活中不可缺少的水、空气受到污染，生态环境遭到不同程度的破坏，直接威胁着人体的健康与生命。

（5）社会公害。现代社会中，由于利益的驱动，一些人为追求"疯狂的效益"，而做出知法犯法、损人利己、制假贩假、违法犯罪的行为，这些往往给社会生活的稳定繁荣带来无法估量的负面影响。

（三）现代社会生活方式对人体健康的影响

科学技术的高速发展，使生产过程自动化、电气化和智能化大大加快，繁重的体力劳动大大减少。有些情况下，人体甚至可不直接参与生产过程，昔日的大强度、大幅度、高负荷的劳动操作，则由小肌群参与的、极小强度的小动作所取代。人体是一个高度复杂、统一、有机的完整机体，现代生产方式的变化带来的身体肌肉活动机会和强度的减少和下降，必然导致人体各大系统、相应器官的机能下降。此外，物质的丰富、饮食制度的不合理导致营养摄入过剩，易使人体肥胖，一些人随肥胖程度的加大，体能也日趋降低；而一些体质羸弱者则成为亚健康人。

大学体育与健康理论编

SPORTS

2

第四章 健康概论

第一节 健康的概念、演变及价值

一、什么是健康

"健康是身体上、精神上和社会上的完善状态,而不仅只是没有疾病和衰弱现象。""健康者不以损害他人的利益来满足自己的需要……能按照社会行为的规范准则来约束自己及支配自己的思想和行为。"健康是人类共同的愿望。东方人说:"健康是个宝,一时离不了。""损害健康就是盗窃自己的财物。"西方人说:"如果说生命是'一',那么财富、权势、地位、智慧、爱情以及你所能想到的一切,便是后面无限个零,无限的远景。"所以说,健康是任何东西都无法取代的个人珍宝。

健康是一个综合概念,在不同的历史发展阶段,人类对健康的认识随着生产、生活和社会结构的变化而变化。在古代,人们认为生命系神灵所赐,患病是神灵的惩罚,保护健康和治疗疾病主要依赖于求神问卜。古代人相信健康神,认为健康是由眼睛看不到的神的力量所支配。随着生产力的发展,人们对健康有了进一步的认识。古希腊医学家希波克拉底认为:人体存在血液、黏液、黑胆汁、黄胆汁四种体液。如这四种体液配合正常,人就健康;如果配合不当,人就生病。到了16世纪中叶,自然科学有了明显进步,许多生物学家、医学家研究了人体结构和生命现象,如哈维研究发现了血液循环,魏尔啸发表了细胞病理学说,等等。这些研究成果给生理学、医学和体育科学带来了划时代的影响,使人类有可能从生物学的观点来进一步认识人的健康和疾病。这一时期的科学家认为:"所谓健康,就是指人在生理机能完善的情况下,体内所有器官和系统协调地相互配合并发挥作用,使人得以积极从事对社会有益的劳动。"然而这一认识,仅重视生物理化因素和躯体疾患,将人体结构和功能的完好程度作为衡量健康的唯一标准,忽视了非生物因素的重要作用。18—19世纪,由于发生了产业革命,人口集中于城市,公共卫生事业活跃,流行病不断蔓延,促使人们开始从社会学角度来认识健康。越来越多的研究表明,人的健康不仅受生物因素的影响,而且受社会、心理因素和个人生活方式的制约。1978年,国际初级卫生保健大会上发表的《阿拉木图宣言》提出，健康不仅是疾病和体虚的匿迹，而且是身心健康、社会幸福的总体状态。1990年，世界卫生组织明确提出："健康应包括躯体健康、心理健康、社会适应良好和道德健康。"由此可以看出，对于健康的认识是一个不断发展的过程。那种在传统意义上的没病即健康的观念显然是非常不全面的。

健康是人类生存发展的一个基本要素，人没有健康将一事无成。从现代健康观来看，一个完全健康的人应包含躯体健康、心理健康、社会适应良好以及道德健康四个方面。躯体健康是指人体生理的健康，躯体的形态、结构和功能正常，具有生活自理能力；心理健康是指能正确认识自己及周围环境的事和物，表现为人格完整、自我感觉良好、情绪稳定、积极向上，有较好的自控能力，保持心理上的平衡；社会适应良好是指一个人的心理活动和行为，能适应复杂的环境变化，并为他人所理解和接受；道德健康是指能明辨是非，能按照社会规范的准则约束自己的言行，能为大众的幸福做出贡献。

有学者根据世界卫生组织的健康新概念，对上述四个方面进行了具体的阐释。

（一）躯体健康

躯体健康是指人在生物学方面的健康，即人体的结构完整和生理功能的正常，并且身体的健康是人整体健康的基础。人体结构的完整，是指人的躯体是由结构复杂程度不同的物质，从简单到复杂（分子、细胞、器官和系统等）逐级形成的一个有机整体，并且这个整体无论是在结构上还是在生命的活动过程中都是有序的和不断变化的。而生理功能的正常则是机体的新陈代谢、生长发育、生产和生活活动以及机体对环境变化（刺激）的反应性和适应性均处于正常状态。例如，无疾病，肢体无伤残，无饥寒，能精力充沛地生活和劳动，有常见健康障碍和疾病的预防及治疗的基本知识，并能采取积极、合理的预防、治疗和康复措施。

近年来，世界卫生组织提出了衡量人体健康的十条标准：

（1）精力充沛，能从容不迫地应对日常生活和工作。

（2）处事乐观，态度积极，乐于承担任务，不挑剔。

（3）善于休息，睡眠良好。

（4）应变能力强，能适应各种环境的各种变化。

（5）对一般感冒和传染病有一定抵抗力。

（6）体重适当，体型匀称，头、臂、臀的比例协调。

（7）眼睛明亮，反应敏锐，眼睑不发炎。

（8）牙齿清洁，无缺损，无病痛，齿龈颜色正常，无出血。

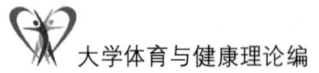

(9) 头发有光泽，无头屑。

(10) 肌肉、皮肤富有弹性，走路轻松。

据有关研究报道，按上述十条健康标准评价，只有15%的人达到健康标准，而大部分人则介于健康与疾病之间的一种状态，被称为亚健康。所谓亚健康是指无明确疾病（包括躯体和心理的、器质性的），但却表现精神活力的下降和适应能力的减退。这可表现为身体和心理上的不足，如疲乏无力、精神不振、焦虑、头痛、失眠、食欲减退等，但经现代仪器检测或临床医师的诊断均未达到疾病的标准。在这种状态下，人的机能、免疫功能已有所下降，容易患病。

21世纪，高度发展的信息社会改变了人们的生活方式，人们开始重视环境对健康的影响，科学家们明确指出："健康是生态条件的函数。"健康绝不是大自然所赐予的一劳永逸的财富。健康是在人从出生到完全成熟过程中逐步形成的，并维持许多年，以使其成为一个积极的社会成员或社会栋梁之材。科学已令人信服地证明：健康的保证不仅靠继承和遗传，而且靠社会条件。专家们一致认为，保持健康的最好手段就是体育锻炼。

（二）心理健康

心理健康是指人的内心世界丰富充实，处世态度和谐安宁，与周围环境保持协调。具体来讲，心理健康包括两层含义：其一是自我人格完整，心理平衡，有较好的自控能力，有自知之明，能正确评价自己，能及时发现并克服自己的缺点；其二是有正确的人生目标，不断追求和进取，对未来充满信心。到目前为止，一些团体和学者均先后提出了一些心理健康的标准，具体内容见表4-1。

表4-1 目前关于心理健康标准的几种提法

心理健康标准提出者	心理健康的具体标准
第三届国际心理卫生大会	(1) 身体、智力、情绪十分调和； (2) 适应环境，人际关系中能彼此谦让； (3) 有幸福感； (4) 在工作和职业中，能充分发挥自己的能力，过有效的生活

续表 4-1

心理健康标准提出者	心理健康的具体标准
美国心理学家马斯洛和米特尔曼	(1) 足够的自我安全感； (2) 能充分了解自己并能对自己的能力做出适度的评价； (3) 生活理想切合实际； (4) 不脱离周围现实环境； (5) 能保持人格的完整与和谐； (6) 善于从经验中学习； (7) 能保持良好的人际关系； (8) 能适度地宣泄情绪和控制情绪； (9) 在符合集体要求的前提下，能有限度地发挥个性； (10) 在不违背社会规范的前提下，能适当地满足个人的基本要求
李祥和吴纪饶《健康教育学》	(1) 智力正常； (2) 情绪健康； (3) 意志健全； (4) 人格健全统一； (5) 接纳自我； (6) 和谐的人际关系； (7) 适应能力强； (8) 心理行为符合年龄特征
王登峰和张伯源《大学生心理卫生与咨询》	(1) 了解自我，悦纳自我； (2) 接受他人，善于相处； (3) 正视现实，接受现实； (4) 热爱生活，乐于工作； (5) 能协调与控制情绪，心境良好； (6) 人格完整和谐； (7) 智力正常，智商在80分以上； (8) 心理行为符合年龄特征
李志和陶宇平《大学生心理及其调适》	(1) 正常的认知能力； (2) 情绪健康； (3) 意志健全； (4) 自我评价恰当； (5) 人格完整； (6) 人际关系良好； (7) 社会适应良好

（三）道德健康

道德是以善恶与荣辱观来评价和调节人们的社会生活行为的一种社会规范。作为一种行为规范，道德的作用主要是通过对人的行为提出善与恶、荣与辱、正义与非正义、诚实与虚伪的社会评价舆论，并对社会成员进行导向和制约。道德舆论将一定的社会行为准则推荐给社会成员，经过个体的认知过程在其内心树立起某种初步的道德信念，并逐步使其道德认识深化。通过舆论的褒扬、贬抑和谴责而产生作用力，控制和影响个人的需要、动机和行为。例如，在公共场所吸烟或随地吐痰，不注意他人的感觉，无节制地进行各种娱乐活动而影响到他人的睡眠和休息，等等，均会受到旁人的厌恶和批评。社会的道德舆论导向制约着个体道德观念的形成，个体道德观念又直接制约着个体的行为。因此，道德健康就是指既为自己的健康也为他人的健康负责任，把个人行为置于社会规范之内。大学生是国家的栋梁之材，而良好的道德素质则是立身之本。

（四）社会适应良好

社会适应主要指人在社会生活中的角色适应，包括职业角色、家庭角色及婚姻、家庭、工作、学习、娱乐中的角色转换与人际关系等的适应。而社会适应良好，则是指人的行为能适应复杂的社会环境变化，能为他人所理解，为社会所接受，行为符合社会身份，能与他人保持正常的人际关系。同时，不管是人的角色的适应，还是人的行为的适应，都应当一方面注意到适度的问题，另一方面考虑到正确选择适应方式和积极适应的态度。

总而言之，我们应当意识到健康是可以维护的。而健康的维护最主要的就是要从每个人自身做起，以对自己、对社会负责任的态度，积极主动地关爱自己的健康，自觉抵御各种不良诱惑，保持自身始终处于一个良好的适应状态，以达到积极维护自身健康的目的。

二、健康概念的演变

我们常常听到"祝您健康"的话语，健康是人人渴求的，但对健康的丰富内涵、衡量健康的标准，并不是每个人都十分清楚。一般人大都以为，不生病就是健康，能吃能睡就是健康。其实，健康是一个综合的概念。人们对健康的认识是随着物质生产的发展、社会环境的变化、科学技术的进步而不断变化的，特别是随着医学模式（健康观和疾病观的高度概括）的变化而演变和发展的。

（一）对健康的原始认识

"健康"一词首次出现在英语中约在公元1000年，含有强壮、结实、完整和安宁之意。古代人认为,生命是神所赐,患病是神灵的惩罚,保护健康和治疗疾病主要依赖于求神问卜。古代人相信健康神,单纯地认为健康是由眼睛看不到的神所支配。早在公元前571—前433年,毕达哥拉斯认为,生命是由土、气、水、火四元素组成,这些元素平衡即健康。被誉为"医学之父"的希腊人希波克拉底认为,人体存在血液、黏液、黑胆汁、黄胆汁四种体液,如果各种体液配合正常,人就健康;如果各种体液配合不当,人就生病。这是人类社会早期对健康的认识。

(二) 生物医学模式

16世纪中叶,自然科学有了明显进步,许多生物学家和医学家分类研究了人体结构和各种生命现象。这种以生物机体和机体生物性为研究着眼点,以人的躯体结构和功能完好作为健康唯一标准的模式,就是生物医学模式。生物医学模式的产生和发展,无疑对医学发展与进步起到巨大作用。但是,对健康的认识却有一定片面性。这种生物医学模式只看到人的生物性,常将人体结构及功能完好程度作为衡量健康的标准,忽视心理和社会因素作用,将健康单纯地理解为"无病、无伤、无残就是健康",这种"无病即健康"的狭隘健康观,在相当长时间里占据着人们的思维领域。

(三) 心理社会医学模式

18—19世纪,由于发生了工业革命,人口主要集中于城市,流动性加大,生活环境恶化,流行病不断扩散,公共事业活跃。人们发现,由生物等刺激所致的疫源疾病死亡率已退居次要地位,而与心理社会因素有密切关系,特别是同环境因素有密切关系的高血压、癌症、溃疡病、精神病等退行性疾病明显增加,死亡率升高。美国学者恩格尔(G. L. Engle)于1970年首先提出了生物模式应转向生物—心理—社会医学模式。这一模式概括了影响人类健康的各类因素,突出了社会、心理因素导致疾病的作用,使人们在对待疾病和健康的总体认识上有了根本性变化。

在我国,生物医学模式的影响还明显存在,如医疗卫生的人力、物力投入,仍以治疗为主。医疗诊断几乎均立足于测定人体的生物变量,人们仍习惯于用药治病,而对心理、社会、环境等非生物因素的影响缺乏足够认识。

早在20世纪30年代,美国健康教育专家鲍尔(W. W. Bauer)就提出了比较完善的健康定义:"健康是人们在身体、心情、精神方面都自觉良好、活力充沛的一种状态,其基础在于机体一切器官组织功能正常,并掌握和适应物质、精神、环境和健康生活的科学规律。"世界卫生组织1948年在《世界卫生组织宪章》中和1978年在国际初级卫生保健大会发表的《阿拉木图宣言》中都肯定了上述对健康的定义。

三、健康的价值

在世界卫生组织的推动下,健康的新概念在全球得到了传播并日益为人们所接受。世界进而公认健康是社会进步的一个重要标志和潜在动力;促进健康不仅是卫生部门的责任,而且是教育部门的责任,还是全社会共同的责任。个体不但要对自己的健康负责和向社会求得医疗服务,还要在促进他人和全社会的健康方面承担义务。这就要求人们重视健康的价值,具有增进健康的强烈意识,树立"人人为健康,健康为人人"的正确观念。

(1)健康既是学校教育的前提,又是学校教育的首要目标。马克思曾把健康作为人的第一权利,作为一切人类生存的第一个前提,也就是作为一切历史的第一前提。可以想象,经常因病缺课、因情绪障碍而滋生事端,或因营养不良而长期精神倦怠的学生,即使采用最好的学习方法,他们也无法高效率地学习。只有健康的学生才能在学校获得理想的学习效果。而学校教育在人生教育中起主导作用,学校可以有计划、有目的地安排好各项教育活动。我国的教育方针是使受教育者在德育、智育、体育三方面得到全面的发展。三者各有特定的含义和任务,是互相联系、相辅相成的统一体。其中,"体育"就包含着提高学生健康水平的教育作用。

(2)健康是人们奉献社会和享有生活的基础和前提条件。生命的意义在于奉献。拥有健康,才能优化自己在社会生活中的地位和作用,才能使自我价值最大限度地体现出来,从而奉献社会。一个身体健康、精神饱满、具有良好社会适应能力的人可享有高质量的生活,反之则无法享有。

(3)健康是社会发展的基本标志和潜在动力。健康不仅仅是个人的事,它还受多种社会因素的制约,如社会制度、经济状况、文化教育等。在一个社会安定团结、人民安居乐业、经济快速发展、文化教育先进的社会环境中,人民的健康水平无疑会得到极大提高。1978年国际初级卫生保健大会发表的《阿拉木图宣言》对健康的描述为,健康不仅是疾病与体虚的匿迹,而且是身心健康、社会幸福的总体状态。因此,健康是社会发展的基本标志。在充满竞争与挑战的现代社会中,拥有大批的高素质人才是一个国家可持续发展的优势。所谓高素质的人才,就是德、智、体、美、劳全面发展的合格人才。健康的体质是思想道德素质和科学文化素质的物质基础,是高素质人才成才的物质基础。拥有健康的、高素质的国民和专门人才是社会发展的潜在动力。

(4)人民健康是社会发展目标中的基本目标。1978年的《阿拉木图宣言》指出,健康是基本人权,达到尽可能高的健康水平是世界范围内的一项重要的社会目标。1988年,世界卫生组织总干事哈夫丹·马勒博士(Dr.

Halfdan T. Mahler)一针见血地指出:"必须让人们认识到,健康并不代表一切,但失去健康,便丧失了一切。"我们要求树立正确的健康观念,就是要把健康看成是人类的一项基本需求和权利,看成全社会、全民族的事业。从这一角度来讲,人民健康就成为社会发展目标中的基本目标。

第二节 影响健康的因素与健康维护策略

一、影响健康的因素

一般将影响健康的因素归纳为四类:环境因素(包括自然环境因素和社会环境因素)、生物学因素(包括遗传因素和心理因素)、生活方式因素和卫生保健因素。美国体育教育家布鲁姆(Blum)于1976年提出了一个决定人群健康状态的公式,表达了健康构成的综合性特征。

布鲁姆健康构成公式为

$$HS = f(E) + AcHs + B + Ls$$

其中,HS代表健康状态(health status),f是函数标识,E代表环境(environment),B代表生物学因素(biological factors),Ls代表生活方式(life style),$AcHs$代表保健措施的易获得性(accessibility to health-service)。

(一)环境因素

凡人身以外一切皆属环境。环境对人类健康影响很大,除极少数纯属遗传因素疾病外,人类健康问题或多或少都与环境有关。

环境可分大环境和小环境。小环境指可控制的、与个人生活习惯有关的环境。大环境可分为自然环境和社会环境,个人一般无力改变。

1. 自然环境因素

人是一时一刻都离不开自然界的。自然界中的空气、日光、水以及粮食、蔬菜等都是人类维持生命活动所必需的。自然界的山水风光、丛林田野、花香鸟语、奇光异彩构成了美丽奇观的世界。优美的环境,能使人精神振奋、生气勃勃、呼吸欢畅、内分泌协调,给人的生理和心理带来很好的影响。同时,大自然中也随时产生、存在、传播危害人类健康的东西,如某些微生物中致病的细菌和病毒、水中有害成分、空气中一氧化碳和二氧化硫等有毒气体,等等,这些东西通过污染环境引起人的生理、心理变化,可能导致人类畸形、过敏、患癌等,甚至影响人的寿命。

人体和环境是不可分割的统一整体,并形成相互作用的统一关系。但人类不同于其他生物,人类不是完全被动地等待大自然恩赐,而是能够认识和掌握自然规律,能动地改造自然,充分利用环境因素造福于人类。

2. 社会环境因素

社会组织结构主要指家庭、生产合作体、医疗保健以及其他社会集团。社会意识结构主要指政治思潮、道德观念、风俗习惯、文化生活以及政策法令等，这些对健康来说都是外部因素，这些因素产生作用都可能成为有益或者有害于健康的原因。

我国的社会主义制度，人民群众成为国家主人，人民政府组织机构中除了医药部门外，还有分管人身安全、体育、福利救济、住宅环境、文化等部门，这些职能部门无一不是围绕着为人民的生活幸福、增进人民身心健康而设立的。国家积极推行科教兴国战略，努力开展群众性卫生保健和全民健身活动，增强人民体质，这些都说明社会主义制度对人民健康的关注和重视。

目前，我国人民的物质生活有了明显改善，但从健康的观点看，风俗习惯中的消极因素，甚至封建迷信的影响仍然存在，人们要做到会生活、会劳动、会休息、会锻炼、会休闲娱乐，尚须做长期努力。近代科学的发展、高科技的不断涌现，使人类进入一个新的文明时代，新的科学技术，特别是信息科学不仅改变着人们的思想观念，而且改变着人们的行为，如果缺乏现代科学知识，健康生活就无法得到保障。

（二）生物学因素

生物学因素中需要特别提出的是遗传因素和心理因素。

1. 遗传因素

在人类建造自身的时候，染色体除决定人的性别外，还要在胚胎发展中摄取环境物质，形成和亲代相似的性状特征。如子女的身高、体型与父母的身高、体型遗传度较大，但后天环境，尤其是营养状况、体育锻炼等因素也起了相当大的作用。

现代已发现的遗传疾病有两三千种，遗传疾病不仅影响个体终身，也是社会重大问题。提倡科学婚姻、优生、优育、计划生育，提倡适龄婚育、优生优育，这是有关民族世代繁衍、增强人民体质、获得健康和美好生活的基本措施。

2. 心理因素

医学心理学研究证明，许多疾病和健康状态的变化同心理因素有关。现在许多地区疾病谱发生了变化，许多与心理因素有关的慢性病如心血管疾病、肿瘤、消化性溃疡病等取代了危害人类健康最大的传染病，成为人类死亡的主要原因。消极情绪如焦虑、怨恨、忧郁、悲伤、颓丧、恐惧、惊慌、紧张等都可以引起人体各系统功能失调，可以导致失眠、心动过速、血压升高、食欲减退、尿急、腹泻、月经失调等。心身医学认为，这类心理因素在一些躯体疾病如偏头痛、消化性溃疡、心律失常、甲状腺亢进等所谓"心身疾病"中起重要作用。

积极的心理状态是保持和增进健康的必要条件。19世纪，英国一位著名作家萨克雷说过一句富有哲理的名言："生活像一面镜子，你对他笑，他也对你笑；你对他哭，他也对你哭。"这说明了主观情绪与客观事物的密切关系。拥有积极、乐观、向上、坚强的情绪，才能经得起风雨挫折。

（三）生活方式因素

生活方式是指个人在社会中的行为模式。它虽然受到自然环境和社会环境的影响，但又是可以由个人选择的。

众所周知，心脏病、脑血管病、癌症已成为当今人类的三大致死"杀手"。其中一个重要原因是不良行为和不健康的生活方式。

最先通过调查证明生活方式影响健康的美国学者毕洛克（N. B. Belloc）对7000名成人随访观察达5年之久，用大量事实证明，实行6种良好生活习惯的中年人比只有3种或更少良好生活习惯的同龄人平均期望寿命高53%。由此可以看出，形成良好的生活方式和生活习惯多么重要。

美国疾病控制中心调查了心脏病、癌症、中风、车祸、其他意外事件、流感/肺炎、糖尿病、肝硬化、自杀、他杀等10种最常见死因，发现不良的生活方式是造成死亡的最重要原因。从这个意义上说，"健康和生命掌握在自己手中"。

1979年美国卫生福利部发表了《健康的人民——卫生总监关于健康促进和防治疾病的报告》，首次提出"第二次公共卫生革命"。报告指出，"预防的时代已经到来"，"预防疾病的关键不仅仅是那些决策者或建立一个更安全、更健康的环境，更重要的是依靠每个人的自觉行动"。

我国20世纪80年代初的死亡谱已接近西方发达国家，在前10位的死因中，脑血管病、心脏病、恶性肿瘤列前三，可见，其致病因素与生活方式有十分密切的关系。不良的生活方式导致死亡的疾病在全部死因中占44.7%。

20世纪80年代，美国曾预测，使美国成年人平均寿命增加1年需花费100亿美元。然而，如能使他们做到不吸烟、不酗酒、合理饮食和经常运动，几乎不多花分文就能期望平均寿命增加11年。

我国根据实际国情，提倡以下几项健康生活习惯：劳逸结合、坚持锻炼、生活规律、善用休闲、营养适当、保持适当体重、不吸烟、不酗酒、爱好清洁，等等。

（四）卫生保健因素

卫生保健设施是保证人类健康的重要因素。世界卫生组织于1978年所发表的《阿拉木图宣言》中宣布，初级卫生保健是全世界在可预见的将来达到满意健康水平的关键。初级卫生保健内容包括健康教育，供给符合营养要求的食品，供给安全用水和基本环境卫生设施，开展妇幼保健和计划生育工作，开展预防接种，预防常见病，采取适当的治疗方法，提供基本药物。

国民经济实力、国民收入、人民消费水平和消费方式也对社会卫生保健措施产生影响，从而成为对社会人群健康有深刻影响的因素。一些发达国家的卫生保健、医疗体系较完整，有利于改善人群健康状况。

从以上论述中可以看到，健康是一个极为复杂的问题，健康的构成有许多特征需要我们加以重视。

（1）多因素的综合性。健康的构成是由多因素相互作用的结果。健康构成同人的生命活动诸因素有着密切关系。影响健康的因素有环境因素、生物学因素、生活方式因素、卫生保健因素四个方面（见本节前文布鲁姆健康构成公式），这四大因素都对健康构成产生重大影响。无论是个体健康还是群体健康构成，都是由多因素组成的系统工程。忽视了诸多因素的影响，个体或群体都不可能获得高水平的健康状态。

（2）相互融合的制约性。构成健康的诸因素间并非彼此孤立，它们之间相互协调、相互融合、相互制约、相互渗透，你中有我、我中有你。构成健康的诸因素并非简单相加的关系。个体和群体健康状态程度（HS 值大小）一方面取决于各构成因素之和的大小，另一方面还取决于各构成因素间相互渗透、交叉、制约，使其效益值增大，即 $1+1+1+1>4$，在布鲁姆公式中，$f(E)$ 就表明这种函数关系。

（3）动态性。这种动态性，表示健康构成是诸因素相互作用的动态结果，并非固定不变的，它是一个发展的过程。个体和群体健康状态（HS）是随着各影响因素的变化而变化的。健康只是相对和不同程度的健康。

体育是健康构成诸因素之一——社会环境之中的一个组成部分。健康状态（HS）同它之间是目标与构成健康因素间的关系。体育教育是构成健康因素中一个积极有效、不可替代的因素，但不是唯一的和万能的因素，要发挥体育在构成健康方面的效益，只有同各构成因素间（包括社会环境本身各要素之间）相互融合、相互渗透和相互配合才能实现。如体育教育同健康教育是两个密切联系又不可分割的教育过程。一方面，体育教育的根本目的是增强体质，因此体育教育过程必须讲究卫生，否则不但不能达到增强体质的目的，还会有损健康。体育不仅是体育课、课外体育活动，还涉及合理作息制度、饮食卫生、科学用脑以及积极性休息等。另一方面，在学校健康教育中必须包括体育，因为体育教育不仅能增强体质、促进身体发育，还能防治疾病。所以两者相辅相成、互相促进。

二、维护健康的策略

大学阶段是人生走向成熟的阶段。在这个阶段，每一位大学生的世界观都基本趋于形成和稳定。因此，大学阶段的教育起着举足轻重的作用。因为，它不仅关系到每一位大学生的成长，而且关系到国家的未来和社会的发展。

从世界卫生组织提出的健康概念以及前面对健康和健康价值的阐释，我们可以感受到健康对于每一个人的重要性。因此，维护健康就成为摆在我们面前的重要课题。那么，如何维护健康呢？从学校教育的角度看，主要是通过健康教育的方式（健康教育是指通过信息传播和行为干预，帮助个人和群体掌握卫生保健知识，树立健康概念，自愿采纳有利于健康行为和生活方式的教育活动与过程）和健康促进的方式（健康促进是指个人与家庭、社区和国家一起采取措施，鼓励健康行为，增强人们改进和处理自身健康问题的能力）。第一，使每一位大学生掌握正确的健康和卫生知识；第二，使每一位大学生养成良好的健康习惯和生活方式；第三，培养每一位大学生正确的健康态度，树立现代健康意识，增强预防疾病和维护健康的责任感。

维护健康对大学生来说主要是要求他们从自身做起。具体包括以下五个方面。

（1）努力提高自身的健康知识水平。许多事实表明，大学生中某些不良的生活方式和卫生习惯，往往是缺乏必要的健康知识所致。例如，不注意用眼卫生，导致近视眼发病率居高不下；不懂科学减肥的方法而盲目减肥，致使体重下降的同时身体也随之垮掉。如果掌握了相关的健康知识，这类现象就不可能出现。

（2）努力改善对待个人和公共卫生的态度。因为一个人对待个人和公共卫生的态度是促使其将健康知识转化为行为和习惯的动力。而这种态度的形成一方面来自学校健康教育的作用，另一方面也受到个人学习动机和所处环境的影响。

（3）努力增强自我保健能力和对社会健康的责任感。作为一名大学生，应当充分利用健康教育和促进健康的理论和知识，经常对自己的健康状态进行评价，在发现身体有问题的时候要积极寻求指导或寻求治疗。同时，还应当认识到，注意个人健康不仅仅是个人问题，也是对社会的负责。因为，社会就是由我们每一个个体构成的有机整体，并且相互关联、相互促进、相互影响。

（4）努力形成有益于个人、集体和社会的健康行为和生活习惯。例如，远离毒品，不看黄色录像，不沉溺于网吧和不参与赌博，等等。同时，应当认识到偏离行为和不良习惯对个人与社会的危害性，要自觉加以克服。

（5）讲究心理卫生，促进心理健康。当今社会的高速发展和社会人才需求的改变，使当代大学生在面临挑战和机遇的同时，也承受着前所未有的心理压力。因此，当自己的理想和需要不能满足时，会产生焦虑和紧张情绪，严重时会产生心理卫生问题或心理障碍。此时，我们应当学会用正确的方法排解，或及时到心理咨询部门寻求帮助。

在知识经济初见端倪的现代社会里，需要的是体力和智力和谐发展、人格完善、才能卓越的合格人才。列宁早就指出，为了迎接共产主义伟大事业，青年们应有铁一般的肌肉、钢一般的意志。这是伟大时代对我们年轻一代的要求。

现代文明是一把"双刃剑"。一方面，科学技术的进步、医疗卫生条件的改善、物质生活的富裕，使人类的生活水平得到极大提高；但另一方面，现代生产和生活方式又使人们的身体运动严重不足，从而导致心血管病、糖尿病、肥胖症等各种各样"文明病"的产生。100年前，世界上有96%的工作是通过体力劳动来完成的，而现代，在许多发达国家体力工作仅占1%左右，人脑的负担越来越重。国际经济和政治的竞争，归根结底是人才的竞争。谁拥有符合现代社会发展的人才，谁就会在21世纪国际竞争中处于战略主导地位。因此，每一个大学生都应具备使命感和责任感，努力去适应未来社会对人才的需求。未来社会的人才应具备哪些素质呢？专家们一致认为，未来人才必须具备较高的思想道德素质、科学文化素质、心理素质和身体健康素质，而身体健康素质却是前几项素质的物质基础。我们新一代大学生要立志成才，首先就要做一个身体强壮的大学生，让身心健康状况与时代相适应。

第三节　健康理念培养及健康素质

健康是人类基本需求之一，是每个人渴望和追求的。国民的健康比国民的财富更重要，没有健康的身体就难以尝到生活乐趣。增进学生健康是高校体育健康教育的核心任务。然而，只有充分懂得有关健康的学问并将它作为生活准则，才能做到保持健康。

一、健康理念培养

（一）树立全面健康观

长期以来，人们习惯把身体"无病"或"不虚弱"称为健康，并认为，身体有了病只要积极治疗，健康就有了保障。这只是一种直观片面的理解，是不准确的。健康与疾病虽然有联系，但是两者并不是非此即彼的关系，在它们之间存在着各种过渡状态，这种亚健康状况虽表面无病但不能称之为健康。

"肌体活动正常"即健康，这是对健康的另一种认识，这种认识虽然注意到人的生物属性，但却忽视了人的社会属性，也未能涉及人的心理状态以及社会环境对人的影响，因此也不全面。用现代医学概念来说，健康是躯体上、心理上和社会适应上的一种完满状态。

1989年，世界卫生组织根据现代人的状况，还将人的"道德健康"寓于健康概念之中，认为人的健康应是"躯体健康、心理健康、社会适应良好和道德健康"四个方面。这是对健康概念的新发展。它对健康内涵的表达更为精练、全面，对促进人类文明和进步将起到积极作用。

随着社会的进步，人们还不断赋予健康新的内涵。当前，世界卫生组织还号召人们树立"人人为健康，健康为人人"的观念，现代健康观念不仅是个体躯体、心理、环境适应和道德四位一体的健康概念，还包括人群乃至社会的健康。

（二）建立预防为主、群防群治的新观念

有病求医是几千年遗留下来的对疾病和健康的态度。人们常常说，有两种东西只有丧失后才会发现它们的价值，这两种东西分别就是青春和健康。人在健康状况良好、生活学习正常时，体会不到疾病对生命和事业发展的威胁。只有在病魔缠身、感到病痛时，特别是在危及生命、影响正常生活学习时才不得不去医院诊治。这种传统观念，致使人们增加了许多精神负担和肉体痛苦，而且有病才治疗往往既费时又花钱多。

我国古代早有"治未病不治已病"的以预防为主的思想观念。预防疾病比治疗疾病对维护人的健康和生命以及事业前途具有更重要的作用。

有病求医，这是很自然的。但是如果防治疾病全靠医生，对医生产生依赖心理就是维护自身健康的消极态度。实际上，医生并非疾病康复主体，真正的主体是自己。健康是一项基本人权。同时，个人是自己健康的第一责任人，因此自己也有权利和义务维护自身健康，并对自己的生命和健康负责，积极主动地参加各种医疗保健活动，从而建立群防群治的意识。

（三）树立自主生命、自我保健意识

人体本应健康，因为人本身拥有维系健康的自主能力。但社会压力、环境污染、饮食结构不合理及不良生活习惯等因素，导致人体与生俱来的自主能力逐渐衰退。人们养成对医药的依赖，并让医药的治疗作用逐步取代机体固有的免疫机能，如此恶性循环下去，人体最终将丧失真实的健康，只剩下依赖医药维系的表面健康假象。

　　一个人的健康或不健康都有主观和客观两方面因素。旧时代的常见病和致命病多为各种营养不良、急性传染病、寄生虫病、结核病。这些病虽有病者本人的因素，但起主导作用的却是社会因素。这些病因后来得到控制，主要也是由于客观方面的改变，如生活水平的提高、生活环境的改变、预防疫苗的应用等。现在的常见病、致命病（如心血管疾病、呼吸系统疾病）则不同，其主要与自身的生活方式有密切关系。因此，防治这些疾病必须从改变不良的生活习惯着手；要由过去那种依靠客观变化和药物的观念，转到努力提高自我保健能力方面来。随着社会的进步和科学的发展，生老病死"听天由命"的时代已经过去，新时代对健康提出了更高要求。如何才能获得并保持这可贵的健康呢？关键在于转变观念、提高自我保健能力。

　　自我保健就是个人应用卫生措施，利用多种形式进行自我诊断、治疗、康复和预防保健，开展自救和互救，依靠自身的努力达到保健目的。自我保健要使个人形成"自我保健—健康—自我保健—更健康"的良性循环。学生自我保健应符合学校总目标，为培养德、智、体、美、劳全面发展的合格人才服务。自我保健是学生运用自身力量和卫生技能，通过保护自己身心健康成为国家所需要的人才，所以学生自我保健的作用不可忽视。体育教师也应配合学校，积极培养学生自我保健意识和自我保健能力。

二、健康素质

　　教育家、心理学家认为，素质是指人在后天通过环境影响和教育训练所获得的稳定的、长期发挥作用的基本的品质结构。素质是在先天生理（即先天禀赋）的基础上，通过环境和教育的影响从而在后天获得的相对稳定的属性。

　　健康素质是人的素质的重要组成部分。它是一个人在先天生理基础上，通过后天养生和锻炼而形成的身体健康方面的比较稳定和长期发生作用的基本品质结构。相对于运动素质，它反映了人们在日常生活中表现出来的身体机能能力，因此它更能代表人体的综合健康状况。

　　健康素质包括以下四大方面。

　　（1）心肺功能：指心脏、肺脏、血管功能状况，它主要表现了循环系统和呼吸系统的能力。

　　（2）身体成分：主要指人体脂肪含量与去脂体重在整体中所占的百分比。

　　（3）肌肉力量和耐力：力量是指肌肉和肌群克服阻力的能力，耐力是肌肉和肌群在一段时间内重复进行收缩的能力。

（4）柔韧性：指身体各关节活动范围以及关节周围肌肉、肌腱、韧带、皮肤及其他组织的弹性和伸展能力。

三、健康素质的重要性

美国著名生理学家爱德华·C.史耐德博士曾进行了一辈子的关于运动锻炼对身体影响的研究。大量实验证明：健康素质与人的身体健康二者的相关系数最高，男学生达 0.895，女学生达 0.878。凡是健康素质综合得分高的，其健康状况的综合得分一般较高。健康素质对健康程度的影响，除有遗传、营养、环境等因素外，主要是运动锻炼因素在起作用。健康素质的发展是经过不断的身体锻炼才得以实现的，因此它对健康的影响是明显的。20 世纪中叶，美国青年在肌肉力量测验中成绩比其他国家低，因而引起社会的广泛注意。1956 年，艾森豪威尔总统组织了专门的委员会，探讨青少年身体素质问题；到了肯尼迪总统时代，不仅更加重视这一问题，而且将专门的委员会提升为总统会议。1979 年，阿赫卑尔特管理委员会提出了健康素质测试法，他们认为，与健康有关的身体素质同一般群众的身体健康关系更为密切。[1] 原来的青年素质测试法更侧重于运动素质，只适用于部分人。对于广大青少年来说，增进健康水平，必须努力发展健康素质。另外，研究表明，体能就是人的心脏、血管、脏腑及肌肉组织都能发挥相当有效的作用时机体所表现出的能力。这种能力是人的身体健康素质的一种反映和体现。其中，心血管系统健康状况、身体成分与健康关系最为密切，应归类于健康素质；而速度、灵敏性等素质则主要决定运动能力，因此应归类于运动素质。但两者都是身体素质的组成部分，并且有密切联系。20 世纪 80 年代，体育教育界由于受上述体育教育理论和教育思想的影响，在相当广泛的范围内推行了"最佳体适能运动模式"，这种模式的推行就是要大力发展青少年的健康素质，并且进一步发展体能，增进健康水平。近年来，美国最佳体适能运动的开展不但获得了良好的效益，而且波及其他许多国家和地区，如我国台湾也接受了最佳体适能运动理论，并在实践中取得了良好效益。

---

[1] ［美］查理斯·A.布切尔：《体育运动基础》，北京体育学院教务处 1986 年版，第 86 页。

第五章 体育与健康

第一节 健康行为及其影响因素

一、健康行为

行为是人类及其他动物的一种反应。具体说,行为是有机体在环境影响下可引起的内在生理和心理反应。从行为学观点来说,健康行为是使人体转向令人满意的一种行为。健康行为也可以说是保健行为。体育锻炼是一种保健行为,所以它也是一种健康行为。个人为增进健康所采取的行为称为"个人保健行为"。

二、影响健康行为的客观因素

(一)遗传因素

经动物实验和跨文化人类学研究证实,人的行为是受遗传基因影响的,它决定着人的一系列行为性状和趋势。基因的传递使人类在长期的进化中获得的优点得以继承,遗传基因的不断突变、选择和整合又使得人类行为得以不断地发展和延伸。

(二)环境因素

行为科学认为人的行为是由环境刺激所诱发,并反过来对环境造成影响。由于个体的性别、年龄和遗传影响的不同,人们接受环境的作用在种类和程度上也各不相同。这些因素中的知识与态度、技术与能力、亲友的态度等与个体关系密切,影响作用直接。与此同时,个体行为的反作用是明显的;而生态环境、人文地理、医疗卫生、风俗信仰、教育环境、制度与法规、经济基础、事物发展的规律及意外事件等是人们行为发展的外在大环境,对人的行为的影响有的是间接的,有的呈潜在性,因此,行为的反作用也不明显。通过健康教育与健康促进活动,应使环境中那些具有积极、向上作用的刺激成分上升到足够的强度且持续时间较长,以促进健康行为的形成。

三、影响健康行为的主观因素

（一）健康信念

涉及健康方面的信念称为"健康信念"，它是人们接受保健指导、改变行为的关键。在知识—信念—行为的演变过程中，建立健康信念是重要的中间环节。健康信念建立在科学的基础上，它需经过科学研究和重复验证，而不是个体经验或者风俗习惯。科学的健康信念有助于个体采取一系列有利于健康的行为。如一个有家族性高血压的人，应定期检测血压，工作时劳逸结合和日常低盐饮食有利于预防或延缓高血压的产生。而有不良健康信念的人，往往表现不利健康的行为，比如一些民间俗语"不干不净，吃了没病""饭后一支烟，赛过活神仙"等。

（二）学习因素

学习是影响健康行为的因素，行为学习的方式有两个层次。第一层次以模仿为主，如有意模仿、无意模仿和强迫模仿等。其中，强迫模仿是指按照规定的行为模式学习。第二层次以自主式学习为主，即在教育的启发下，全面理解和认识目标行为，从理性上感受到自身对它的需要，再去学习和实现该行为，并在各种促成和强化因素的作用下得以强化与巩固，这就是通过健康教育改变不良行为和培养新的健康行为的过程。

第二节 促进健康行为的做法

如上一节所述，不健康的行为和生活方式是致病因子。因此，发展促进健康行为，培养健康、文明的生活行为方式，对包括大学生在内的所有人的健康来讲都具有十分重要的意义。

一、促进健康行为的概念

促进健康行为指个体和群体（不论健康状况如何）表现出的客观上有利于自身和他人健康的相对明显、确实的一组行为群。由此可知，促进健康的行为包含三层意思。第一，这组行为必须与个人和社会的健康期望相一致，即该行为在客观上对健康（包括身体、心理、社会和道德）有利。个人或群体为增进健康而采取的行为，要以不损害他人的健康为前提。第二，作为促进健康的行为，要表现得相对明显，即要有一定的强度。第三，促进健康的行为一般要求表现较稳定，即有一定的持续时间，短暂性的有益健康的行为表现不被视为促进健康的行为，例如，偶尔进行一两次的体育锻炼不能够被视为促进健康的行为。促进健康行为有五个主要特征。

（1）行为表现有益于自身、他人乃至整个社会的健康。如不吸烟。

（2）行为表现有一定的重复性和稳定性。如饮食的定时、定量和起居有常。

（3）行为和动机与能力的协调一致，以及行为与所处环境的和谐。如根据自己的实际情况选择运动项目。

（4）行为的强度在常态水平及有利于健康的方向上。如运动量的大小要适中。

（5）个体的行为既要符合自己的个性，又能够在个人与他人或社会发生冲突时，能够随自身和外界的变化来调整自己的行为。如个人的锻炼习惯也可以因地制宜。

具体来讲，促进健康行为主要有以下八类，其中，第一至第五类行为可合称为"预防保护性行为"，而第六至第八类行为则可称为"积极治疗性行为"。

（1）日常促进健康行为，如平衡膳食和适量锻炼等。

（2）保健行为，如定期体检和按时接种疫苗等。

（3）避免有害环境行为，如对污染环境的避让和防护，对焦虑心理的调适等。

（4）戒除不良嗜好行为，如戒烟、不酗酒、不滥用药物等。

（5）预警行为，如乘车系安全带、事故中的自救等。

（6）求医行为，即在意识到自身患病时，主动就医、真实提供病史和症状的行为。

（7）遵医行为，即确诊疾病后，积极配合治疗护理的行为。

（8）病人角色行为，即解除原有社会角色的权利和义务，接受治疗和社会服务，以及积极康复行为等。

二、大学生的促进健康行为

（一）规律的生活作息制度

人的生活要有规律，否则神经系统就不可能形成"动力定型"，而使人的一切生理活动变得杂乱无章，生物节奏被扰乱，人体各种器官总处于疲于应付的紧张状态。久而久之，身体健康状况就会受到损害，各种疾病也会发生。

大学生可灵活支配的时间较多，每天从起床开始，到晨练、吃饭、学习、休息、文体活动、自修和睡眠都有很大的自主权，完全可以有规律、有节奏地安排好自己的作息时间。要学会自我控制，提高对遵守生活作息制度、讲究个人生活卫生意义的认识水平。否则，不仅容易养成生活懒散与不拘小节等不良习性，而且不利于增进健康和提高学习效率。

(二) 积极的休息与睡眠

积极的休息是指通过变换工作和活动的方式，以协调机体各个部位的活动和大脑皮质的兴奋抑制的转换过程，从而使机体保持动态平衡、使大脑得到休息；与之相反，消极的休息则是以静态为主，或坐或卧。睡眠被视为最彻底的休息。研究表明，充分的睡眠能恢复机体的疲劳，增加机体对各种紧张刺激的耐受程度，增进食欲，加速排泄，提高抵御疾病的能力，从而使机体能有充分的精力去迎接挑战。

休息的方式因人、因时、因地而异，不必拘泥一格。例如，从事体力劳动之后，休息方式最好采用文娱活动的形式，如听音乐、看电影；而在脑力劳动之后，休息时可参加一些体育活动，如打篮球、游泳等。

(三) 合理营养和平衡膳食

营养与人类健康有着密切的关系。合理营养是维护健康的物质条件和前提。相反，营养失调会引起多种疾病。如由各种原因导致机体长期缺乏某种营养素，造成代谢紊乱而引起的营养缺乏症，或者摄入的某种营养素超过机体的需要，过多的营养素储存在体内，也可能造成代谢紊乱而营养过剩。心血管疾病和癌症与不合理膳食有密切关系。

合理营养的关键是平衡膳食。主要指膳食中所含营养素（糖、脂肪、蛋白质、维生素、矿物质和水）的数量充足、种类齐全、比例适当，并且与机体的需要保持平衡。

人的食物是多种多样的，各种食物所含的营养成分是不完全相同的。我们每天的食物应包括谷类和薯类（米、面、杂粮、马铃薯等）、动物性食物（肉、禽、鱼、奶、蛋）、豆类及其制品、蔬菜及水果和纯热能食物（动植物油、食糖、酒类）。中国营养学会常务理事会1997年通过了《中国居民膳食指南》，对平衡膳食提出八点建议：

(1) 食物多样，谷类为主。
(2) 多吃蔬菜、水果和薯类。
(3) 每天吃奶类、豆类及其制品。
(4) 经常吃适量鱼、禽、蛋、瘦肉，少吃肥肉和荤油。
(5) 膳食要适量，参与适当的体力活动，保持适宜体重。
(6) 吃清淡少盐的膳食。
(7) 饮酒应适量。
(8) 吃清洁卫生、未变质的食物。

(四) 科学锻炼身体

科学的体育锻炼可以达到促进生长发育、提高适应能力、增强体质、防治疾病、延缓衰老、延长寿命的目的，并可以丰富生活、增添乐趣、调节心理情绪。但是，我们也应当知道体育锻炼是把"双刃剑"，如果不遵守人体运动的基本规律，不遵守科学体育锻炼的原则，体育锻炼不但不会增进人的健康，反而会破坏人的健康。

科学体育锻炼应遵循的基本原则有以下四项。

1. 从实际出发的原则

从实际出发的原则是指锻炼身体应从个人实际情况和外界环境条件的实际情况来确定锻炼目的，选择适宜的运动项目，合理地安排运动时间和运动负荷。在每次锻炼前都要评估自己当时的健康状况，使运动项目的难度和强度不要超过自身的承受能力。

2. 循序渐进的原则

循序渐进的原则是指在安排锻炼内容、难度、时间及负荷等方面要根据人体发展规律，有计划、有步骤地逐步提高要求，使人体在不断适应的同时，体质得到增强。例如，进行体育锻炼时，当机体对一定运动负荷产生适应之后，这种负荷对机体的刺激会减弱，此时，可适当增加练习的时间和次数使机体产生新的适应。但运动负荷要由小到大，逐步提高。

3. 持之以恒的原则

持之以恒的原则是指锻炼身体要有连续性和系统性。只有安排适合自己且感兴趣的运动项目，科学地制订健身计划，经常参加体育锻炼，才能不断有效地增强体质。如果中断体育锻炼，随着时间的推移，体质和运动能力就会较前明显下降。

4. 全面锻炼的原则

全面锻炼的原则是指以一个主要运动项目为主，辅之以多个锻炼类型的锻炼方法可以使身体形态、机能、身体素质和心理品质都得到全面和谐的发展。例如，方法上的多样性可以弥补单一方法的局限性；而运动项目上的"一主多辅"，可使身体得到全面发展（见表5-1）。

表5-1 体育锻炼的类型

体育锻炼的类型	作用	特点	项目
健身运动	能促进身体的正常发育，使身体各部位协调发展，增强身体各器官、系统的机能，提高身体素质，提高人体的运动能力	一般采用能增强心肺功能的锻炼项目进行锻炼	如走、跑、健身操、游泳、划船、骑自行车等

续表 5-1

体育锻炼的类型	作用	特点	项目
健美运动	为了形体的健美而进行的体育锻炼	一般采用使肌肉发达、增强肌肉力量的锻炼项目进行锻炼	如俯卧撑、仰卧起坐、原地纵跳、跑步等
娱乐性体育	为了调节精神、丰富文化生活而采用的体育活动	一般采用能使身心得到愉悦的体育活动进行锻炼	如游戏、体育舞蹈、保龄球、台球、钓鱼等
格斗性体育	可以提高人的积极进取、不畏困难的精神，以及达到强身、健体和自卫的目的	一般采用身体接触性为主的锻炼项目进行锻炼	如擒拿、散手、跆拳道、拳击等
医疗和康复体育	为了预防和治疗疾病而进行的体育锻炼	一般在医生或专门教师的指导下，采用一些保健体育的方法进行锻炼	如太极拳、广播操、保健气功、散步等

（五）避免吸烟和被动吸烟

吸烟是目前危害人类健康最严重的不良行为因素之一。每年全球死于吸烟相关疾病的人数达 300 万人。我国是世界烟草消费第一大国，现在的吸烟人数超过 3 亿人，为全球吸烟者的 1/3。有专家预测：如果国人吸烟习惯不改，40 年后因吸烟造成的死亡人数每年将由目前的 10 万人增加到 200 万人。另有预测，到 2050 年，我国将有 500 万人死于与吸烟相关的疾病，其中低龄和女性的比例将增加。

吸烟对健康的危害主要有以下五个方面。

（1）吸烟是多种疾病的独立致病因素。吸烟者可患肺癌、口腔癌、喉癌、食道癌、膀胱癌等癌症。慢性阻塞性肺病、冠心病、溃疡病等也是与吸烟相关的一系列疾病。

（2）吸烟者污染环境，使不吸烟者被动吸烟。遭受被动吸烟的危害并不亚于主动吸烟。孕妇吸烟殃及胎儿，造成胎儿围产期死亡、自发性流产、早产、低体重新生儿；父母吸烟殃及儿童，造成儿童气管炎、肺炎、哮喘；丈夫吸烟殃及妻子，造成妻子罹患多种与吸烟相关的疾病。

（3）吸烟者造成环境污染。从烟草中分离出的有害物质达 1200 种以上，

它们对人体可造成多方面的危害，如血氧含量降低、血压升高、免疫机能下降、性功能障碍。同时，香烟烟雾作为载体，与大气中其他有害污染物产生引入和协同催化作用，对人体有害。

（4）增加意外恶性事故的发生。

（5）吸烟造成的缺勤误工，给社会带来巨大经济损失。

吸烟不仅对吸烟者的自身健康产生影响，还会污染环境，促使发病因素增加，使周围的不吸烟者遭受被动吸烟的危害。

目前，人们越来越多地认识到吸烟对健康的危害，不吸烟、拒绝吸"二手烟"必然会成为主流趋势。大学生首先应当从自身做起，不仅不吸烟，还要积极劝导他人不要吸烟。吸烟者则要尽快戒掉吸烟的不良习性。

（六）避免酗酒和药物滥用

在日常生活中，饮酒是一种十分常见的饮食行为，或是某些人群的生活习惯。饮用含低度酒精饮料的情况，在大学生群体中普遍存在。一般认为，少量饮用含低度酒精的饮料是不会对身体健康状况造成破坏的。殊不知长期喝酒，就会出现酒精依赖的现象。无节制地饮酒，或经常饮酒，会给身体健康带来极大的危害。换句话讲，酗酒会对我们的身体健康造成破坏而影响学习、影响生活和影响前程。

酗酒是指无节制地过量饮酒，是一种影响自身健康、造成严重后果的异常行为。据世界卫生组织的资料显示，20世纪90年代因酗酒而死亡的约有75万人，长期酗酒者的死亡率比一般人高1～3倍。

酗酒分为急性危害和慢性危害两类：急性危害有急性中毒、车祸、犯罪、斗殴、损伤、家庭不和和意外死亡等，慢性危害有慢性中毒综合征、肝硬化和精神疾患等。由此可以看出，酗酒带来的危害是十分严重的。大学生应当自觉戒酒，杜绝酗酒。

药物滥用也是危害身体健康的不良行为。据世界卫生组织和国际刑警组织估计，全球各种形式的药物滥用者已逾2亿人，每年死于毒品成瘾和相关疾病的人数超过百万，药物滥用在许多国家已成为仅次于心血管疾病和恶性肿瘤的第三位致死病因。

药物滥用中所说的药物并非平时所指的"用于预防、治疗、诊断疾病，有目的地调节人的生理机能，并具有一定适应证、用法和用量的化学物质"，而是指能够影响人的心境、情绪、行为，改变意识状态，并导致依赖作用的一类化学物质，人们使用这些物质的目的不是为了治疗疾病而是为了取得或保持某些特殊的心理和生理状态。药物滥用则是指一种适应不良方式，由于反复使用药物导致了明显的不良后果。例如，不能完成重要工作、学业而损害躯体健康，导致了法律上的问题等。药物滥用强调的是不良后果，如因吸毒而犯罪等。大学生正处于人生的成熟阶段，应该自觉抵御各种诱惑，提高自身的控制能力和对事物的辨别能力。而这些正是预防药物滥用的基本保障，即要提高认识，防患于未然。

（七）避免不洁性行为

性传播疾病是指由性行为接触作为主要传播方式所引起的一类疾病的总称。如不洁性行为可以引发性病。

从世界范围看，性传染疾病的流行情况是：病原体与性病种类明显增多，感染率和发病率逐年上升，流行范围不断扩大，危害程度日益严重。淋病、梅毒等典型性病仍未得到有效控制，以病毒感染为主的现代性病（如艾滋病等）流行日益明显。在一些西方国家的疾病构成中，性传播疾病占有重要地位，尤其是淋病，在传染病报告中常居首位。

因此，我们一方面要看到性传播疾病对个人、家庭和社会的危害；另一方面，也要认识到性传播疾病是可以预防的。大学生要学习性生理和性卫生知识，培养健康的性心理，还要加强自身修养，洁身自好，注意性生活卫生，采取使用避孕套等措施。

（八）及时调控情绪问题

从生物—心理—社会医学模式的角度看，不良心理因素正从多方面、多渠道对人类健康产生各种各样的危害。情绪因素是心理源性疾病（即以人的心理为源地，以外界不良因素为条件，借助人在生理方面存有的差异及缺陷，主动或被动、注意或不注意地使人产生的疾病）发生的基础或条件。无论是自然还是社会的刺激作用于人体，都会引起中枢神经系统本身和由该中枢支配的躯体各系统、各器官广泛的生理反应，以及相应的神经递质和内分泌等生物化学反应。到达大脑皮层的一部分神经冲动被人这个主体意识到后，引起复杂的生理反应，表现为喜悦、悲伤、愤怒或恐惧等，这就是情绪。人的情绪的发生带来的后果势必引起人体本身一些生理生化类反应，如支气管收缩时出现哮喘、心率加快出现心悸等，但人体又具有较强的适应性和耐受性，故一般的情绪因素不至于触发心理源性疾病。只有当外界刺激达到一定强度，超越了人体的适应性和耐受性时才会引发异常情绪反应，如果刺激持续过久，就容易触发心理源性疾病。

因此，平时就要从心理上建立并强化防病意识，掌握防病的主动权，驾驭正确的心理思维、言语和行为。例如，在心理思维上，要树立正确的人生观，从而把握住心理平衡，维系良性心理及生理功能，避免或消除一些来自心理方面的疾患；在言语行为上，要注意对人格、形象、健康和对他人的利益等方面的作用及影响，这就要求每个人自尊、自爱和自重。只有这样，才能做一个心理健康的人,真正把握和行使好防病的主动权。此外,还要加强自身修养,努力做好情绪活动的主人。

在日常生活中,当我们感受到诸如焦虑、困惑、迷惘等情绪袭上心头时,应及时利用不同方法和手段去调节或舒缓这些不良情绪。

(九)学会幽默与解嘲

幽默与解嘲能使紧张的精神放松,释放被压抑的情绪,避免刺激和干扰,摆脱窘困场面,消除身心的某些痛苦,有助于加速血液循环,消除大脑疲劳,通过对下丘脑系统的良性刺激达到延缓衰老的目的。因此,培养幽默与解嘲的能力,学习用幽默与解嘲的方式对待烦恼,化大事为小事,可保持和增进健康。

(十)及时寻求心理咨询

心理咨询是由心理学家或有资格的咨询人员对来咨询者进行各种心理方面的帮助,对他们在学习、生活或社会交往过程中所遇到的各种心理卫生问题给予解释、劝告并提出解决的办法和建议,传授心理学的基本知识等。心理咨询不同于一般的安慰,它不仅使人开心,更使人成长。这里的成长,就是通过咨询的过程使咨询者提高心理素质,想通并认清问题的本质,知道该怎么做,达到了人们常说的心理平衡。由此可以看出,心理咨询力图使个人将不愉快的经历转化为自我成长的良机,它竭力使人们积极地看待个人所经受的挫折和磨难,从危机中看到生机,从困难中看到希望。从这层意义上讲,心理咨询也帮助人学会辩证地看待生活当中的忧愁和烦恼。但这一切不是靠指教和劝导得来的,而是靠启发和领悟获得的。用美国著名心理学家亚伯拉罕·马斯洛(Abraham H. Maslow)的话来讲,心理咨询就是要使人获得"顶峰的体验"(peak experience)。因此,以往那种旧的观念,如认为心理卫生问题不是疾病,或者认为是病但又羞于启齿,怕别人笑话而不愿或不敢去进行心理咨询都是非常错误的。每个人可能都会在某个时期产生心理卫生问题,大学生也不例外。所以,正确的做法就是当我们感觉到有心理问题出现时,一定要及时寻求心理咨询。

第三节　心理健康与体育锻炼

了解心理健康的标准和体育锻炼对心理健康的影响,学会用体育锻炼的手段来保持一个健康的心理。

现代奥运会之父皮埃尔·德·顾拜旦(Pierre de Coubertin)在他的名作《体育颂》中曾满腔热情地歌颂道:体育是"勇气",是"乐趣",它能使人

"内心充满欢喜""思路开阔""思路更加清晰","可使忧伤的人散心解闷","可使快乐的人生活更加甜蜜"。由此可见,体育锻炼对心理健康有着良好的促进作用。

一、心理健康的概念

我国医学家傅连暲在谈到健康时,把心理健康标准规定为:精力充沛,能经常保持清醒的头脑,精神贯注,思想集中,对工作学习都能保持有较高的效率,以及意志坚强,情绪正常,精神愉快。

心理健康的概念是随时代的变迁、社会文化因素的影响而不断变化的。现代心理学家对心理健康的概念有以下几种说法。

"心理健康是指人们对客观环境具有高效、快乐的适应状况。心理健康的人应保持稳定的情绪、敏锐的智能,有适应社会环境的行为。"

"心理健康是指在知、情、意、行方面的健康状态,主要包括发育正常的智力、稳定而快乐的情绪、高尚的情感、坚强的意志、良好的性格及和谐的人际关系等。"

"心理健康是指人的一种持续的心理状态,在这种情况下能做良好的适应,具有生命的活力,能充分发挥其身心的潜能。"

我们认为,所谓心理健康,是指对环境及相互关系具有高效而愉快的适应。心理健康的人,能保持平静的情绪,具有敏锐的观察与思维、适应社会环境的行为和气质。

二、何为体育锻炼

古希腊哲学家亚里士多德说过,最易于使人衰弱、最易于损害人的莫过于长期不从事体育活动。

体育锻炼是指人们根据需要自我选择,运用各种体育手段,并结合自然力和卫生措施,以发展身体、增进健康、增强体质、调节精神、丰富文化生活和支配余暇时间为目的的体育活动。

国内外大量实践证明,体育锻炼不仅能增强体质,促进青少年身体生长发育,而且是一项很重要的医疗手段。法国著名医生蒂素(Tissue)说过,运动的作用可以代替药物,但没有一种药物可以代替运动。

三、体育锻炼对心理健康的影响

适当的体育锻炼可以消除疲劳、调节情绪,对大学生气质和人格的培养起到积极的作用。体育锻炼在增进人的相互交往、克服孤独感、培养心理适应能力等方面具有重要作用。它已作为一种心理治疗手段被广泛地应用。

(一) 促进人的认知能力的发展

体育活动各个运动项目都有一个共同的特点：在运动或高速运动中要求运动者既能对外界物体（如球、器械等）迅速准确地做出感知与判断，又能迅速感知、协调自己的身体以保证动作的完成。这样长期的运动便能促进人感觉、知觉能力的发展，提高人的反应速度，提高人的直觉判断能力，使人变得敏锐、灵活。有些运动项目还能充分锻炼人的思维能力、判断能力、记忆能力，如围棋、中国象棋、国际象棋等；而体操、跳水、花样滑冰、健美操等运动项目则能充分发展运动员的想象力和美的表现力。

体育活动对学生智能发展的影响，突出体现在以下两个方面。

（1）运动能增加氧的供应，使动脉畅通，改善神经细胞的营养和功能。英国邓迪大学等机构的研究人员跟踪调查了4755名"90后"学生，考察了他们在11岁时的体育运动习惯，以及在11岁、13岁和16岁时的英语、数学和自然科学等学科成绩，此外，还综合考量了他们的出生体重、母亲分娩年龄及吸烟习惯、社会经济因素等可能影响学习成绩的其他要素。研究发现，给孩子足够的体育锻炼时间，而并非一味催促他们学习，反而有助于他们取得更好的学习成绩。身体健康程度与记忆力、专注力等决定学习成绩的关键因素有密切关系，而适度的体育运动则能对大脑产生有益的刺激作用，使大脑更加活跃。①

（2）可以开发右脑功能，激发人的创造潜力。右脑是与人的空间图形直觉、想象相联系的优势半球。体育运动需要调动空间深度、动作节律、直觉、想象和各种操作性的逻辑思维和非逻辑思维，因而是开发右脑的极好手段。有资料记载，爱因斯坦的思维方式是：首先把问题变成图像和情景，然后再把图像和情景翻译成语言和数字符号。可见他是善用右脑的人。开发右脑，对大学生来说，不仅是增强体质的需要，而且是开发自身的人力资源的需要。

(二) 消除心理疲劳

疲劳是一种综合性症状，与人的心理和生理因素有关。体育锻炼是一种娱乐活动，它能使人的头脑从担忧以及其他紧张性思维活动中解放出来。有规律的锻炼会促进身体适应和积极的自我表象，从而提高人对应激的抵抗力。尽管身体活动与心理健康关系的大量研究表明，长期的身体锻炼不仅对心理健康具有促进作用，而且对身心疾病具有治疗作用，但这种促进和治疗

---

① 《科学实锤！每天进行一定的运动，非但不影响成绩，反而会提高孩子的学习效率》，见网易网（https://www.163.com/dy/article/H11NSJ1905506BEH.html）。

作用不是绝对的,只有科学的身体锻炼才能起到上述作用。身体活动有不同类型,活动量有大小之分,锻炼有不同项目,锻炼者在年龄、基础健康状况、人格特征等方面存在极大的差异,适合一类人的锻炼方案未必适合另一类人。必须具体问题具体分析,因人制宜才有可能使身体活动取得最大的心理效益。

(三) 调节情绪

情绪是影响心理健康的主要因素之一,而体育锻炼可使情绪得到调控。不良情绪是导致生理、心理异常和疾病的重要因素之一,而体育锻炼能直接给人带来愉快和喜悦,并能减少紧张和不安,从而调控人的情绪,改善心理健康。研究表明:用力运动可使人减少情绪上的负担,甚至能减轻源自精神压力的偶发事件造成的心理负担。如同人们在愤怒时摔东西所起到的迁怒、宣泄作用,通过运动行为的替代作用可以减弱或消除情绪障碍。

(四) 促进人格的全面发展

体育运动能使人学会竞争,学会表现自己的才能与实力;也能使人学会合作,学会相互配合,使许多个人凝聚成一个整体,为了共同的目标去努力、去夺取成功。体育运动能让人掌握一条与人相处的法则:自己成功时要善于谦虚,别人成功时要善于欣赏,大家共同成功时要善于分享。这一法则正是健全人格的体现。体育活动能发展人多方面的能力,如身体运动能力、协调能力、操作思维能力、直觉思维能力、应激能力等。体育活动还能锻炼人的性格,使人变得坚强、刚毅、开朗、乐观。人们通过体育运动能够学会控制自己的需要与动机、学会延续需要的满足、学会解决动机斗争的矛盾,从而使自己的个性更趋于成熟。体育活动还是一种增加人与人之间相互接触很好的形式。通过与他人的接触,可以使个体忘却烦恼和痛苦,消除孤独感。调查发现,外向性格者比内向性格者的社会需要更强烈,这种社会需要可以通过集体性的体育活动而得到满足。人们在体育活动中还必须学会遵守规则、尊重裁判、尊重对手,这些观念如果迁移到更广泛的社会生活中,就能有效地促进人的社会化进程,使人的个性日趋完善。

(五) 培养大学生的性格、气质

性格是指一个人较稳定的对现实的态度和与之相适应的习惯化的行为方式所表现出来的心理特点。有学者把人的性格归纳为三个基本的维度:内外向性、情绪稳定性、精神病。气质是高级神经活动在人的行动上的表现,是指人的相当稳定的个性特点,如活泼、直率、沉静、浮躁等。气质可根据神经活动类型的强弱分为四种:胆汁质、多血质、黏液质和抑郁质。体育锻炼是促进学生性格、气质发展的有利条件,如集体对抗项目能使学生养成团结协作的精神，还有不少运动项目可培养学生勇敢、顽强、不怕困难、吃苦耐劳、坚忍不拔等意志品质。研究证明，活泼性格的人一般从事球类运动，稳定性格的人一般从事耐力性的运动项目如马拉松或长跑等。总之，运动项目不同，对发展学生心理品质也具有不同作用。因此，体育锻炼应当采用多种手段发展学生的心理品质。

（六）加强人际关系和交往

人际关系是影响人的心理的重要因素之一，人类的心理适应最主要的就是对人际关系的适应。随着社会的发展，人们的生活节奏不断加快，人与人之间越来越缺乏适当的联系。体育锻炼是人与人之间的一种很好的相互联系、相互交流的方式，它能协调人际关系。体育锻炼总是在一定的社会环境中进行，参加者必须与他人交往和联系，不能孤立存在。良好的社会交往会给个体带来心理上的益处，人们在运动中能够较好地克服孤僻、忘却烦恼和痛苦，协调人际关系，扩大社会交往，提高社会适应能力。游戏和运动具有启发创造、消除紧张、保持友谊乐观等心理保健价值。

马塞等人在1971年的调查发现，外向性格者比内向性格者的社会需要更强烈，这种社会需要可以通过跳舞、身体练习以及做操等集体的体育锻炼而得到满足，但个人的体育锻炼则不能增加社会满足感。体育锻炼对治疗孤独症和人际关系障碍具有显著作用。由此可见，体育活动在增进人的相互交往、克服孤独感、培养心理适应能力等方面具有重要作用。

（七）治疗心理疾病

科克·凯尔迪（Cork Keldy）等人于1990年指出："体育活动已作为治疗心理疾病的一种方法。"此外，根据基恩1983年的调查，在1750名心理医生中，有60%的人认为应将体育锻炼作为一种治疗手段来消除焦虑症（指一种心理疾病，而不是一般的焦虑反应），有80%的人则认为体育锻炼是治疗抑郁症的有效手段之一。体育锻炼的手段越来越多地被运用到心理疾病的治疗中。巴斯奇（Bosscher）1993年曾调查过两种体育锻炼方式对医治严重抑郁症的效果。一种方式是散步或慢跑，另一种方式是踢足球、打排球及练体操等体育活动结合放松练习。慢跑或散步者每次连续练习30分钟，每周3次，共8周。混合组患者每次练习40分钟，参加两种或三种活动，每周2次，共8周。在每周的第三天，混合组患者进行放松练习。结果显示，慢跑组患者报告在抑郁感觉和身体症状方面明显地减轻，并报告自尊感增强，身体状态明显好转。相反，混合组患者未报告有任何生理或心理的变化。可见，慢跑或散步等有氧运动更有利于心理健康。马丁森（Martinson）1993年的文献回顾也许比上述调查研究更有价值。他回顾了许多有关体育锻炼对于患有焦虑症或抑郁症的住院病人的治疗效果，由此得出结论：有氧运动或不强烈的体育活动有助于降低轻度或中度的抑郁情绪。马丁森还简要讨论了体育锻炼与消除心理疾病之间的关系机制。他认为，自我效能、注意分散、控制感等心理机制可以用来解释体育锻炼的心理治疗效应。

在体育锻炼中应从兴趣、目的、注意力和休闲入手，保持心理健康的状态，才能达到良好的锻炼效果。

（1）要有明确的锻炼目的和强烈的运动欲望，运动前要有一种跃跃欲试的运动情绪，要有积极参加运动的自觉性和热情，避免"身随而心违的被动状态"。

（2）在体育锻炼中要注意力集中，排除杂念。将思想集中在如何掌握正确呼吸、如何掌握正确运动技术等方面上来。

（3）要尽力使体育锻炼轻松。可以在运动前听听音乐，也可以找自己的亲人和知心朋友一起参加锻炼，在运动中相互鼓励，共同创造欢快的气氛。

（4）要选择自己感兴趣的运动。特别是要注意多参加一些"轻体育"项目，如钓鱼、郊游、爬山、划船、滑冰、跳舞等运动，尽量使运动和娱乐相结合。

（5）要掌握心理调节方法，不断地调节心理。心理调节并不神秘，人人都可以调节自己的情绪、心境和意志。如我们在跑步前在镜子前照一照，整理一下头发和服装，看看自己的面容或者伸伸胳膊、摸摸隆起的肌肉块，当看到自己脸色好，或者肌肉强健时，马上精神振奋。这就是一种积极的心理调节。如果在镜子里看到自己面色苍白，眼睛有黑眼圈，精神不振，这时就对自己说：一到户外，就会有良好的感觉，我不是那种精神不振、易被情绪制服的人。这也是一种积极的心理自我调节。

第六章 大学生体质健康测试与评价

第一节 体质健康的相关概念

一、体质

(一) 体质的概念

体质是指人的生命活动和劳动工作能力的物质基础。简要地说,体质是指人的有机体的质量。它是在遗传的基础上由于变异而造成的人体在形态、生理、生化和行为上相对稳定的特征。

体质既反映人体的生命活动的水平,也反映人体的身体运动的水平。生命活动是身体运动的基础,反映着人的自然属性;而身体运动又是生命活动得以充分发展的必要条件,在一定程度上反映着人的社会属性,因而二者是统一的。满足于生命活动的自然发展,会限制身体运动的发展水平;听任身体运动的随意发展,也会损害生命运动的正常运行,因而二者又是矛盾的。可见,体质反映了人体的生命运动和身体运动的对立统一,只有科学地把握和处理生命运动和身体运动的矛盾统一,才能达到身体发展的最高成就。这个成就,也就是体育工作的根本目的,从这里我们可以进一步加深对"发展体育运动,增强人民体质"深刻意义的理解。

因此,对于体质的概念应该辩证地进行理解,它和健康的概念是不完全相同的,同样是健康的人,但体质千差万别。对于一个人的体质强弱,要从形态,功能,身体素质对环境、气候适应能力和抗病能力等多方面进行综合评价。

(二) 评价体质的指标

评价体质强弱的综合指标有如下五个方面。

(1) 身体形态发育水平。即体格、体型、姿势、营养状况及身体组成成分等。

(2) 生理生化功能水平。即机体的新陈代谢功能及各系统、器官的工作效能。

(3) 身体素质和运动能力水平。即身体在运动中表现出来的力量、速度、耐力、灵敏性、柔韧性等素质及走、跑、跳、投、攀等身体运动能力。

（4）心理发展状态。包括本体感知能力、个体意志力、判断能力。

（5）适应能力。即对外界环境条件的抗寒、抗热能力和对疾病的抵抗力。

影响体质强弱的因素是多方面的，它与遗传、环境、营养、体育锻炼等有着密切的关系。例如，遗传性状只对体质的发展提供了可能性或前提条件，而体质强弱的现实性则有赖于后天环境、营养、卫生和身体锻炼等因素。因此，有计划、有目的地进行科学的锻炼是增强体质最积极有效的手段。

（三）体质测定

体质测定一般包括如下四项指标。

1. 形态指标

形态指标由身高、体重、胸围、上臂围、坐高和身体组成（皮脂厚度、体脂比重、去脂体重等）。

2. 功能指标

功能指标包括安静时的心率、血压、肺功能及心血管运动试验等。

3. 身体素质指标

（1）力量指标：握力、背肌力、腹肌力、腿肌力、仰卧起坐、单杠引体向上（男）、单杠屈臂悬垂（女）、双杠双臂屈伸、俯卧撑等。

（2）爆发力指标：纵跳（垂直跳）、立定跳远。

（3）悬垂力指标：单杠屈臂悬垂（男）、单杠斜身屈臂悬垂（女）。

（4）柔韧性：站立体前屈、俯卧仰体。

（5）灵敏性和协调性：反复横跨、10米×4往返快跑。

（6）平衡性：闭眼单足立。

（7）耐力项目：耐力跑或快走1500米（男）、1000米（女），蛙泳或自由泳200米，滑冰1500米（男）、1000米（女），速度滑雪1000米。

4. 运动能力指标

（1）跑：快速跑（50米、100米）。

（2）跳：急行跳远、跳高、摸高（弹跳力）。

（3）投：投实心球、投手球、掷垒球、推铅球、投掷手榴弹。

二、体质与健康的关系

通常说的体质是指"在遗传性与获得性的基础上所表现出来的人体形态、结构、生理机能、心理因素的综合状况和相对稳定的特征"。而健康则是指"人体各器官系统发育良好，功能正常，体质健壮，精力充沛，并具有

良好活动效能状态"。体质是人体的质量,是人类赖以健康生活的物质基础;健康是人们体质状况的外部表现。因此,在研究确定学校体育的本质功能时,始终强调"增强学生体质,促进身心健康"。

国家体育总局在对体质的评价标准中指出,体质反映了人体的生命运动和身体运动的对立统一,只有科学地把握和处理生命运动和身体运动的矛盾统一,才能达到身体发展的最高成就。这个成就,就是体育工作的根本目的。这能加深人们对"发展体育运动,增强人民体质"深刻意义的更多理解。

三、影响体质健康的因素

影响人体健康的因素是多方面的,既有先天遗传因素的影响,又有后天环境、学习、生活工作、体育健身、营养卫生等多因素的影响。作为遗传因素,在人出生后就已完成,要重点把握的是后天的诸多因素影响。这就要求保持健康、增强体质,不能只寄托于某一方面,或局限于某一因素,而必须从个体所处的客观环境条件出发,充分考虑各因素的作用,进行身心整体维护和调理,才能取得满意的保健效果。大学生应从以下四个方面着手促进自己更为健康。

第一,不断学习一些体育健身知识,提高自己的身体保健意识,学会关心自己的身心健康。不管在任何时候,特别是工作繁忙时,都要意识到自己身心的调理和保健。有了这种保健意识,才能在工作、学习、生活的任何时候进行自我调理,使身体处于良好的状态,所以,提高身体保健意识是保持健康的先导。

第二,安排适当的体育健身活动。体育健身是任何手段都不可能代替的保健方法。经常参加体育锻炼,可以保持骨骼、肌肉、内脏器官的健康,延缓衰老;对心血管、肺、肠胃、泌尿、神经等系统功能都有良好的影响和调理作用;对心理紧张、压力也有较好的缓解、转移、放松作用。因此,大学生应坚持一定量的体育锻炼,防止用脑力活动代替体育活动,合理安排体育健身。一是要根据自己的学习、生活的环境和条件,选择适合自己的1～2种健身方法,经常进行锻炼。二是要掌握练习时间和运动量。一般来说,每周坚持2～3次,每次20～30分钟,不断提高锻炼质量、强度。或每天早晚练习10～20分钟,或每周练习30～60分钟一次,直到感觉发热至疲劳感出现为止。锻炼时心率控制在180与年龄的差值之间为好。三是每次锻炼都要做准备活动,防止损伤、扭伤情况的发生。

第三,在学习中注意劳逸结合,适度调节。随着现代社会的发展,工作节奏的加快,注重劳逸调节显得特别重要。一整天的学习后,应进行适宜的保健调节。采取一些调节方法，如做变换体位、走动或休息一会，做一些按摩操，或转换一下学习形式等方法，都能起到调节身心的作用。

第四，在生活中安排合理的营养、卫生、生活方式等，进行自我保健。营养对人体健康有很重要的影响，根据研究报道，人体疾病大都是由营养缺乏所致，大学生能量的消耗较大，每天需要补充一定的营养素，一旦长期缺乏营养，就会产生一些疾病，但营养又不能过剩，因此，应该注重营养饮食的搭配调节，必要时可饮用一些适合自己身体的营养补剂、药物补剂，以增加机体的恢复和调节能力。日常生活中的卫生保健也比较重要：应勤换衣，勤洗澡，早晚刷牙洗脸，食前洗手，饭后漱口；注意通风，保持空气新鲜；不吃生的和变质食品。合理的生活方式对健康也有重要意义。应注意加强交往，交流思想感情，参加一些文体活动、郊游和旅游，所有这些都可以起到调节身心的作用。

总之，大学生应从建立自己的健身保健意识开始，只有将加强体育健身、学习调节、生活营养、卫生方式等方面结合起来，进行整体调理和合理安排，才能做到保持健康、拥有活力。

四、体力

（一）体力的概念

体力指的是身体运动的功能，或者说为进行运动或劳动所需要的身体能力。因此，它既可以包含运动能力，也可以包含劳动能力和其他形式的身体运动能力。它同"体能"基本上是同义词，但在习惯上"体能"只被用来表达运动能力，很少用于表达劳动能力。因此，"体力"这个词泛指身体运动的功能水平。日本学者对体力和体质这两个概念不加区分，通称为"体力"。

我国有学者认为，体质是生命运动和身体运动的对立统一，自然也就是健康和体力的矛盾统一。将体质"一分为二"，就是健康和体力。体力和健康不能互相替代，各有独立的含义，也不能分别单独代表体质。只有把体力和健康结合起来观察，才能完整地反映体质水平。例如，健康良好者必有一定的体力水平，而体力良好者必定以一定的健康水平为基础和保证。体力和健康是统一的体内矛盾运动的互为表里的两个方面。健康反映了人体内部矛盾运动的统一性；体力是体内矛盾运动斗争性的反映，是体内矛盾运动在可控限度内展开时所可能达到的激烈程度的反映。这个可控限度，就是健康。因此，健康是体质状况的反映。

（二）体力的分类

对于体力的概念和分类，各国学者各有不同的观点，而且名称各异。日本学者把体力分为运动能力和防御能力两类,它的内容包括身体素质及对生命和健康有威胁的应激所产生的各种抵抗力。这和中国学者关于体质的概念相似。

(1) 运动能力体现在力量、速度、爆发力(力量×速度)、耐力(肌肉耐力和全身耐力)、灵敏性、柔韧性、平衡性。

(2) 防御能力包括适应力、抵抗力、免疫力、恢复力(应激反应)、代偿力、稳定性、精神和心理的安定性。

(三) 体力测试

体力测试,通常采用如下九种方法。

(1) 握力(肌力):用握力计测定,左右手各测两次,取两手最好的成绩,再做平均数。或单记好的成绩。

(2) 背拉力(肌力):用拉力器测定,测两次取最好的成绩。

(3) 垂直跳(爆发力):身体侧向靠墙站立,先用沾粉的手指画印,再尽自己最大的能力原地上跳、沾粉手指尽量上伸画印,测量这两个手指印之间的距离(厘米)。

(4) 上、下台阶运动(耐力):直立姿势"预备",以"开始"作为起动的信号。用2秒钟上、下一次台阶的速度,连续不停地做3分钟上下台阶运动。做完后,立即坐在椅子上,分别测量运动后的1～1.5分钟、2～2.5分钟、3～3.5分钟的脉搏次数。在运动中间如果坚持不下去或者上下慢了3次,应立刻停止运动记下此时秒数,并用下列公式求出评定指数(台高:男生为40厘米,女生为35厘米)。

$$评定指数 = \frac{上、下台阶的持续时间(秒) \times 100}{2 \times (3次测定脉搏数的总和)}$$

(5) 俯卧后仰(柔韧性):俯卧在垫子或诊察床上,双手放于腰后交叉相握,两腿稍分开(足尖距约45厘米)。辅助者跪撑于受试者两腿之间,用膝及小腿压在其腘窝及小腿上,双手按大腿后部,注意不要按于臀部,借助自身的体重使其下肢固定。受试者慢慢仰头背伸,将上体尽量抬起。测试者借助立柱或直角刻度尺,尽快测量下颏与台阶之间的距离(厘米),即下颏抬起的静止高度。进行两次,取最好的成绩。距离大者柔韧性好。

(6) 立位体前屈(柔韧性):做一个特制的测试板,设有带刻度的立柱,以凳面为0点,往上25厘米,往下40厘米。受试者立于凳面上,足跟并拢,两脚尖分开约5厘米,与立柱平齐。上体慢慢尽量前屈,不得突然用力,两臂及手指伸直贴近立柱,头置于两臂之间,膝关节不能弯曲。手指末端所触及最下端的刻度,为测试结果(厘米)。0点以下为正数,0点以上为负数,正数值越大,说明脊柱的柔韧性越好。进行两次,取最好的成绩。

第六章 大学生体质健康测试与评价

如果有专门的测体前屈设备，可在椅子上或诊察床边测量，这样更方便。

（7）闭眼单足立（平衡性）：两手叉腰，闭眼单足站立，直到平衡破坏、支撑脚移动或睁眼为止。记录独立时间（秒），10秒钟以上为合格。

（8）反复横跨（灵敏性）：在地面上或测量板上以120厘米（7～11岁为100厘米）的距离画三条平行线。受试者跨中线站立，用"开始"的口令作为起动信号，按右—中—左—中的顺序反复横跨，在20秒钟内要尽可能快地左右反复移动，但不得跳跃。这样两脚跨过线的次数越多，则其灵敏性越好。两脚每跨完一线为一次，脚不到或越过外侧线，以及没跨中线不计入成绩。测验两次取最好的成绩。

（9）俯卧撑（耐力）：俯卧、两手撑地，男子以脚尖触地，女子以膝关节触地（跪撑）。计算俯卧撑达到的最多次数。

第二节　大学生体质健康标准测试的内容和方法

《国家学生体质健康标准》规定，高校学生每学年测评一次，每次测试五类六个项目。其中身高、体重、肺活量三项为必测项目（分别计出身高标准体重和肺活量体重指数），另三项为选测项目。选测项目原则上每年不得重复。高校学生的测试项目见表6-1。

表6-1　《国家学生体质健康标准》大学组测试项目

测试对象分组	必测项目	选测项目	备注
大学各年级	身高、体重、肺活量	1000米跑（男）、800米跑（女）、台阶试验	选测一项
		坐位体前屈、仰卧起坐（女）、引体向上（男）、掷实心球、握力	选测一项
		50米跑（25米×2往返跑）、立定跳远、跳绳、篮球运球、足球运球、排球垫球	选测一项

由于各校选测的项目和购买的测试器材有所不同，因此，在具体的测试方法上也会有一定的差别。测试者和受试者均应严格按照特定器材的操作要求，确保准确、快速和安全地完成每一个项目的测试。

大学体育与健康理论编

一、身体形态指标的测试

(一) 身高

1. 测试目的

测试学生的身体高度,与体重测试相配合,评定学生的身体匀称度,评价学生生长发育及营养状况的水平。

2. 场地器材

身高测量计。使用前,应以钢尺校对立柱上的刻度,误差不得大于 0.1 厘米。同时,检查立柱是否垂直、有无晃动、零件有无松脱等情况,如有必要应及时加以纠正。

3. 测试方法

受试者赤足,立正姿势站在身高测量计的底板上(上肢自然下垂,足跟并拢,足尖分开约成 60 度角)。足跟、骶骨部及两肩胛区与立柱相接触,躯干自然挺直,头部正直,耳屏上缘与眼眶下缘呈水平位。测试人员站在受试者右侧,将水平压板轻轻压于受试者头顶。测试人员读数时双眼应与压板水平面等高进行读数。记录员复述后进行记录。以厘米为单位,精确到小数点后一位。测试误差不得超过 0.5 厘米。

4. 注意事项

(1) 身高测量计应选择平坦靠墙的地方放置,立柱的刻度尺应面向光源。

(2) 严格掌握"三点靠立柱""两点呈水平"的测量姿势要求,测试人员读数时两眼一定要与压板等高,两眼高于压板时要下蹲,低于压板时应垫高。

(3) 水平压板与头部接触时,松紧要适度,头发蓬松者要压实,头顶的发辫、发结要放开,饰物要取下。

(4) 读数完毕,应立即将水平压板轻轻推向安全高度,以防碰坏。

(5) 测量身高前,受试者不应进行体育活动和体力劳动。

(二) 体重

1. 测试目的

测试学生的身体重量,与身高测试相配合,评定学生的身体匀称度,评价学生生长发育及营养状况的水平。

2. 场地器材

杠杆秤或电子体重计。使用前需检验其准确度和灵敏度。准确度要求误差不超过 0.1%,即每 100 千克误差小于 0.1 千克。可用 10 千克、20 千克、

30 千克标准砝码（或用等重标定重物代替）分别进行称量，检查指标读数与标准砝码误差是否在允许范围。灵敏度的检验方法：置 0.1 千克重砝码，观察刻度尺变化，如果刻度抬高了 3 毫米或游标向远移动 0.1 千克而刻度尺维持水平位时，则达到要求。

3．测试方法

测试时，杠杆秤应放在平坦地面上，受试者赤足，男生身着短裤，女生身着短裤、短袖衫，站在秤台中央。读数以千克为单位，精确到小数点后一位。记录员复述后将读数记录。测试误差不超过 0.1 千克。

4．注意事项

（1）测量体重前，受试者不得进行剧烈体育活动和体力劳动。

（2）受试者站在秤台中央，上、下杠杆秤动作要轻。

（3）每次使用杠杆秤时均需校正。测试人员读数前应校对砝码重量，避免差错。

二、身体机能指标的测试

（一）肺活量

1．测试目的

测试学生的肺通气功能。

2．场地器材

电子肺活量计。

3．测试方法

肺活量计主机放置在平稳桌面上，检查电源线及接口是否牢固，按工作键液晶屏显示"0"即表示机器进入工作状态，预热 5 分钟后测试为佳。使用干燥的一次性吹嘴。

测试前，应告知受试者不必紧张，并且要尽全力，以中等速度和力度吹气效果最好。受试者面对仪器站立、手持吹嘴，进行一两次较平日深一些的呼吸动作后，更深地吸一口气后对准吹嘴尽力深呼气，直到不能呼气为止。测试中不得中途二次吸气。

吹气完毕后，液晶屏上最终显示的数字即为肺活量毫升值。每名受试者测 3 次，每次间隔 15 秒，记录 3 次数值，选取最大值作为测试结果。以毫升为单位，不保留小数。

4．注意事项

（1）电子肺活量计的计量部位的通畅和干燥是仪器准确的关键，吹气筒的导管必须在上方，以免堵塞导气道。

（2）每测试 10 人及测试完毕后用干棉球及时清理和擦干气筒内部。严禁用水、酒精等任何液体冲洗气筒内部。

（3）导气管存放时不能对折。

（4）定期校对仪器。

（二）台阶试验

1. 测试目的

测试学生心血管系统的机能。

2. 场地器材

台阶或凳子、节拍器、秒表、台阶测试仪。

3. 测试方法

男生用高 40 厘米的台阶，女生用高 35 厘米的台阶，做踏台上、下运动。测验前测定受试者安静时的脉搏，然后受试者做轻度的准备活动，主要是活动下肢关节。上、下台阶的频率是每分钟 30 次，因而节拍器的节律为每分钟 120 次（每上、下一次是 4 拍），受试者按节拍器的节律完成试验。

受试者从预备姿势开始，先将一只脚踏在台阶上，踏台腿伸直成台上双足站立，先踏台的脚先下地，还原成预备姿势。用 2 秒上、下一次的速度（按节拍器的节律来做）连续做 3 分钟。做完后，立刻坐在椅子上测量运动结束后的 1~1.5 分钟、2~2.5 分钟、3~3.5 分钟的 3 次脉搏数。并用下列公式求得评定指数，计算结果包含有数的，对小数点后的一位四舍五入取整进行评分。

$$评定指数 = \frac{踏台上、下运动的持续时间(秒) \times 100}{2 \times (3 次测定脉搏数的总和)}$$

4. 注意事项

（1）心脏有疾病的不能进行测试。

（2）按 2 秒上、下一次的节奏进行。当受试者跟不上节奏时应及时提醒，如果 3 次跟不上节奏应停止测试，以免发生伤害事故。

（3）上、下台阶时，膝、髋关节都应伸直。

（4）受试者不能自己测量脉搏。

（5）如果受试者不能完成 3 分钟的负荷运动，以实际上、下台阶的持续时间进行计算，计算公式和方法同上。

三、身体素质能力的测试

（一）50 米跑

1. 测试目的

测试学生的速度力量、灵敏性素质及神经系统灵活性的发展水平。

2. 场地器材

50 米直线跑道若干条，地面材质不限，跑道线要清晰。发令旗一面，口哨一个，秒表若干块（一道一表）。秒表使用前应用标准秒表校正，每分钟误差不得超过 0.2 秒。标准秒表的选定，以北京时间为准，每小时误差不超计 0.3 秒。

3. 测试方法

受试者至少两人一组测试。站立起跑，受试者听到"跑"的口令后开始起跑。发令员在发出口令同时要摆动发令旗。计时员视旗动而开表计时，当受试者躯干部到达终点线的垂直面时停表。记录以秒为单位，精确到小数点后一位。小数点后第二位数按"非 0 进 1"的原则进位，如"10.11"秒读为"10.2"秒，并记录之。

4. 注意事项

（1）受试者测试最好穿运动鞋或平底布鞋，赤足亦可。但不得穿钉鞋、皮鞋、塑料凉鞋。

（2）发现有抢跑者，应当立即召回重跑。

（3）如遇风时一律顺风跑。

（二）立定跳远

1. 测试目的

测试学生下肢肌肉爆发力及身体协调能力的发展水平。

2. 场地器材

沙坑、丈量尺。沙面应与地面平齐，如无沙坑，可在土质松软的平地上进行。起跳线至沙坑近端不得少于 30 厘米，起跳地面要平坦，不得有凹坑。

3. 测试方法

受试者两脚自然分开站立，站在起跳线后，脚尖不得踩线（最好用线绳做起跳线）。两脚原地同时起跳，不得有垫步或连跳动作。丈量起跳线后缘至最近着地点后缘的垂直距离。每人试跳 3 次，记录其中成绩最好的一次。以厘米为单位，不计小数。

4. 注意事项

（1）发现犯规时，此次成绩无效。3 次试跳均无成绩者，再跳至取得成绩为止。

（2）可以赤足，但不得穿钉鞋、皮鞋、塑料凉鞋参加测试。

（三）坐位体前屈

1. 测试目的

测量学生在静止状态下的躯干、腰、髋等关节可能达到的活动幅度，主要反映这些部位关节、韧带和肌肉的伸展性与弹性，以及学生身体柔韧性素质的发展水平。

2. 场地器材

坐位体前屈测试计。

3. 测试方法

受试者两腿伸直，两脚平蹬测试纵板坐在平地上，两脚分开10～15厘米，上体前屈，两臂伸直向前，用两手中指尖逐渐向前推动游标，直到不能前推为止。测试计的脚蹬纵板内沿平面为0点，向内为负值，向前为正值。记录以厘米为单位，保留一位小数。测试两次，取最好成绩。

4. 注意事项

身体前屈、两臂向前推游标时，两腿不能弯曲，不得有突然前振的动作。

（四）握力

1. 测试目的

测试学生上肢肌肉力量的发展水平。

2. 场地器材

电子握力计或合格的弹簧式握力计。

3. 测试方法

受试者两脚自然分开成直立姿势，两臂自然下垂。一手持握力计全力紧握（此时握力计不能接触衣服和身体），记下握力计指针的刻度（或所显示的数字）。用有力（利）手握两次，取最大值。以公斤为单位，测试时保留一位小数。

4. 注意事项

保持手臂自然下垂姿势，手心向内，不能触及衣服和身体。

（五）仰卧起坐

1. 测试目的

测试腰腹肌的力量和耐力。

2. 场地器材

垫子若干块，并铺放平坦。

3. 测试方法

受试者全身仰卧于垫上，两腿稍分开，屈膝约成90度角，两手指交叉贴于脑后。另一同伴压住其踝关节，以便固定其下肢。受试者起坐时两肘触及或超过双膝为完成一次。仰卧时两肩胛必须触垫。测试人员发出"开始"口令的同时开表计时，记录1分钟内完成次数。1分钟到时，受试者虽已坐起但肘关节未达到双膝者不计该次数，精确到个位。

4．注意事项

（1）如发现受试者借用肘部撑垫或臀部起落的力量起坐时，该次不计数。

（2）测试过程中，观测人员应向受试者报数。

（3）受试者双脚必须放于垫上。

（六）男生1000米跑或女生800米跑

1．测试目的

测试学生耐力素质的发展水平，评定其肌肉耐力和心肺系统的机能能力。

2．场地器材

400米田径场跑道，地面材质不限。发令旗一面，秒表若干个。秒表使用前需要校正，其要求同50米跑。

3．测试方法

受试者至少两人一组进行测试，站立式起跑。当听到"跑"的口令后开始起跑。计时员看到旗动而开表计时，当受试者的躯干部到达终点线垂面时，停表。

4．注意事项

（1）测试人员应向受试者报告剩余圈数，以免跑错距离。

（2）测试人员应告诉受试者在跑完后应继续走动，不要立刻停下，以免身体出现意外。

（3）受试者不得穿皮鞋、塑料凉鞋、钉鞋参加测试。

（4）对分、秒进行换算时要细心，防止出现差错。

第三节　大学生体质健康标准与测试结果评价

《国家学生体质健康标准》分别从小学到大学规定了相应的评价指标，这些指标都是根据《国家学生体质健康标准》中所规定的测试项目的测试值来进行评价的。有的是直接利用测试值进行查表评分，如立定跳远；有的需要进行计算，如肺活量体重指数和握力体重指数。此外，身高标准体重是根据所测得的身高和体重查表进行评分，因此，当测试项目已经确定了以后，评价指标也就相应地被确定了。

例如，对某女生来说，如果从坐位体前屈、仰卧起坐、握力三项中选测了握力，那么对应的评价指标就是经过计算后得出的握力体重指数，用计算值来查表评分；如果选测了仰卧起坐就选评仰卧起坐，用测试值直接查表评分。总之，评价指标和测试项目都是相对应的，要想选什么评价指标，就必须选测相应的测试项目；同样，测试了相应的测试项目，就要选评对应的指标。

大学的评价指标有五项，其中身高标准体重、肺活量体重指数两项为必评指标；选评指标有三项，分别对应表6-1中的选测项目进行评定。

一、各项体质健康评价指标的意义

（一）身高标准体重

身高标准体重是指身高与体重两者的比例应在正常的范围。它通过身高与体重一定的比例关系，反映人体的围度、宽度和厚度以及人体的密度，是评价人体形态发育水平和营养状况及身体匀称度的重要指标。

人的体型肥胖、健壮或瘦弱，都是针对身高与体重的比例是否协调与适中而言。经常检测身高标准体重，对于掌握自己的体重是否适宜、是否需要调整饮食、评定运动量的大小和生理机能的变化等，都有重要的意义。身高标准体重可间接地反映人体的身体成分。如果所测得的身高标准体重数值小于或大于同年龄段的身高标准体重的范围，就说明身体的匀称度欠佳，需要通过调整饮食结构或积极参加体育运动来增加肌肉或减少多余的脂肪。

（二）肺活量体重指数

肺活量是评价人体呼吸系统机能状况的一个重要指标。科学研究指出，肺活量低的人难以与肺活量高的人一样高寿。由于肺活量的大小与体重、身高、胸围等因素有着密切的关系。因此，为了将学生身体发育的不同步因素在肺功能的评价中得以体现，所以选用了肺活量体重指数。计算公式如下：

$$肺活量体重指数 = 肺活量（毫升）/体重（千克）$$

（三）台阶试验指数

台阶试验指数是反映人体心血管系统机能状况的重要指标。在试验结束后，脉搏的搏动次数恢复到安静状态下的次数所用的时间缩短，台阶试验指数增高。台阶试验指数值越大，则反映心血管系统的功能越强、机能水平越高。计算公式见本章第一节。

（四）50米跑

50米跑成绩可综合反映神经过程的灵活性、身体的协调性、关节和肌肉的柔韧性以及肌肉的快速力量。50米跑的测试成绩可较全面地反映学生的身体的综合素质，也是大学生从事体育运动、学习运动技能所必须具备的身体基本素质。

（五）立定跳远

立定跳远主要是测量向前跳跃时下肢肌肉的爆发力及身体协调用力的能

力。力量（快速力量）在体育运动和日常生活中都是非常重要的身体素质。腿部的爆发力是以腿部的力量为基础，没有力量就谈不上爆发力，也谈不上肌肉的耐力。

（六）坐位体前屈

坐位体前屈测试反映关节和肌肉的柔韧程度。柔韧性差意味着相应关节和肌肉活动能力的下降。长时间缺乏发展柔韧性的练习，可导致关节或关节周围软组织发生变性、挛缩，甚至粘连，从而限制关节的运动幅度，牵拉时必然产生疼痛甚至损伤。所以，扩大关节运动的幅度即扩大了人体活动的无痛范围。身体柔韧性差不仅会影响体育活动、学习、工作，还会影响到人们的健康与生活质量，故柔韧性是必须重视的身体健康素质的要素之一。

（七）握力体重指数

握力体重指数反映的是肌肉的相对力量，即每公斤体重的握力。握力主要反映人前臂和手部肌肉的力量，同时也与其他肌群的力量有关，因而该指标也可在较大的程度上反映肌肉的总体力量。计算公式为

$$握力体重指数 = 握力（千克）/体重（千克）\times 100$$

（八）仰卧起坐

仰卧起坐能比较安全地测试腰部、腹部肌肉的力量和耐力。在做仰卧起坐时，主要是腹肌在起作用，且髋、腰部肌肉也参与了工作，因此，这种测试既评价了腹肌的耐力，也反映了髋、腰部肌肉的耐力水平。由于女生这两部分肌肉的力量和耐力与其特定生理功能有密切的联系，因此将仰卧起坐单独列为女生的一个选测项目。

（九）耐力跑（男生1000米跑或女生800米跑）

耐力跑是综合评价人的心血管系统、呼吸系统机能及肌肉耐力的最简便的方法之一。在同等情况下，心血管机能水平高的人跑同样距离用时相对要少。心血管系统机能较强者才能在耐力测试中取得较好的成绩。

二、《国家学生体质健康标准》评分表的使用方法

使用评分表对学生的测试结果进行评价可分为两个部分，第一部分是对各项测试结果分别评分，得出相应评价指标的得分和等级；第二部分是对每一个学生给出一个总的得分和等级。

（一）单项评分

按测试项目、性别找到对应的评分表，使用该表查出相应指标所处的档次及其得分。

例：测得某大一女生的各项数据如下。

(1) 身高 160.3 厘米，体重 55 千克。查相应身高标准体重表，在正常体重的 52.2～62.3 千克的范围内，得分为 100 分。

(2) 肺活量为 2860 毫升。计得肺活量体重指数为 52（即 2860÷55＝52），查表为及格，得分为 69 分。

(3) 计得台阶试验成绩为 54。查表为良好，得分为 78 分。

(4) 握力为 29 千克。计得握力体重指数为 53（即 29÷55×100＝53），查表为及格，得分为 72 分。

(5) 立定跳远成绩为 1.89 米。查表为良好，得分为 81 分。

通过这一步对受试者每一项指标进行评价，我们就可以了解该生在体质健康各个方面的具体情况和等级。教师可以根据每个学生的个体差异，对不够理想的指标，进行有针对性的锻炼，鼓励学生进步与发展，从而不断提高每个学生的体质健康水平。

如果想要对它进行总体评价，就需要与查出的分数进行下一步计算。

（二）等级评价

将各单项的得分乘以该项目的权重系数（见表 6-2），即可得出该生体质健康测定的总分。《国家学生体质健康标准》共分为优秀（总分 90 分以上）、良好（总分 75～89 分）、及格（总分 60～74 分）、不及格（总分 59 分以下）四个评价等级。

表 6-2 《国家学生体质健康标准》大学组各测试项目权重系数

测试对象分组	评价指标	权重系数
大学各年级	身高标准体重	0.1
	肺活量体重指数	0.2
	1000 米跑（男）、800 米跑（女）、台阶试验	0.3
	坐位体前屈、掷实心球、仰卧起坐（女）、引体向上（男）、握力体重指数	0.2
	50 米跑、立定跳远、跳绳、篮球运球、足球运球、排球垫球	0.2

上述例子中女生的总分 = 100×0.1 + 69×0.2 + 78×0.3 + 72×0.2 + 81×0.2 = 77.8（分）。依据综合评级标准，该生总的体质健康评分等级为良好。

三、身高标准体重查表补充说明

如果个别学生的身高（太高或太低）在表中查不到，可按下列方法折算后再查表。

（1）当学生身高低于表中所列出的最低身高段的下限值时，实测身高需要加上与下限值之差，并且身高每增加1厘米，实测体重需加上0.5千克，再查表确定分值。

如某女生的身高为138.3厘米，体重为41.5千克。由于大学女生身高标准体重表的最低身高段为140.0～140.9厘米，该生查表的身高为138.3厘米+2厘米=140.3厘米，其体重为41.5千克+0.5千克×2=42.5千克。再查表，在身高段140.0～140.9厘米的正常体重42.5～50.6千克的范围内，得分为100分。

（2）当学生身高高于表中所列出的最高身高段的上限值时，实测身高需减去与上限值的差值，并且身高每减少1厘米，实测体重需减去0.9千克，再查表确定分值。

如某女生的身高为187.0厘米，体重为79.0千克。由于大学女生身高标准体重表的最高身高段为186.0～186.9厘米，该生查表的身高为187.0厘米-1厘米=186.0厘米，其体重为79.0千克-0.9千克×1=78.1千克。再查表，在身高段186.0～186.9厘米的正常体重67.0～78.6千克的范围内，得分为100分。

第四节　提高身体素质的锻炼方法

身体素质与身体健康关系密切。它包括身体成分、心肺（循环、呼吸）系统的机能、速度、柔韧性和力量、耐力等。本节将介绍如何通过科学合理的体育锻炼，更有效地发展和提高身体健康素质。

一、身体素质的科学锻炼方法

（一）改变身体成分的锻炼方法

在《国家学生体质健康标准》中，采用身高标准体重的评价指标间接反映身体成分。了解身体成分，有利于通过体育锻炼或调节饮食来调控体重，保持身体内适宜的脂肪比例。

体重过重不仅使人臃肿迟缓，还会给健康带来一系列不良的影响。人体的脂肪比重过大，血液中的胆固醇含量就高，容易导致人体内某些物质代谢的紊乱。大量的流行病调查表明：身体肥胖与冠心病、动脉粥样硬化、高血压、糖尿病、胆结石、关节炎及某些肿瘤的发生有关。肥胖会增加新陈代谢和心脏的负担，甚至会显著缩短寿命。

反之，体重过轻也是一种疾病，它对人体健康同样有着多方面的危害。体重过轻的人体力差，容易疲倦，学习和工作的效率不高，对环境变化的适应能力不强，常有力不从心的感觉，且抵抗力、免疫力差，抗寒抗病能力弱，易患肺结核、肝炎、肺炎等疾病，也经不起疾病的折磨。显然，体重过轻与肥胖一样，既非健美的象征，也非健康的标准，而是身心健康的大敌。

1. 体重超重或肥胖者的锻炼方法

体重超重或肥胖者的练习方法主要包括：

（1）慢速走、中速走或快速走。

（2）走、跑交替。

（3）跳绳。

（4）健美操。

（5）长跑。

（6）各种腰腹练习：如仰卧起坐、仰卧举腿、元宝（仰卧起坐举腿）、仰卧起坐转体、仰卧起坐抛球等。

（7）长距离骑自行车。

体重超重或肥胖者的锻炼建议有以下五个：

（1）体重过重的最佳锻炼方式是选择走、跑等持续的周期性的运动，随着体重的减轻，再选择其他的运动方式。

（2）每次锻炼的持续运动时间应达 30 分钟以上。对减重者而言，持续运动的时间比运动的强度更为重要。持续运动是指在运动时身体不要停下来，始终保持在运动的状态。如快走累了变成慢走、跑走交替都属于持续运动。

（3）锻炼的次数越多，消耗的热量也就越多，否则很难达到降低体重的效果。对体重过重的人来说，每天早晨和下午各锻炼一次比每天只进行一次锻炼会有更好的效果。

（4）大肌群参与运动能消耗更多的热量。锻炼时，要尽量使四肢和躯干的肌群都参加运动，避免只有局部小肌群参与运动。

（5）要取得最佳的减肥效果，务必在进行体育锻炼的同时控制好饮食。即不仅要迈开自己的腿，还要控制好自己的嘴。这比只用一种方法减轻体重更有效。只有养成良好的生活习惯，才能避免减轻体重后的"反弹"。

2. 体重偏低或营养不良者的锻炼方法

体重偏低或营养不良者的练习方法主要包括：

（1）散步。

（2）慢跑。

（3）太极拳。

（4）球类运动。

（5）游泳。

（6）各种健身、健美练习。

体重偏低或营养不良者的锻炼建议有以下四个：

（1）先去医院做一次检查，患有蛔虫病、慢性消耗性疾病如结核病、慢性腹泻、内分泌疾病等都会出现体重不正常或消瘦。病因不清楚，就不会有好的锻炼效果。

（2）锻炼要持之以恒，要循序渐进。

（3）增加活动量会增加食欲，但要注意增加进食富含蛋白质的食物。少吃或不吃零食，使饮食有规律并保证有合理丰富的营养。

（4）保持良好的心境，注意休息，保证足够的睡眠。

（二）发展和提高心肺系统机能的锻炼方法

心肺（循环、呼吸）系统的机能是身体健康素质中最重要的素质，直接影响到我们的学习效率和生活质量。人们往往会把提高心肺系统的机能与预防心血管疾病联系起来，因为高血压、动脉硬化、脑血栓、冠心病、心肌梗死等疾病都与该系统的机能状况有关。心肺系统的耐力是心肺系统机能高低的重要标志。

在《国家学生体质健康标准》中，用肺活量体重指数、台阶试验指数或长跑评价心肺系统的机能能力，体育锻炼能有效地改善和提高该系统的机能水平。

1. 练习方法

（1）长跑。

（2）变速跑。

（3）游泳。

（4）球类运动。

（5）健美操。

（6）跳绳。

（7）长距离骑自行车。

2. 建议

（1）每周的锻炼次数不少于3次。

（2）运动强度男生控制心率在130～160次/分，女生控制在125～155次/分，每次的运动时间不少于30分钟。

（3）选择主要以大肌群而不是小肌群参与的运动方式。

（三）发展和提高速度力量素质的锻炼方法

50米跑和立定跳远均属速度力量类的测试项目。虽然动作结构简单，却可综合反映受试者神经系统的灵活性、身体的协调性、关节和肌肉的柔韧性以及肌肉的快速力量等多种重要的素质。

1. 练习方法

（1）往返跑、变速跑。

（2）上坡跑、下坡跑。

（3）跳绳。

（4）跳台阶。

（5）屈腿仰卧起坐。

（6）负杠铃半蹲跳。

2. 建议

（1）快跑前，要做好充分的准备活动，以调动各器官系统的最大功能，加强肌肉的收缩能力，提高练习效果，防止肌肉拉伤或因剧烈运动出现晕厥。

（2）应在塑胶跑道、泥地、草地上做跑跳练习，不要在水泥等硬地上跑跳，否则容易发生胫骨及关节损伤。

（3）患有感冒、发烧、腹痛等疾病时暂不宜跑步，女生在月经期间一般也不宜进行速度力量的练习。

（4）饭后、饥饿或疲劳时均不宜进行速度力量的练习。

（四）发展和提高身体柔韧性的锻炼方法

柔韧性是指身体各关节的活动幅度，以及跨过关节的韧带、肌腱、肌肉、皮肤和其他组织的弹性和伸展能力。《国家学生体质健康标准》以坐位体前屈测评关节和肌肉的柔韧性程度。柔韧性好的人，关节灵活、活动的范围明显加大，可以减少在工作和生活中由于动作幅度加大、扭转过猛等而产生的损伤，使工作和生活更惬意、潇洒。

1. 练习方法

（1）各种踢摆腿练习：如原地或行进间的正踢腿、侧踢腿、侧摆腿、踢摆腿绕环等。

（2）各种牵拉练习：将肢体任一肌群被动拉长，然后静止保持一段时间。

（3）坐位压腿：坐位直腿，两手前伸。同伴在背后逐渐加力，向前振压练习者双肩。

（4）跳皮筋、踢毽球。

(5) 健美操。
(6) 武术、太极。

2．建议

(1) 做柔韧性练习之前一定要做好准备活动，身体发热感到微微出汗再进行练习。否则，不仅效果不会好，还易造成身体损伤。

(2) 发展柔韧性切忌操之过急。低强度、长时间和多次数是发展柔韧性的练习特征。练习时拉伸肌肉、关节的力度应随着肌肉和关节活动幅度的逐渐增大而加大，可以"酸加""痛减""麻停"为原则。

（五）发展和提高手臂和腰腹力量的锻炼方法

力量是学习运动技能、提高生活质量、应付突发事件的重要素质。通过不断增加肌肉克服阻力大小的力量练习，可有效发展肌肉的力量。

1．握力练习方法

(1) 指卧撑：以十指着地做俯卧撑，可先采用手高足低的姿势作为过渡练习。

(2) 单杠引体。

(3) 双杠臂屈伸。

(4) 各种健身器械练习，如举哑铃、旋腕提重、拉力器练习、卧推杠铃等。

2．仰卧起坐练习方法

(1) 连续蛙跳。

(2) 双足跳台阶。

(3) 前、后抛实心球。

(4) 仰卧举腿、元宝（仰卧起坐举腿）、仰卧起坐转体、仰卧起坐抛球等。

(5) 在平面或斜面器械上做负重仰卧起坐练习。

3．建议

(1) 握力主要反映手部和前臂肌肉的力量，但与其他肌群的力量及至全身肌肉力量均有练习。进行发展握力的练习时，结合上肢力量乃至全身力量进行综合性的力量练习会有事半功倍、增强体质的更好效果。

(2) 匀速的仰卧起坐练习能完成较多的次数，也能取得更好的练习效果。

(3) 进行力量性练习前应做好充分的准备活动，注意练习后的放松整理，能有效减轻练习后肌肉的酸痛，塑造更健美的肌肉及体形。

（六）发展和提高耐力素质的锻炼方法

耐力跑是综合反映人的心血管系统、呼吸系统机能及肌肉耐力的有效的

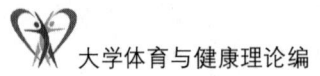

测试项目。持续较长时间、有一定运动强度的练习均可有效提高耐力素质。

1. 练习方法

（1）长跑：可采用定时跑、定距跑、变速跑、越野跑等多种形式。

（2）各种球类运动。

（3）跳绳。

（4）长距离骑自行车。

（5）爬楼梯。

2. 建议

（1）耐力练习要循序渐进、持之以恒。

（2）运动强度男生控制心率为 130～160 次/分、女生控制心率为 125～155 次/分，每次的运动时间不少于 30 分钟。

（3）注意选择在空气清新、路况良好、交通安全的地方进行练习。夏天锻炼应注意避开高温高热的时段。

二、不同体质状况学生体育锻炼的合理安排

（一）不同体质状况学生的运动处方原则

表 6-3 和表 6-4 是由教育部"《国家学生体质健康标准》智能服务系统课题组"推荐的不同体质状况大学生体育锻炼的运动处方原则，可根据自己的体质状况参照安排适合自己的体育锻炼。

表 6-3 大学男生的运动处方原则

测试项目	评价等级	锻炼频率	运动时心率	持续时间	重复组数	组间隔
身高标准体重（体型）	肥胖	1～2 次/日	110～140 次/分	20～45 分钟或以上	—	—
	超重	1 次/日	110～140 次/分	45 分钟以上	—	—
	超低体重	3～4 次/周	130～160 次/分	30 分钟或以上	—	—
	营养不良	3～4 次/周	130～160 次/分	20～30 分钟	—	—
心肺机能	良好	3～4 次/周	130～160 次/分	20 分钟以上	—	—
	及格	3～4 次/周	130～160 次/分	20 分钟以上	—	—
	不及格	3 次/周	130～160 次/分	15 分钟以上	—	—

续表 6-3

测试项目	评价等级	锻炼频率	运动时心率	持续时间	重复组数	组间隔
速度力量素质	良好	3 次/周	—	—	—	2 分钟
	及格	3 次/周	—	—	—	2 分钟
	不及格	3 次/周	—	—	—	2 分钟
力量耐力素质	良好	3 次/周	—	—	4～6 组/次	1 分钟左右
	及格	3 次/周	—	—	4～6 组/次	1 分钟左右
	不及格	3 次/周	—	—	4～6 组/次	1 分钟左右
柔韧性素质	良好	1 次/日	—	30～60 分钟	—	1 分钟左右
	及格	1～2 次/日	—	30～60 分钟	—	1 分钟左右
	不及格	2 次/日	—	30 分钟	—	1 分钟左右

注:"—"表示不适用。

表 6-4 大学女生的运动处方原则

测试项目	评价等级	锻炼频率	运动时心率	持续时间	重复组数	组间隔
身高标准体重（体型）	肥胖	1～2 次/日	105～135 次/分	20～45 分钟或以上	—	—
	超重	1 次/日	105～135 次/分	45 分钟以上	—	—
	超低体重	3～4 次/周	125～155 次/分	30 分钟或以上	—	—
	营养不良	3～4 次/周	125～155 次/分	20～30 分钟	—	—
心肺机能	良好	3～4 次/周	125～155 次/分	20 分钟以上	—	—
	及格	3～4 次/周	125～155 次/分	20 分钟以上	—	—
	不及格	3 次/周	125～155 次/分	15 分钟以上	—	—
速度力量素质	良好	3 次/周	—	—	—	2～3 分钟
	及格	3 次/周	—	—	—	2～3 分钟
	不及格	3 次/周	—	—	—	2～3 分钟
力量耐力素质	良好	3 次/周	—	—	4～6 组/次	1 分钟左右
	及格	3 次/周	—	—	4～6 组/次	1 分钟左右
	不及格	3 次/周	—	—	4～6 组/次	1 分钟左右

续表6-4

测试项目	评价等级	锻炼频率	运动时心率	持续时间	重复组数	组间隔
柔韧性素质	良好	1次/日	—	30~60分钟	—	0.5~1分钟
	及格	1~2次/日	—	30~60分钟	—	0.5~1分钟
	不及格	2次/日	—	30分钟	—	0.5~1分钟

注:"—"表示不适用。

(二) 实施运动处方应注意的问题

体育锻炼的效果受时间、体力和运动训练的规律等多方面因素的制约和影响,要使锻炼更有成效,应进一步了解和注意下述各方面的问题。

(1) 根据体质状况选好锻炼的侧重点。如同时要进行体型（超重或肥胖）和心肺机能方面的锻炼,建议先按减体重的处方进行练习；如同时要进行体型（较低体重或营养不良）和心肺机能方面的锻炼,则建议先按提高心肺机能的处方进行练习；如后2~3项身体素质也均较差,应选择测试得分较低的项目先进行锻炼。

(2) 通过测取运动时的心率,了解和调控自己的运动负荷。用手触压桡动脉或颈动脉处进行测量,取10秒钟脉搏跳动的次数再乘以6,即为运动时1分钟的心率。

下列公式可以帮助计算或监测运动时自己适宜的心率（即靶心率,是指通过有氧运动提高人体心肺系统机能时有效而且安全的运动心率）范围,可用它来调节自己的运动负荷。

$$靶心率范围：最大心率×60\%～最大心率×80\%$$

青少年靶心率的上限可达最大心率×85%。

最大心率是指人体做极限运动时的心搏频率。可采用"220-年龄"来估算出自己的最大心率。

(3) 注意循序渐进、持之以恒的锻炼原则。开始锻炼时可按处方要求的低限进行锻炼,之后再逐步增加运动强度和运动量。当保持原来的运动强度,但已达不到表6-3、表6-4中所列心率要求时,说明心肺功能已有提高,这时应及时提高运动的强度（比如提高走或跑的速度）,才能取得更好的锻炼效果。

(4) 体型和心肺机能处方中规定的运动的持续时间,是指锻炼时心率保持在表列范围内的持续时间,准备活动和整理活动的时间不计在内。如处方规定持续时间在20分钟以上,一次锻炼的总时间会在30分钟左右。

（5）减体重的运动强度要求较低，但需要持续较长的时间。在开始锻炼时可先练习 2 次/日，每次 20 分钟以上，体力适应以后，过渡到 1 次/日，每次 45 分钟以上。

人体的能量供应在锻炼开始时是以糖为主，30 分钟以后，脂肪供能的比例增加，因而较长时间的锻炼才能更好地减少体内脂肪。

（6）被测定为超重或肥胖者，在按照体型处方进行锻炼的同时一定要注意控制饮食，否则极难达到较好的减肥效果。

体育与健康实践编

第七章　科学的自我锻炼

第一节　体育锻炼的基本原理

体育锻炼是指运用各种体育运动手段，结合自然力（日光、空气、水）和各种卫生保健措施，以发展身体机能、增进健康、增强体质、调节和丰富文化生活为目的的身体活动过程。

发展体育运动、增强人民体质的前提是科学地进行体育锻炼。在锻炼过程中，能够根据自身身体状况和体质增强规律选择适宜的锻炼内容，合理安排负荷，并能在长期锻炼中持之以恒，才能享受到锻炼的益处。正如一句颇有激励性的口号："每天锻炼一小时，健康工作五十年，幸福生活一辈子。"在进行体育锻炼之前，首先要了解体育锻炼的基本原理。

一、体育锻炼可以促进人体生长发育

人体生长发育包括有机体各器官系统形态功能结构和功能上的变化，一般以达到性功能发育成熟为止。发展是指人体从出生到衰老的整个生命过程中的变化。例如，骨组织的化学成分在人们的一生中都在进行着变化。人体的骨骼构造随着人体功能不断完善而有所变异，骨骼的生长决定身高，通过科学的体育锻炼可以促进骨骼的健康生长发育，并使身高增高。

人的高矮或生长发育的快慢，除遗传因素和后天生活条件等因素外，还取决于人的一生各个生长发育时期的增长速度。人体长骨的开端是骨化中心，即骨骺，就是骨的生长点。人体在青春期前有一层软骨，称骺软骨。这层软骨不断变化成硬骨，又不断生成新的软骨，至软骨完全骨化，形成一条骨骺线后，骨就不再生长。骨骼的生长发育需不断汲取各种营养物质。体育锻炼能够促进血液循环和增加对骨的血液供应。同时，体育锻炼中的各种动作，也能形成对骨骼生长发育的良好刺激。另外，体育锻炼还能使骨密质增厚，经常锻炼的人骨小梁的排列更整齐，从而使骨骼能承受更大的压力。

人体重量的增加与骨骼有密切的关系。在进行体育锻炼时，为了保证物质能量的供应，肌肉中毛细血管的开放数量可以达到平时的 15～30 倍。长期进行体育锻炼可使肌肉中的毛细血管加大和数量增多，肌肉纤维不断变粗；肌肉的重量可由占体重的 35%～40% 增加到占体重的 50% 左右，从而使人体显得更加丰满结实。

二、体育锻炼可以促进人体生理机能

人类的进化历史表明人体的发展与一切动物一样，都是遵循"用进废退"的规律而变化的。人和动物的本质区别在于人能认识自身的进化过程，并能运用有关的科学知识，针对具体时期的社会生产和生活的需要，提出对人体发展的各种要求和创造各种可能的条件，从而促进人类的自身发展和日趋完善。归纳到一点，就是生命在于科学的运动。

体育锻炼增强体质的最基本的原理在于"用进废退"。运动作为一种应激源，施加在人体上，使人体的肌肉、骨骼、心血管、内分泌等各个系统产生一系列的生理反应，并在长期的刺激下产生良好的适应能力，促进各系统机能的增强。如运动员在长期训练后肌肉明显增粗、力量增强，反应更快。

纵观人类身体发展的生命历程，影响身体健康的因素是诸多方面的。人人都向往健康，但并非都能如愿以偿。人们从各种健康事例的经验总结中，逐渐认识到科学的体育锻炼是增进健康、增强体质的最积极、最有效的方法。古今中外大量的实践证明，体育锻炼必须遵循其科学规律，按体育运动的固有特点，去探明它的理论依据、锻炼原则和方法，选择最有效的适合自身的锻炼内容，安排切实可行的锻炼计划，从而取得适合自己特点的最佳锻炼效果。

三、体育锻炼可以增进心理健康

在现代社会中，一种全面的健康观被普遍接受，那就是躯体、心理和社会的三维健康观。一种美好的心情，甚至比药物更能解除生理上的疲惫和痛楚。在一定情况下，紧张的学习生活会造成身体和心理疲劳。通过参与体育锻炼，保持愉悦的心情，进而对防治疾病和促进健康有最积极和有效的作用。每个人体内都有一种有助于健康的力量，这就是良好的情绪。良好的情绪还是一种治疗疾病的"良药"。这种"良药"的价值通常是无法估量的，一是可以取代精神紧张的坏情绪；二是可以促进自身脑下垂体的机能，保持内分泌平衡。这种平衡可产生愉快的心情。长期以来，很多人认识到锻炼身体能够起到增强体质的作用，但人们对其能够调节情绪、振奋精神和达到积极性休息的作用却认识不够，尤其是缺乏锻炼习惯的人，很难体会到这种无形的作用。

体育锻炼增加健康的主要原理是通过锻炼促使神经—内分泌系统释放一些促使人们心情愉悦的激素，而且在体育锻炼中通过和他人的交往与合作，使人们的社交范围扩大，交际能力提高，更容易融入社会。同时，在融洽的相处中能够保持良好的情绪，降低焦虑、抑郁等不良心理的发生率。

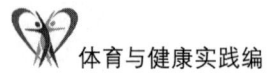

四、体育锻炼可以提高人体适应环境的能力

"健康就是人体与自然界的平衡。"巴甫洛夫这句话高度概括了人体与自然界的关系。外界环境包括自然环境和社会环境两个方面。其中,自然环境包括地理环境、气候环境等,社会环境包括人文环境及社会其他因素对人的有机体的刺激等。人体能否适应外界环境的变化,是衡量人体功能的重要标志。

所谓适应能力,实质上是人体受到外界环境的影响,在人体中枢神经系统支配下,不断调节机体,使之处于正常的功能稳定状态。经常从事体育锻炼的人对外界环境有更强的适应能力。一是长期从事体育锻炼,增进了健康,身体的各组织系统在中枢神经调节下,承受外界刺激和协调各组织器官的能力得到增强。例如,体温调节能力,经常从事体育锻炼的人在夏季不易中暑。二是在各种外界环境和条件下进行锻炼,机体的适应能力不断提高。例如,经常进行户外锻炼,甚至用冷水擦身或冷水洗浴,就会增强御寒能力。

五、体育锻炼具有预防疾病和恢复人体功能的作用

古罗马医生加伦曾说:"体操是天然的医生。"健康是一种动态平衡。在进入 21 世纪的今天,生产力和自动化水平已得到较高的发展,几乎消除了重体力劳动,人们的生活水平得到大幅度的改善和提高。然而,每周劳动日和每天劳动时间的减少,使人们在工作和学习中处于高度紧张状态,营养的吸收量大大超出能量的消耗量,肌力衰退导致已有相当比例的人成为亚健康人。通过体育锻炼可以增强人体对疾病的抵抗能力。我国推行的《全民健身计划纲要》的战略意义就是培养学生的终身体育意识与习惯,并保证他们在学习期间减少疾病的产生。即便产生疾病,也可通过体育锻炼使人体的功能很快得到恢复。

第二节 体育锻炼的原则

体育锻炼是有目的地通过多次重复的身体练习,给人体各器官系统以一定的负荷刺激,使人在生理功能、生物化学和结构形态等方面发生一系列适应性变化。因此,在体育锻炼过程中,应遵循科学的锻炼原则,减少盲目性,以利于获得最佳的体育锻炼效果。

一、自觉积极性原则

自觉积极性原则是指人们有目的、有意识，自觉、积极地从事体育锻炼。体育锻炼是人类有目的、有意识的健身活动，它不同于日常学习、生活中的一般躯体活动，必须建立在自觉自愿、积极愉快的心理条件下才能取得好的锻炼效果。

体育锻炼要保证有足够的时间、能经受苦和累的磨炼。如果没有毅力，就很难自觉和积极地坚持长期锻炼。要提高体育锻炼的自觉性、积极性，必须认真学习体育知识原理，提高对锻炼作用的认识，真正理解"锻炼是体质投资、健康储蓄，是人的终生需要"的意义，还要把个人的需要与提高国民整体素质和国家建设需要健康强壮人才的大目标联系起来，才能焕发出极大的锻炼热情和刻苦锻炼的精神。

二、循序渐进原则

循序渐进原则是指进行体育锻炼时，要根据人体身心发展规律和个人的实际情况，在锻炼的内容、方法、运动负荷等方面逐步提高要求，使机体功能不断得到改善和提高。

体育锻炼中的循序渐进主要表现为动作由易到难、技术由简到繁、运动负荷由小到大的过程。体质的增强是长期系统锻炼的结果。体育锻炼过程中，要逐步提高要求，使体质逐渐改善。如果体育锻炼总停留在一个水平上，循而不进，体质也就只能保持在原有水平上停滞不前了。如果违背原则，随心所欲地运动，不但不利于增强体质，还可能会损伤身体。

从生理学的角度讲，机体对刺激的反应从属于刺激的性质、强度等。弱的刺激对机体引起的反应不大，锻炼效果也不明显。而过强的刺激则使机体产生不良反应。所以，刺激强度应控制在机体能承受的范围内，使之产生良好的效果，达到健康的目的。如果不遵循循序渐进原则，骤然从事未熟悉的复杂运动，或刚参加锻炼即承受很大的体力负荷，就很可能会因神经系统和其他器官过分紧张而导致运动损伤或运动性疾病。循序渐进原则不仅要贯穿在整个体育运动过程中，不断调整运动量，使机体不断获得新的适应；还要体现在每次锻炼中，每次锻炼开始前应做准备活动，然后逐渐加量或加速，保证锻炼任务的完成。在锻炼结束前，要做好放松和整理活动，使身体逐步恢复到一个平稳安静状态，避免和防止身体不适应所造成的各种损伤和引起不舒服的感觉。

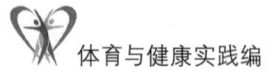

三、经常性原则

经常性原则即要求参加体育锻炼者有合理的锻炼制度并持之以恒,以达到良好的锻炼目的。体育锻炼的效果并非一劳永逸,长时间不锻炼,已经取得的效果也会逐渐地消退。锻炼持续时间太短,锻炼效果也不明显。因此,每次锻炼持续时间和锻炼间隔时间要合理。一般情况下,对于轻微的运动,每次持续时间可稍长些,但锻炼间隔时间要短;对于强度大的运动,每次持续时间要短些,锻炼间隔时间可长些。强度大和强度小的运动要交替进行。

在体育锻炼中,一个动作由掌握到熟练,必须通过多次重复锻炼,经历"泛化、分化、巩固、自动化"四个生理过程才能实现。当动作掌握已经非常熟练时,大脑皮层建立了巩固的运动条件反射,许多复杂的动作就会在皮层运动区形成运动动力定型。如一位熟练的太极拳选手,完全可在无意识的情况下完成打太极拳动作,这是经过无数次的练习才建立起来的。如果不是经常锻炼,"三天打鱼,两天晒网",这种复杂的运动条件反射是建立不起来的,即使已经掌握了,如不经常复习(强化)也会消退。

体育锻炼对机体生理功能的影响也需要一个长期的刺激和适应过程。例如,锻炼使心肺功能增进、使神经系统功能提高、使运动系统适应性加强等并非一朝一夕之事,是经过天长日久的锻炼而逐渐获得积累的结果。另外,如果由于天气寒冷或学习紧张,或考试、情绪挫折及兴趣转移等原因而中断体育锻炼,那么已经增强的肌肉会退化,心肺功能和其他全身功能也会逐渐降到锻炼前的水平。

持之以恒的锻炼能够取得健身益心、延年益寿的显著效果,这对大学生来说,具有现实和长远的双重作用。坚持经常性的锻炼,还可以培养体育兴趣和终身体育锻炼的良好习惯。

四、全面性原则

全面性原则是指应全面发展身体的各个器官系统的机能、各种身体素质和心理素质以及各种基本活动能力,从而使身心全面和谐地发展。

人体是一个统一的整体,各器官系统是紧密联系的,身体素质和基本活动能力的发生也是相互联系的。由于任何一种运动对身体的影响都有所侧重,不同的锻炼内容、方法在发展身体方面都有不同的作用,同时也都有一定的局限性,因此,锻炼必须着眼于整体。局部运动应与全身其他部位的运动相交替,各类运动相互穿插,使力量、耐力、速度、灵敏性及柔韧性等素质均得到发展。只有进行全面锻炼,才能使身体得到协调发展,才能为掌握更多的运动技术创造条件。

《国家学生体质健康标准》也体现了体育锻炼全面性的原则。它要求人们在与健康相关的各项素质方面都必须达到规定的标准，其中心思想就是要求参加者全面锻炼，全面发展。任何一项指标低于最低标准，都说明在健康方面不够全面，因而在达标方面也不能得到好的评价。

五、合理负荷原则

合理负荷原则是指在体育锻炼中，合理安排参加者身体所承受的生理负荷，使参加者身体既有一定程度的疲劳，又能承受得住，并与休息合理交替，以便更好地掌握体育技术、技能，有效地发展身体，增强体质。决定负荷效果的主要因素是运动的量与强度。量是指完成练习的次数、组数、时间、距离或重量等。强度指完成练习所用力量的大小和机体的紧张程度，包括运用的速度、练习的密度、负重的重量、投掷的距离、跳的高度或远度等。强度加大，量要相应减小；强度减小，则量可以相应加大。动作质量（指是否符合动作的规格要求）对运动负荷的大小也有一定的影响。应在保证动作质量的前提下，根据锻炼的要求、内容特点和参加者的实际情况处理好运动量与强度的关系。

六、安全性原则

安全性原则要求在锻炼过程中注意保护自己，做到安全第一。其主要内容包括：

（1）锻炼前，应充分做好准备活动，克服内脏器官的生理惰性，预防运动性伤病。

（2）锻炼时，要适当交替运动和休息，掌握运动密度，使运动负荷适量。

（3）根据自己的身体状况、年龄及过去的运动史，有区别地选择项目进行锻炼。

（4）饭后或饥饿、疲劳时暂缓锻炼，生病刚痊愈时不宜进行较大强度的锻炼。

（5）不要在雾中锻炼，因雾中含有许多有害物质。

（6）慢性疾病患者的身体锻炼，一定要在医生指导下进行。

（7）对于不熟悉的水域，不要随便游泳或潜水、跳水，以免发生意外。

（8）每次锻炼后，要注意整理放松，防止血液滞留四肢，特别是跑后不要急停下来不动，以免发生重力性休克。

（9）在较寒冷的环境中锻炼要注意保暖，防止感冒或其他疾病发生。

（10）剧烈运动后，不宜立刻洗冷水澡。

七、从实际出发原则

从实际出发原则是指体育锻炼要符合个人实际情况、方法及运动负荷等。锻炼时,还要考虑到环境、气候,有针对性地确定锻炼的内容。必须进行科学的医务监督,把生理测定和自我感觉结合起来,合理掌握运动负荷,使体育锻炼具有科学性和针对性。在集体锻炼中,还应做到一般要求与区别对待相结合,充分考虑人与人之间的体质差异。在锻炼时,针对不同体质锻炼者的特点,提出有针对性的要求,使每个人的身体都能得到良性刺激,从而收到显著的健身效果。

以上体育锻炼的基本原则,是既有联系又有区别的统一整体。在实际应用中要统筹考虑,不可顾此失彼。

第三节 体育锻炼方法与内容的选择

一、体育锻炼方法

体育锻炼方法是在体育实践中选择体育锻炼的内容、安排运动负荷的形式。它是贯彻体育锻炼原则,达到增强体质、增进健康的体育锻炼目的的桥梁。归纳起来,体育锻炼的方法有重复锻炼法、间歇锻炼法、变换锻炼法、循环锻炼法和综合锻炼法等。

(一)重复锻炼法

重复锻炼法就是对某一身体部位练习,按一定的负荷要求进行反复锻炼的方法。学习新的运动技术时常运用这种锻炼方法。重复锻炼法有利于较熟悉地掌握运动技术、技能,并且在重复刺激机体过程中加速人体的新陈代谢,达到增强体质的目的。

重复锻炼要合理地掌握重复的次数和每次锻炼的时间,使其达到锻炼负荷的有效价值范围。因为过量的负荷会导致身体过度疲劳,影响学习和工作;而锻炼的负荷过小,则达不到运动健身的效果。

运用重复锻炼法要明确体育锻炼的目的,不断提出新的要求和采用多样化的手段,防止机械呆板地重复练习,使锻炼者产生厌倦情绪。

(二)间歇锻炼法

间歇锻炼法是指重复锻炼之间有合理休息,它是提高锻炼效果的一种常用的锻炼方法。间歇锻炼法的间歇时间长短,主要以运动负荷为准。一般来说,锻炼时强度大,心肺功能或有机体恢复的时间长,间歇也就长。运动强度大的：锻炼（短）—间歇（长）—锻炼（短）；运动强度小的：锻炼（长）—间歇（短）—锻炼（长）。间歇锻炼法由于严格控制重复锻炼之间的休息时间，在锻炼者机体未能完全恢复时，就进行下次练习（即后次锻炼应在前次锻炼的效果未减退时进行），因此，能有效地提高呼吸和心血管系统的机能；倘若间隔时间过长，在前次锻炼效果消失后再进行锻炼，就失去了间歇的意义。

（三）变换锻炼法

变换锻炼法是指在锻炼过程中，采取变换环境、变换条件、变换要求等，以提高锻炼效果的一种锻炼方法。此法可以有效地调节生理负荷，提高锻炼情绪，强化锻炼意向，克服疲劳和厌倦情绪。运用变换锻炼法常采用各种辅助性、诱导性和转移性练习，如利用日光、空气和水等。

（四）循环锻炼法

循环锻炼法是把各种类型的动作和具有不同练习效果的手段组成一组锻炼项目，按一定顺序循环往复地进行锻炼的方法。这种方法具有综合锻炼的效果。

循环锻炼法所布置的各个练习点要搭配选用已经掌握、简单易行的动作，且规定好练习的次数、规格和要求。

由于各个练习点的动作、器械不同，练习时花样翻新、交替进行，可激发兴趣、减轻疲劳、提高密度，有较显著的健身价值。采用此方法要强调动作的质量，防止片面追求运动密度和数量的倾向。

（五）综合锻炼法

综合锻炼法是根据锻炼目的、任务的需要，将上述各种锻炼方法综合运用，以便灵活地调节运动负荷、休息时间，以取得更好的锻炼效果的方法。

各种锻炼方法的组合运用，要因人、因时、因任务而异。例如，当运用重复锻炼法已掌握了某一技术动作又感到有些厌倦时，可采用重复锻炼法与变换锻炼法组合的综合锻炼法；而当掌握了某一些技术动作之后，又想进一步提高机体的机能时，则可以采用重复锻炼法与间歇锻炼法组合的综合锻炼法；有些锻炼者运用间歇锻炼法已使动作达到熟练程度，并使机体机能得到改善，且又想进一步提高要求时，就可以运用间歇锻炼法与变换锻炼法组合的综合锻炼法。

总之，综合锻炼法变化多端、组合多样，能适应不同性别、年龄、身体健康状况、锻炼基础的需求，达到较为理想的锻炼效果，是一种较常采用的锻炼方法。

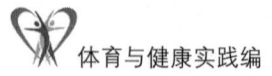

二、体育锻炼的内容及其选择

（一）体育锻炼的内容

体育锻炼的内容多种多样、丰富多彩，根据不同的锻炼目的和要求，可以分为以下五类。

1. 健身运动

健身运动是指正常人为增进健康、增强体质而进行的体育锻炼。如步行、慢跑、太极拳、武术、游泳、骑自行车、划船、滑冰、舞蹈及各种球类活动等。

2. 健美运动

健美运动是为了人体的健美而进行的体育锻炼。健美运动不仅可以增进健康，还可以培养审美能力和身体的表现能力。如为了使肌肉发达，采用举重和器械体操练习；为了形成良好的体型与姿态，采用艺术体操、健美体操、各种舞蹈和基本体操中的一些练习；等等。

3. 娱乐性体育

娱乐性体育是为了调节精神、丰富文化生活而采用的体育活动。这类活动能使人身心愉快，既锻炼了身体，也陶冶了情操。如活动性游戏、渔猎、游园、郊游、打台球、野外森林定向活动等。

4. 格斗性体育

格斗性体育是掌握和运用格斗的攻防技术（包括军事技术）的体育锻炼，可以达到既强身又能自卫的目的。如擒拿、散手、格斗、短兵、拳击、刺杀、射击等。

5. 医疗体育和康复体育

医疗体育和康复体育也叫作体育疗法。这类体育锻炼的对象是体弱多病者，其目的是祛病健身、恢复功能，一般应在医生的指导下进行。其内容主要有步行、跑步、气功、太极拳、按摩、保健操、矫正体操、生产操等。

（二）体育锻炼内容的选择

要选择理想的体育锻炼内容，首先取决于各自的目的性。如以健身为目的，应该选择有氧运动。研究表明，有氧运动是增进健康最好的运动，因为有氧运动不会给心脏血管过度的刺激；能较长时间持续运动，增强耐力，不积累乳酸；能消耗较多的热量和脂肪；安全性高；等等。较好的有氧运动项目有定量步行、慢跑、自行车运动、网球、排球、长距离游泳和高尔夫球等。如果为了减轻体重，不仅应选择上述耐力项目，还要考虑使摄取的能量与消耗的能量保持平衡。

第七章 科学的自我锻炼

在选择体育锻炼内容时，通常还要从个人的年龄、性别、健康、体质和兴趣爱好等情况出发。对于健康型的青年人和成年人，他们的体力和精力处于人生最充沛的阶段，这一阶段的体育锻炼一方面应能弥补自己身体的不足，另一方面应使自己旺盛的精力和体力能保持更长的时间。最好选择球类、健美、武术、游泳以及《国家体育锻炼标准》中规定的项目等。女性则应多选择耐力、柔韧性、增强腹肌和骨盆肌的练习，以及发展形体、克服心理弱点、锻炼意志的练习等。对于健康型的中老年人，他们的身体处于衰退阶段，应根据这一趋势，选择延缓衰退、延年益寿、强调改善心脏血管功能的体育锻炼。最好选择定量步行、慢跑、骑自行车、网球、爬山、韵律操、交谊舞、太极拳等。对于体弱型的人（指体弱多病者），或为了缓解中枢神经系统的紧张和疲劳的人，可选择保健按摩、太极拳、气功、放松体操、散步等轻缓项目。

另外，选择体育锻炼内容时，要从实际出发，讲求实效，不要贪多，力求简单易行。同时，要考虑当地季节气候情况，因时因地制宜。此外，还可以利用节假日组织野外活动，以弥补城市生活和学校生活的不足。

第四节 体育锻炼运动负荷的调控

参加体育锻炼必须承受一定的生理负荷和心理负荷。因此，掌握适宜负荷就成为科学锻炼的重要环节。

运动负荷大小受到运动强度、密度、持续时间及数量四个因素制约，改变其中任何一个因素，都必将影响运动负荷大小。

一、影响运动负荷的因素

（一）运动强度

运动强度是指锻炼者练习时的用力程度，如练习密度、节奏和速度等。在周期性运动中，可用跑速、走速、车速表示强度。在非周期性运动中（如力量锻炼），可用负荷的重量或单位时间内完成同一负荷次数多少来衡量。一般来说，负荷的时间和强度的安排应为反比关系，即强度大的练习，持续时间要短；练习时间长的，强度要小。例如短跑，时间不能持续太久，每组练习之间一定要有合理的间歇时间，而打太极拳等小强度练习则可以坚持时间长一些。

在锻炼中，一般可用心率控制强度，因为在一定范围内心率与运动强度呈线性关系。选择适宜的负荷强度要注意个体差异，每个体育锻炼者可根据自身实际选择适宜强度（见表7-1、表7-2）。

表 7-1 不同年龄段人群在不同运动强度的心率

单位：次/分

强度		10～12 岁	13～15 岁	16～19 岁	20～29 岁	30～39 岁	40～49 岁	50～59 岁	60 岁及以上
大	100%	195	190	190	190	185	175	165	155
	90%	185	185	175	175	170	165	155	145
中	80%	175	165	165	165	160	150	145	135
	70%	160	155	150	150	145	140	135	125
	60%	150	140	140	135	135	130	125	120
小	50%	140	130	130	125	120	115	110	110
	40%	130	120	120	120	110	105	100	100

表 7-2 体育锻炼适宜的心率区间

单位：次/分

年龄	持续运动 30 分钟的心率	持续运动 60 分钟的心率
20～29 岁	155～170	140～150
30～39 岁	145～160	130～140
40～49 岁	135～150	120～130
50～59 岁	125～145	110～130
60～69 岁	115～130	100～110

（二）运动密度

运动密度也称"练习密度"，指在运动持续时间不变的情况下，一次锻炼中实际练习时间与运动持续时间之比。在每次练习之间间隔时间越短，则重复练习次数越多，运动密度越大。

运动密度的大小也有个体差异，体能好者，每次练习可以间歇短些、密度大些；体能差者，每次练习可以间隔长些、密度小些。

（三）运动持续时间

运动持续时间是指完成一次练习的持续时间。显然，在强度、密度基本相同的情况下，运动持续时间越长，机体所承受的负荷就越大。

（四）运动量

运动量是指一次体育锻炼中所完成的总次数、总距离或总重量。在非周期性运动中用总次数表示,在周期性运动中用总距离表示,在力量练习中用举起的总重量表示。

二、自我监控运动负荷

判断运动负荷是否适宜的自我监控方法很多。下面介绍一些常用的基本方法。

(一) 生理指标监控法

1. 心率

心率可以反映运动负荷大小及自我监控运动后机体的恢复状况,心率测定早已被广泛运用于锻炼效果的监控。运动前、运动后即刻心率和运动后1小时的心率有不同意义:运动前测定的心率作为对照参数,运动后的即刻心率可反映该次练习的负荷强度。用运动后1小时的心率来评定该次运动的生理负荷,如果在锻炼后1小时内即可恢复到锻炼前的心率水平,而且疲劳感不甚明显,说明总体的运动负荷不大。相反,如果运动负荷过大,那么运动后1小时心率不易恢复到锻炼前水平,甚至第二天晨脉仍未恢复,则反映有运动负荷过大的可能性。基础脉搏是指清晨、卧床、空腹、安静时的脉搏,可以说明机体功能、精神状况。经过长期系统锻炼者,基础脉搏较低。

2. 血压

血压也是评定运动负荷和健康水平的一项简易生理指标。在正常情况下,安静时血压比较稳定,并且随着锻炼水平的提高而有所下降。如果早晨安静时血压比平时高 15～20 mmHg,且持续保持较高水平,如没有其他诱因,则可能是因为运动负荷过大。如果早晨血压比平时高 20 mmHg 以上,则可能是过度疲劳的征兆。

3. 肺活量

肺活量是指最大深吸气后再做最大呼气时所呼出的气量,常用于了解生理负荷大小、机体适应能力及健康状况。将参加锻炼一段时间后(几个月)所测量的值与参加锻炼前的值相比较。比值稳定或提高,反映运动负荷适宜;反之,则反映负荷过大,机体不适应。

(二) 主观感觉判断

主观感觉判断是锻炼者根据自己的主观感觉来衡量运动负荷是否适宜的检测方法。它是监控运动负荷的常用方法。客观的生理指标是指导锻炼的重要依据,但人体的主观感觉往往早于客观指标的变化。人体运动时的主观体力感觉与工作负荷、心功能、耗氧量、代谢产物堆积等多种因素密切相关,因此,运动时的自我体力感觉是判断运动性疲劳的重要标志,瑞典生理学家冈奈尔·鲍格（Gunnar Borg）制订了判断疲劳的主观体力感觉等级表，使原来粗略的疲劳定性分析变为较精确的半定量分析。

自觉运动强度等级（rating of perceived exertion，RPE），是指在运动中靠主观感觉去判断运动强度。例如，在强度感觉为"稍轻松"，其他感觉为"持续多久都可以""有充实感、出汗"时，查表7-3可以判断此时运动强度为60%。刚使用该种方法有时难以掌握相当于目标值的运动强度，经过反复练习即可在很小的误差范围内设定目的强度。这种方法适用于运动中无法测定心率的情况。

主观感觉一般包括运动前、运动中和运动后的感觉。运动负荷适宜时，工作、学习、劳动精力旺盛，体力充沛，有运动欲望。锻炼后虽有一定疲劳感，但不影响正常食欲和睡眠。有时肌肉有一定的酸痛感，四肢有沉重感（这是正常现象），但经过一夜的休息，次日疲劳可消除，则说明身体机能状况良好。

表7-3 自觉运动强度的感觉和衡量标准

RPE点数	强度/%	强度主观感觉	心率/（次/分）					其他感觉
			20岁组	30岁组	40岁组	50岁组	60岁组	
-19	100	最累	190	185	175	165	155	全身疼痛
-18	90	非常累	175	170	165	155	145	勉强，喘不过气
-17 -16 -15	80	累	165	160	150	145	135	不愿继续，想停止，嗓子干，只有加油
-14 -13 -12	70	稍累	150	145	140	135	125	对坚持下去感到不安，可坚持到任何时候
-11 -10	60	稍轻松	135	135	130	125	120	有充实感，出汗，汗湿透
-9 -8	50	轻松	125	120	115	110	110	出汗或不出汗，注意动作姿势
-7 -6	40	非常轻松	110	110	105	100	100	轻松愉快，感到运动量不够
-5 -4	30	最轻松	90	90	90	90	90	活动才舒服，感到运动量不够
-3	20	无感觉	75	75	75	80	80	—

第七章 科学的自我锻炼

当运动负荷过大时就会使人产生厌倦感,对锻炼缺乏热情,运动中容易出汗。锻炼后感到极度疲倦,吃不下、睡不好,甚至有头晕、头痛现象,这说明运动负荷过大,应尽快调整。

有人在锻炼后,主观感觉同不锻炼时没有区别,肌肉不酸痛,身体毫无疲劳感。这多半是运动负荷过小的原因。例如,有人自认为用散步锻炼了身体,实际上速度和距离均未达到健身走锻炼的要求,这样锻炼效果就会不显著。这时应该增大运动负荷,使锻炼真正有效。

疲劳是人体在运动后的正常生理反应。如果在疲劳产生后不注意休息,继续进行剧烈运动和锻炼,使疲劳得不到清除,不断积累,就会发展成过度疲劳,严重时会出现失眠、厌食、出虚汗、心跳加快等现象。所以,在锻炼中要分清疲劳和过度疲劳的生理界限,既要认识到疲劳是锻炼中必然出现的现象,大胆锻炼,又要防止过度疲劳。要按照锻炼—疲劳—恢复—再锻炼—再疲劳—再恢复的生理规律,逐渐加大运动负荷,才能不断提高人体体能,达到增强体质的目的。

第八章　运动处方

第一节　运动处方概述

一、运动处方的概念

运动处方是20世纪50年代由美国生理学家卡波维奇（Karpovich）提出的，最初是作为体育医疗的一种措施，近几年来，已发展成为指导锻炼者进行一般身体锻炼的医务监督。通俗地讲，运动处方类似医生给患者开的医疗处方，由医生或体育工作者给锻炼者按其年龄、性别、健康状况、身体锻炼经历和心肺或运动器官的机能水平等，用处方的形式，规定适当的运动内容、锻炼方法和运动量的大小。它是指导人们有目的、有计划、科学地进行锻炼的一个重要方式和环节，尤其是在倡导终身身体锻炼的今天，掌握必要的锻炼知识和自我评价的方法具有重要的指导意义。

随着运动处方应用范围的日益扩大，其种类也逐渐增加。一般常用的有普通人的健身运动处方和健康人的预防性运动处方，以及某些慢性病、创伤患者康复期的治疗性运动处方。此外，还有针对竞技运动员的竞技性运动处方。

二、运动处方的优点

实践证明，按照运动处方进行科学锻炼，可使人们获得多快好省的效益，既安全可靠，又有计划性，可达到健身保健和治疗疾病的目的。

（1）普及广、收效快。运动处方广泛适用于男女老少和不同体力水平、身体状况的人，一般持续进行6～8周的锻炼，就能提高全身耐力水平，最长不超过16周即可取得良好的锻炼效果。

（2）科学性强，节省时间。按锻炼者的运动适宜心率的强度锻炼20～30分钟，花费的时间不多，即可获得最佳效果。

（3）安全可靠，针对性强。按规定的处方进行锻炼，可以科学地监控运动量和评价运动效果，并能有效地防止运动损伤和运动性疾病。

（4）有计划、有目的，易于坚持。锻炼安排适当，手段与方法个性化，锻炼者心中有数，能提高运动兴趣，易于经常坚持，最终形成锻炼习惯。

三、运动处方的研究与应用

人类应用运动治疗疾病已有 3000 多年的历史。200 多年来,西方国家对于心肌梗死患者是静养好还是运动好这一问题一直争论不休。直到 20 世纪 40 年代,运动疗法才占了上风。戈德华特(Goldwater)应用有限制的定量运动,制定了各类运动处方,并对患者进行运动处方指导工作,使 60% ~ 70% 的心肌梗死患者恢复了工作,逐渐改变了医生和患者对运动的态度。20 世纪 50 年代,他将冠心病的运动疗法发展成为运动处方的形式,并用作二级预防及对稳定型心绞痛的治疗。

现在运动处方发展成为指导群众体育锻炼和对运动员进行科学训练的方法。德国霍尔曼(Hollmann)研究所从 1954 年起,对运动处方的理论和实践进行了大量研究工作,成绩卓著:制定了健康人的、中老年人的、运动员的,以及高血压、心肌梗死、糖尿病、肥胖患者的各类运动处方,并对市民进行运动处方的指导和咨询工作。被称为"有氧运动之父"的美国肯尼斯·库珀(Kenneth H. Cooper)用了 4 年时间进行健身与健康关系的研究,于 1968 年发表了《有氧代谢运动——通向全面身心健康之路》《12 分钟跑体能测验》《有氧运动得分制》等专著。其中影响最大的是《有氧代谢运动——通向全面身心健康之路》,已被译成 25 种文字,发行 1200 万余册,该书中的观点及方法为世界许多国家所采用。[①] 日本体育科学中心对运动处方的研究成果贡献巨大。该中心 1970 年成立,第二年就在猪饲道夫教授的倡导下成立了"运动处方研究委员会",并以该中心 9 名教授为核心跨越日本各地组成 20 多个研究小组,其目的是增强和提高体弱的中老年人的心肺功能和全身耐力水平。到 1975 年,该委员会制定出适用于各年龄组的运动处方,并出版了《日本健身运动处方》,以指导广大群众和学生们进行科学锻炼。此外,借助日本文部省修改保健体育指导要领的机会,从 1982 年开始,该委员会在高等学校讲授"运动处方"知识,这不仅扩大了对"运动处方"的普及面,而且对增进学生的健康有着重要的意义。

我国对运动处方的研究和应用推广工作起步于 20 世纪 70 年代末,近 30 年来取得了很大进展。1980 年,哈尔滨医科大学附属医院的运动医学科开设了"运动处方咨询门诊",较早地把运动处方运用到医疗保健实践。随后杨静宜的《体疗康复》、刘纪清和李国蓝的《实用运动处方》分别阐述了医疗体育的原理和康复的知识并介绍了运动处方的原理及应用,重点介绍了中

---

① 参见美国运动医学学会《ACSM 运动测试与运动处方指南(第九版)》,王正珍、罗曦娟等译,北京体育大学出版社 2015 年版。

老年人、肥胖症和癌症的医疗运动处方。1996年，任建生在《心血管运动生理与运动处方》中对心血管运动生理与运动处方之间的关系的探讨有了新的进展。近年来，随着相关学科的发展，运动处方的研究和应用逐步深入和完善，其研究在广度上趋向多学科综合性的应用与推广，在深度上趋向多学科交叉渗透。

随着"健康第一"的体育教学指导思想的确立，全国各地高校不断将健身运动处方应用于体育教学和课外体育活动指导中，也取得了良好的教学效果。适当地对大学生实施运动处方的强化意识教育，可以教会学生根据自身特点，在教师的指导下选择适宜的锻炼内容，科学地制订锻炼计划与运动处方，使体育教学与课外体育活动紧密结合，做到有目的、有计划、有步骤地锻炼，克服运动的随意性，使学校体育逐步实现科学化，真正改善每个学生的健康状况，提高学生身心素质水平。

第二节　运动处方的制定与实施程序

一、制定运动处方的步骤（见图 8-1）

图 8-1　制定运动处方的步骤

第一步：一般医学检查。了解病史、运动史；了解运动的目的，对运动的期望；询问病史，如既往史、家庭史等；了解运动爱好，现在的运动情况等；询问社会环境条件，如职业、工作与劳动条件、生活环境、经济情况、营养条件，周围能够利用的运动设施，有无指导等。

第二步：医学检查。医学检查是指对心脏、肝脏、肾脏、肺等重要器官的检查。检查的目的：一是对现在的健康状况进行评价；二是判明能否进行运动和运动负荷试验；三是判明有无潜在性疾病的危险因素，以预防事故的发生。总之，医学检查的基本目的在于掌握个人的状况，为制定运动处方提供必要的信息。

第三步：运动试验。运动试验是制定运动处方的基本依据之一。根据临床检查的结果、被检查者的特点来选择适合的测试方法。心肺功能常用的方法有一次负荷试验检测、联合机能试验检测、台阶试验检测、功率自行车试验检测等。

第四步：体力诊断（12分钟跑）。体力诊断（12分钟跑）即进行肌力、爆发力、柔韧性等运动能力和全身耐力测验。根据库珀和日本学者浅见俊雄的实验研究，12分钟跑测验与最大摄氧量相关系数最高。所以，库珀提出的有氧代谢的体力测验包括走、跑、游泳三种方式，可以任选其中之一用来检查和衡量心血管系统功能。体力测验的目的是了解被检查者的体力，发现潜在的疾患或异常，为确定适宜的运动强度提供依据。

12分钟跑检查法是目前国内外普遍使用的较实用的体力检查方法。这种方法是测定在12分钟内能够跑完的最大距离，它表示全身耐力的水平。测验的方法最好在400米的跑道上进行，每隔10米或20米设一个标记。测验前要充分做好准备活动，在跑的过程中尽量快跑，如感到呼吸困难，应减慢速度，及时调整呼吸。但在测验开始和结束时，应避免全速跑和冲刺跑。最后计算12分钟跑的总距离。体力测验后，把所测的12分钟跑的距离与12分钟跑测验评价标准表进行对照（见表8-1、表8-2），就可以找到自己对应的体力等级，从而正确认识自己的耐力水平。这是用于制定运动处方的可靠依据。

表8-1 男子12分钟跑测验的评价标准

单位：千米

年龄段	非常低	低	一般	高	非常高	最高
20~29岁	<1.95	1.95~2.10	2.11~2.39	2.40~2.62	2.62~2.82	>2.83
30~39岁	<1.89	1.89~2.08	2.09~2.32	2.33~2.50	2.51~2.70	>2.71
40~49岁	<1.82	1.82~1.99	2.00~2.22	2.33~2.45	2.46~2.64	>2.65
50~59岁	<1.65	1.65~1.86	1.87~2.08	2.09~2.30	2.31~2.53	>2.54
60岁及以上	<1.39	1.39~1.63	1.64~1.92	1.93~2.11	2.12~2.49	>2.50

表8-2 女子12分钟跑测验的评价标准

单位：千米

年龄段	非常低	低	一般	高	非常高	最高
20~29岁	<1.54	1.54~1.78	1.78~1.95	1.96~2.14	2.15~2.32	>2.33
30~39岁	<1.50	1.50~1.68	1.69~1.89	1.90~2.06	2.07~2.22	>2.23
40~49岁	<1.41	1.41~1.57	1.58~1.68	1.69~1.89	1.90~2.08	>2.09
50~59岁	<1.34	1.34~1.49	1.50~1.68	1.69~1.89	1.90~2.08	>2.09
60岁及以上	<1.25	1.25~1.38	1.39~1.57	1.58~1.74	1.75~1.89	>1.90

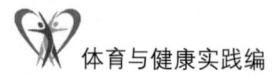

第五步：制定运动处方，安排锻炼计划。根据检查结果，掌握被检查者的健康状况、体力水平及运动能力的限度等，按其具体情况制定运动处方。处方主要是规定运动强度的安全界限和有效界限的内容，如一次必要运动量（或运动时间）以及一周内的运动频率等。

第六步：实际进行运动。一般按照初定的运动处方试行锻炼，对不适当的地方可进行调整，待适应后要坚持锻炼3～6个月，然后进行体力测验，重新制定长期的运动处方，并制订出复查计划。一般3个月、半年或2年应有计划地进行全面复查，总结一年的运动实施情况，评价在此期间的运动效果，必要时进一步改变运动处方。

二、健身运动处方的内容

健身运动处方主要包括选择有益的运动项目、确定适宜的运动强度、确定一次运动适宜的时间、确定每周锻炼的次数、交付运动处方。

（一）选择有益的运动项目

正如本书第七章第三节所述，要选择理想的体育锻炼内容，首先取决于各自的目的性。应明确是以健身为目的，还是为了减轻体重，或者其他目的。此外，还要从个人的年龄、性别、健康、体质和兴趣爱好等情况出发，选择适宜的运动项目。

（二）确定适宜的运动强度

运动强度对运动效果和运动安全有直接影响。运动强度合适与否，是制定和执行健身运动处方的关键。运动强度与心率（脉搏数）大体上成正比关系，因而常用心率作为运动强度的定量化指标。但肢体功能锻炼和矫正体操的运动强度及运动量则以肌肉疲劳程度而定，不用心率来判定。表8-3是根据年龄推算出的相应的运动强度（心率）。

表8-3 常用运动强度指标

强度	最大摄氧量/%	心率/（次/分）				
		20～29岁	30～39岁	40～49岁	50～59岁	60岁及以上
较大	80	165	160	150	145	135
	70	150	145	140	135	125
较小	60	135	135	130	125	120
	50	125	120	115	110	110
小	40	110	110	105	100	100

健身运动处方的运动强度，从安全方面考虑应该在安全界限以下，从效果方面考虑应该在有效界限以上，这两个界限之间是既安全又有效的运动强度，也是较适宜的运动强度。

如何确定安全界限呢？对于健康人来说，以健身为目的的有氧运动，通常采用中等强度，可以把70%的强度作为安全界限。但个体的摄氧能力存在差异，老年人的安全界限是60%的强度，年轻人的安全界限可以达到80%的强度。从表8-3可知，20岁的大学生，如果以80%的强度为安全界限，其心率则为165次/分。这是个基本标准，还应针对个人情况进行调整。对于体弱或身体异常者，运动的强度是与健康人有区别的。对于这部分人要特别重视安全，起初从有效界限开始运动，要严格按照循序渐进的原则逐渐增加运动强度，切记不要竞争或突然增大运动强度。

从效果方面考虑，为了提高摄氧能力，需要什么样的运动强度呢？对于一般健康人来说，大体上50%以上的运动强度其效果是明显的，而50%以下的运动强度在大多数情况下效果是不明显的。但是，对于体弱多病或不经常运动的人来说，即使以比50%还低的运动强度进行运动，摄氧能力也会明显提高。而对于长期进行慢跑的人，用50%～60%的运动强度进行运动，对维持现有的能力也有较好的效果。

另外，以减肥为目的进行运动时，为了更多地消耗热量，运动时间比运动强度显得更重要，宁可减少运动强度，通过延长运动时间来加大运动量，效果更好。若以休养、娱乐为目的，轻微的运动强度也是足够的，因为欢娱舒畅的精神刺激比生理的刺激更重要，采用30%～40%的运动强度就可以了。

（三）确定一次运动适宜的时间

运动需要的时间是指给予心脏适宜刺激所需的充足时间。一次运动需要的时间应根据运动强度、运动频率、运动的目的以及身体状况等条件来决定。一般情况下，运动强度和运动时间共同决定运动量。在要求相同的运动量时，轻微的运动强度所需要的运动时间较长；运动强度大时，持续时间则较短。按照健身运动的要求，规定运动时间不能少于5分钟，一般控制在15～60分钟为宜，医疗体操可视具体情况而定。在健身运动中，50%强度的运动，一次运动的时间为30～45分钟；60%强度的运动，一次运动时间为20～30分钟；70%强度的运动，一次运动时间为15～20分钟。相对而言，青年人或体质较好者，运动强度可稍大些，持续时间可短些；而中老年人或体质较差者，则宜较小强度，持续时间可相对长些（见表8-4）。

表8-4　运动强度与持续时间的关系

项目	小生理负荷量					中生理负荷量					大生理负荷量				
运动时间/分钟	5	10	15	30	60	5	10	15	30	60	5	10	15	30	60
运动时摄氧量占最大摄氧量的百分比/%	70	65	60	50	40	80	75	70	60	50	90	85	80	70	60

（四）确定每周锻炼的次数

每周锻炼的次数与运动效果密切相关。一周进行一次运动，所给予肌肉和心脏的刺激，几乎不能达到运动效果积累；对于以增强肌肉力量为目的的锻炼来说，每周安排两次锻炼就可以了。而全身持久性锻炼（耐力锻炼），其效果与频度有关系，频度越高，收效越大。如对于以增进健康、保持体力为目标的体育锻炼，结合学生个人的学习、生活、工作和休息，每周4～5次为好，重要的是养成锻炼的习惯。

（五）运动处方的交付

运动处方是在指导教师或医生的指导下制定的。运动处方可根据需要制定不同的格式。但在运动处方中必须同时指出禁止参加的运动项目、锻炼时的自我监督指标及出现异常情况时停止运动原则等。在制定健身运动处方时，必须严格遵守循序渐进、个别对待的原则，必须加强医务监督，充分注意安全。健身运动处方的形式见表8-5，表中内容都要填写清楚，尽量不留空。健身运动处方应由指导医生与本人当面交代为好，首先应对健康诊断和体力检查的结果进行说明，如果有特别注意的事项，要详细说明；另外，在拟定运动强度、一次运动的时间、一周锻炼的次数等要求时，最好与本人共同商定。

表8-5　健身运动处方（示例）

姓名			性别		年龄		指导医生或教师		（签字）
健康检查	病史及运动史								
	身高			厘米	体重	千克	安静脉搏		次/分
	血压	收缩压 舒张压			尿检查	尿蛋白 尿糖	心电图检查		

续表 8-5

体力检查	第一次测试日期	年 月 日	测试距离	米	体力评价	
(12分钟跑)	第二次测试日期	年 月 日	测试距离	米	（等级）	

运动处方	体育锻炼内容	运动强度（脉搏，次/分）		一次运动时间	一周锻炼次数
		安全界限	效果界限		
	1.				
	2.				
	3.				
	百分比运动强度（脉搏数）	最大脉搏数 次/分 80%强度 次/分 70%强度 次/分 60%强度 次/分 50%强度 次/分		最大脉搏数计算方法为 $$b = 210 - 0.8x$$ （其中，b 为最大脉搏数，x 为年龄） 百分比强度脉搏数计算方法为 $$Q = (b-a)y + a$$ （其中，Q 为该百分比强度脉搏数，b 为最大脉搏数，a 为安静脉搏数，y 为百分比运动强度）		
备注					

三、健身运动处方的实施（实施体育锻炼）

运动处方是实施体育锻炼的主要依据。在体育锻炼过程中，允许根据当时的主客观情况，判断是否有副作用和疲劳，对运动处方的内容做些微调，使之更加切合实际。并通过定期检查，掌握身体变化和运动效果情况，对运动处方做适当调整和修改，以便进一步提高体育锻炼的效果。

为了克服体育锻炼的盲目性和片面性，养成良好的生活习惯，最好结合健身运动处方制订一个简单易行的个人锻炼计划。

学生在制订个人锻炼计划时，应注意以下三点。

（1）注意锻炼内容的合理选配。锻炼内容不应该是单一的，因而在选配内容时，应注意把课外锻炼内容与体育课的学习内容结合起来；注意不同身体素质之间的有机结合，如进行耐力（慢跑）锻炼时，配以上肢力量与腰腹力量练习，在练习过程中或结束锻炼前常常以球类活动做调节。

（2）要根据学校作息制度合理安排每周锻炼次数和每次锻炼的时长。

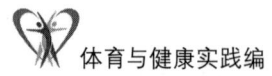
体育与健康实践编

每天要坚持做早操,早操时间不宜过长,一般不超过 30 分钟;早操活动强度宜小,不要进行剧烈活动,以不出现疲劳为度;课外活动时间控制在 1 小时以内,应在晚饭 30 分钟前结束运动。有体育课的当天,尽量不要再安排课外体育锻炼;若在睡前进行锻炼,可结合冷水浴(或热水浴)进行锻炼,但不宜进行剧烈运动,以免影响睡眠。

(3)应将周锻炼计划、阶段锻炼计划和年度锻炼计划有机地结合起来。

第三节　常用运动处方示例

一、步行运动处方

步行不仅是人的基本活动,也是一种十分有效的有氧锻炼方法,是延年益寿的最佳途径之一。其优点是任何人在任何时间、任何地点都可以进行,而且动作缓和,不易受伤。因此,特别适合身体肥胖、体弱、患慢性疾病的人和中老年人作为锻炼的方法和手段。步行一般应安排在早晨、睡觉前、饭后半小时或自己方便的时候,地点通常应选择在湖边、公园、林荫道、河边等环境优美、空气新鲜的地方。

以步行为锻炼目的时,步幅增大,上体正直,身体放松,抬头,眼看前方,挺胸收腹,两臂自然摆动,身体重心落在脚掌前部,配合脚步节奏自然呼吸。将不同年龄阶段所适宜的步行时间、距离等指标汇总而制成的各年龄组步行预备性运动处方见表 8-6,可供参考使用。

表 8-6　各年龄组步行预备性运动处方

周次	30 岁以下				30～39 岁				40～49 岁				50 岁及以上			
	距离/米	时间	每周次数	每周得分	距离/米	时间	每周次数	每周得分	距离/米	时间	每周次数	每周得分	距离/米	时间	每周次数	每周得分
1	1600	15′	5	5	1600	17′30″	5	5	1600	18′	5	5	1600	18′30″	5	5
2	1600	14′	5	10	1600	15′30″	5	5	1600	16′	5	5	1600	16′30″	5	5
3	1600	13′45″	5	10	1600	14′15″	5	10	2400	24′	5	7.5	1600	15′	5	5

续表 8-6

周次	30 岁以下				30～39 岁				40～49 岁				50 岁及以上			
	距离/米	时间	每周次数	每周得分	距离/米	时间	每周次数	每周得分	距离/米	时间	每周次数	每周得分	距离/米	时间	每周次数	每周得分
4	2400	21′30″	5	15	1600	14′	5	10	2400	23′30″	5	7.5	2400	24′30″	5	7.5
5	2400	21′	5	15	2400	21′15″	5	15	3200	31′	5	10	2400	23′	5	7.5
6	2400	20′30″	5	15	2400	21′	5	15	3200	30′	5	10	2400	22′30″	5	7.5

二、慢跑运动处方

慢跑又称健身跑。自从1947年德国学者阿肯提出"长、慢、远"的现代健康跑步方法以来，慢跑活动因被列为有益健康、抗病延年的手段，被人们视为"有氧代谢之王"而风行全球。慢跑有别于一般的中长跑，是一种随意的轻松运动和不至于气喘的跑步运动，强度大于步行。从运动医学观点看，慢跑比较安全并节省时间，健身效果好，见效快，运动负荷易于控制，不会发生较大的运动损伤等。其适用于各种健康人群和有一定运动基础的慢性病患者。慢跑的锻炼方法一般可采用走跑交替法、间歇健身跑和短程健身跑。走跑交替法适合于初参加锻炼的人，一般是走3分钟，跑1分钟，交替进行，每隔1～2周增加运动量。间歇健身跑是慢跑和行走相交替的一种过渡性练习，适合于老年人和体弱者，一般从跑30秒，行走30～60秒开始，逐渐增加跑步时间，以提高心脏功能，反复进行10～20次，总时间在12～30分钟，以后每周根据体力提高情况再增加运动量，每日或隔日进行一次。短程健身跑，可从50米开始逐渐增至100米、200米、400米、800米……速度一般为30～40秒跑完100米，每3～7天增量一次。各年龄组跑步预备性运动处方见表8-7，可结合自己的实际情况参照安排。

表8-7 各年龄组跑步预备性运动处方

周次	30岁以下				30～39岁				40～49岁				50岁及以上			
	距离/米	时间	每周次数	每周得分	距离/米	时间	每周次数	每周得分	距离/米	时间	每周次数	每周得分	距离/米	时间	每周次数	每周得分
1	1600	13′30″	5	5	1600	17′30″	5	5	1600	18′	5	5	1600	18′30″	5	5
2	1600	13′	5	10	1600	15′30″	5	5	1600	16′	5	5	1600	17′	5	5
3	1600	12′45″	5	10	1600	14′15″	5	10	1600	15′	5	5	1600	16′	5	5
4	1600	11′45″	5	15	1600	13′30″	5	10	1600	14′	5	10	1600	15′	5	5
5	1600	11′	5	15	1600	11′45″	5	15	1600	13′45″	5	10	1600	14′15″	5	5
6	1600	10′30″	5	15	1600	11′15″	5	15	1600	12′45″	5	10	1600	13′45″	5	10

三、游泳运动处方

游泳是一项全身运动，不论哪种姿势游泳，人的肢体都要不停地进行运动，促使身体各部分关节和肌肉得到良好的锻炼。经常游泳不仅使人身材匀称，富于曲线美，而且可以提高肌肉的力量，刚柔适中。此外，游泳还对提高内脏器官特别是血液循环系统和呼吸系统的功能有积极的促进作用。

游泳场的水温一般低于人体温度，水的导热性又比空气快28倍，这使游泳时人体热量散发很快，也使人体的体温调节功能发生一系列变化，机体会加强产热过程，以补充身体失去的热量，抵抗冷水的刺激。所以，在同样的时间、强度下运动，水中要比陆地上消耗能量大，若肥胖者每天游泳30分钟，在不增加饮食的情况下，就会收到良好的减肥效果。表8-8是各年龄组游泳预备性运动处方，可根据自己的实际情况参照实行。

表 8-8　各年龄组游泳预备性运动处方

周次	30 岁以下				30～39 岁				40～49 岁				50 岁及以上			
	距离/米	时间	每周次数	每周得分	距离/米	时间	每周次数	每周得分	距离/米	时间	每周次数	每周得分	距离/米	时间	每周次数	每周得分
1	90	2′30″	5	7	90	2′30″	5	4	90	2′30″	5	4	90	2′30″	5	4
2	130	3′00″	5	6	130	3′00″	5	5	130	3′15″	5	5	130	3′45″	5	5
3	180	4′00″	5	7.5	150	3′45″	5	5	150	4′00″	5	6	150	4′15″	5	6
4	220	5′30″	5	10	180	4′00″	5	7.5	180	4′15″	5	7.5	180	4′15″	5	7.5
5	220	5′00″	5	10	220	5′15″	5	10	180	4′30″	5	7.5	180	4′30″	5	7.5
6	270	6′00″	5	12.5	220	5′00″	5	10	200	5′00″	5	10	180	4′15″	5	7.5

四、骑自行车运动处方

骑自行车运动是融娱乐和健身为一体的高效率健身健美方法，它能提高心肺功能，锻炼下肢肌力和增强全身耐力。

骑自行车的强度一般应控制在适宜心率的范围内，其上限 = 220 - 年龄 × 90%，下限 = 200 - 年龄 × 60%。初骑自行车锻炼者应每分钟蹬 60 次，同散步节奏。对于消遣型骑自行车者来说，蹬速在 75～100 次/分最合适。计算蹬速一般只需要记下 15 秒钟内一条腿蹬的次数即可。一般理想蹬速是 15 秒钟蹬 22 次或 23 次，相当于蹬 90 次/分。

骑自行车运动的能量消耗很大。几乎人人都会骑自行车，但要想通过骑自行车获得理想的锻炼效果，则必须遵循科学的指导。表 8-9 是各年龄组骑自行车预备性运动处方，可参照执行。

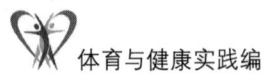
体育与健康实践编

表8-9 各年龄组骑自行车预备性运动处方

周次	30岁以下				30～39岁				40～49岁				50岁及以上			
	距离/米	时间	每周次数	每周得分	距离/米	时间	每周次数	每周得分	距离/米	时间	每周次数	每周得分	距离/米	时间	每周次数	每周得分
1	3200	10′	5	5	3200	10′30″	5	5	3200	11′	5	5	3200	11′30″	5	5
2	3200	9′	5	5	3200	9′30″	5	5	3200	10′	5	5	3200	10′30″	5	5
3	3200	7′45″	5	10	3200	8′30″	5	5	4800	15′	5	7.5	3200	10′	5	5
4	4800	11′50″	5	15	3200	7′45″	5	10	4800	14′	5	7.5	4800	16′	5	7.5
5	4800	11′	5	15	3200	7′30″	5	10	6400	19′	5	10	4800	15′30″	5	7.5
6	4800	10′30″	5	15	4800	11′50″	5	15	6400	17′30″	5	10	4800	15′	5	7.5

五、有氧运动项目综合运动处方

所谓综合运动处方是指不局限于某一个运动项目，而是把自己喜欢的、能够参加的体育项目组织起来，因地、适时地进行锻炼。这样既可以提高锻炼兴趣，又可以达到良好的锻炼效果。有氧运动的项目很多，如步行、游泳、骑自行车、跳绳、划船、跳健美操以及各种球类运动等。如果只采用单一的形式进行锻炼，对青年人来说难免产生枯燥乏味的感觉，造成计划无法落实。而采用综合性运动处方则有很大的优势，也易于坚持，如夏季气温高，跑步出汗较多，可以采用游泳运动；冬天不能游泳则可以健身跑或骑自行车；遇上天气不好不宜在户外运动时，则可以爬楼梯或跳健美操；等等。

采用综合运动项目锻炼，一般对年轻人比较适合，可以比较全面地发展人的力量、速度、耐力、灵敏性和柔韧性等综合素质，而这些素质的发展和提高又为人体健康打下良好的基础。有氧综合运动处方见表8-10，可供参考。

表 8-10　有氧综合运动处方

星期	运动内容	时间/分钟	负荷
一	准备活动，一般徒手操	5～10	费力
一	3000～5000米健身跑或游泳	25～40	费力
二	球类运动，如羽毛球、篮球、排球、足球等	40～50	轻松
三	登楼梯、跳绳、室内各种徒手操	30～40	稍费力
四	球类运动，如乒乓球、羽毛球、网球	40～60	轻松
五	一般热身活动	5～10	稍费力
五	健身或者跳绳	30	稍费力
六	骑自行车越野或散步	60	轻松

第九章 传统养生

精神养生、物质养生、医药养生和生物学养生等全方位养生方法为我国养生的主要内涵。传统体育养生的理论体系源于中国养生学，集中了我国古典哲学与医学之精华，即通过体育运动和具有民族特色的体育保健方式达到养生保健、增强体质的目的。这对人们强身益智、涵养道德、防病治病有显著作用，使之终身受益。养生之道，贵在使机体始终处于一个完整的动态平衡之中，并应具备对外界环境的适应能力，以及情感的自我调节能力。

传统体育养生是中华民族数千年来在生活、生产和与疾病的斗争中强身健体的经验总结，是我国文化宝库中的瑰宝，其核心思想是"不治已病治未病"。健康与长寿是人类的渴望和追求，随着社会物质生活和精神生活的日益丰富，养生健身、抗病防衰、延年益寿已越来越成为人们的基本需求，被视为人生最可贵的财富。而传统体育养生由于健身手段简便易行，健身效果持久，在今天提倡"健康第一"的学校体育教学中，也将其作为重要内容介绍推广，使这门古老的学问在高等学术殿堂焕发出新的活力。

第一节 传统养生学说简介

传统养生是我国医学宝库中的一大瑰宝，它的产生和发展与祖国医学的产生和发展是同时的。我们的祖先为了自身的健康与后代的繁衍，通过生活与劳动实践，逐渐了解人体生命活动的规律，掌握了许多养生保健的方法，并使其不断完善。

我国传统养生学说最显著的特点是强调预防保健思想。《黄帝内经》指出："圣人不治已病治未病，不治已乱治未乱……夫病已成而后药之，乱已成而后治之，譬犹渴而穿井，斗而铸兵，不亦晚乎。"这告诉人们要有病早治，无病早防，做到防病于未然。我国养生家历代都有，既见于医家、道家，亦见于文、史、哲诸学者中，可谓名贤辈出，他们留下了浩瀚的典籍，许多名篇对养生理论和方法各有所阐述，而且独树一帜。综观我国传统养生理论，大致有以下五种学说。

一、整体观学说

我国医学把人体看成一个以脏腑为核心、以经络互相联系的整体。人体的各个系统、器官是有机地联系在一起的，脏腑之间相互依赖，以维护内环境的统一性和稳定性。它们之间联系的通路是经络和脉道，以经络和脉道作为脏与脏、脏与腑、腑与腑之间的联系通路，即所谓"十四经流注，环而无端"[①]。倘若脏腑发生变化就可以通过经络互相影响，并反映于体表。反之，若体表组织器官有病，也可以通过经络影响到体内所属的脏腑。因此，人体是内环境相对稳定的统一整体，根据这一理论，我国历代医学家、养生家都十分重视从整体观出发，主张促进机体整体的平衡和稳定，主张"治病求本""未病先防"，注重全身性的防衰老保健措施。

二、天人相应学说

天人相应学说是传统养生中顺应自然养生方法的理论基础。我们的祖先对人与自然环境的关系早已有认识，《黄帝内经》指出"人以大地之气生，四时之法成"，意即自然界是生命的源泉。人体的生理、病理、生长、发育、衰老都与自然界的变化休戚相关。自然界的变化，春生夏长、秋收冬藏，人类长期生活在这样的自然环境中，春夏阳气升发，秋冬阳气潜藏，只要顺应自然的变化，调节脏腑的机能，养精安神，益气补血，平衡阴阳，人体就会健康。如果人体不能适应自然的变化，人体的五脏六腑就容易受到损伤，就会引起各种疾病。

三、阴阳协调学说

《黄帝内经》指出"人生有形，不离阴阳"，意即生命现象是由阴阳所构成的。传统养生理论认为，在人的生命活动中，阴阳是互相依存的，任何一方都不能脱离对方而单独存在。在人体阴阳的消长运动中，对立的双方，总是保持着动态的相对平衡，从而维持人体生命活动的正常进行。在疾病的产生和发展变化过程中，由阴转阳、由阳转阴的变化，使阴阳失去相对平衡，从而导致偏盛偏衰的结果。当阴阳的任何一方虚损到一定程度时，则可影响对方，即所谓"阳损及阴"或"阴损及阳"，从而使人体的生理功能出现紊乱，引起疾病。"阴阳协调"学说阐明人体的生理活动及病理变化，可指导临床辨证治疗和养生保健。

四、形神相因学说

形神相因学说是传统养生中又一重要理论。形神相因也叫作形神合一，

---

① 王丹文、徐桂华、王会梅：《传统中医运动养生研究评述》，载《河南中医学院学报》2008年第3期，第74页。

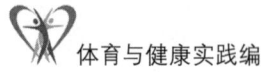

是指形体与精神的结合。形是指人体中的组织器官，神就是精神意识活动。神不能离开形体而存在，它是人有生俱来，亦与死俱灭的。张景岳在《类经》中指出，"无形则神无以生，无神则形不可活"，"形者神之质，神者形之用"。形与神是息息相关的，养神可以保形，保形可以安神，通过调形养神的方法，可以使形神合一。

五、恒动学说

我国医学很早就认识到，生物界，尤其是人类的生命活动有其"恒动"的特性。自然界的变化运动孕育了生物界，我国医学把"气化"运动形式归纳为"升、降、出、入"，这种运动形式是生命存在的先决条件，自然界中的万物万事，概莫能外。传统养生始终以恒动观点为指导思想，认为经常从事适量的身体运动是增进健康、延缓衰老的有效手段。

第二节　传统养生原则

一、保养精神原则

我国养生家历来重视精神方面的保养，认为"形神合一"是健康长寿的保证。保养精神要注意两个方面：其一，要涵养精神，安神益志；其二，要心情愉快，坦荡无忧。我国医学把精神因素分为喜、怒、忧、思、悲、恐、惊七情，认为每个人都有七情的变化，七情郁结是人体内的致病因素。即过怒伤肝、过喜伤心、过悲伤肺、过思伤脾、过恐伤肾等。心神主宰全身，心神一伤，全身的脏器都会受到影响，这样就容易引起各种疾病。因此，要把保养精神放在首位。

二、动静结合原则

人体的动、静关系着精、气、神的衰旺存亡。我国自古以来在养生方面就有静派和动派两种。道家主静，认为安静自然可以加强内气运行，有助于健身；而《吕氏春秋》则主动，以"流水不腐，户枢不蠹"的道理告诉人们，要想健康长寿就必须经常做适量的运动。之后，养生家们通过长期实践一致认为，动静结合，适量的运动，可把人的精神、形体、气息三者能动地结合起来，对机体施加整体性的影响，改善机体各个系统的功能，从而达到健康长寿的目的。

三、适应四时原则

自西周以来，人们已认识到自然环境因素与人体健康的关系，认为养生应当注意自然环境和一年四季气候的变化，以及昼夜的更替等。《黄帝内经》所说的"和于阴阳，调于四时"，就是适应气候变化的养生原则。

昼夜的更替对人体健康和疾病也有一定的影响。实践表明，许多疾病往往在清晨较轻，午后逐渐加重，说明在晨、午、黄昏、夜半的转变过程中，人体的阳气存在着生、长、收、藏的规律，病情会相应发生变化。为此，我国历代养生家都把顺应自然和适应四时的变化列为保健防病的重要原则。

四、护肾保精原则

传统养生认为，肾为先天之本，而精不仅是繁衍人类的生命之源，而且是人体生命活动的物质基础。因此，肾精之盈亏，影响着人的生长、发育、衰老乃至死亡的全过程。故历代养生家都强调节色欲以保精，认为精为生命之根本，纵欲耗精，会导致肾气亏损，使人未老先衰，甚至早夭。

五、补脾益胃原则

我国医学认为，元气为健康之本，而脾胃则是元气之本。人体元气的产生全在脾胃，只有胃气充足，才能滋养先天。五脏六腑皆受气于胃，胃气充足才能润肌肤、养血脉、壮筋骨。所以，传统养生把调护脾胃列为养生的重要原则，主张不论补虚泻实，都应以护脾为先。护脾的方法是益脾气，养胃阴。在养生保健过程中，滋补勿过腻，寒勿过凉，热勿过燥，以免伤胃。同时，还要注意调节饮食以和胃化食，防劳累以养脾气，立足补脾益胃。

第三节　传统体育养生方法

一、太极拳

太极拳是中华民族的传统体育项目之一，是一种传统的养生术，它汇集了我国古代保健体操之精华，是宝贵的民族文化遗产。太极拳是将"拳术"（拳术的手法、眼法、身法、步伐的协调动作）、"吐故术"（吐故纳新的腹式呼吸运动）、"导引术"（俯仰屈伸运动肢体动作）三者有机结合并创新的一种拳术。太极拳将练意、气、身三者密切结合，形成全身内外的协调动作，构成太极拳锻炼方法的整体性和内外统一性。由于太极拳结合了导引吐纳，因此，在练拳过程中不仅可活动肌肉、骨骼，而且动作与呼吸协调配

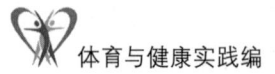

合，使神经系统和内脏器官得到良好的锻炼，对增强体质、健身祛病有着显著的效果。

太极拳的种类很多，架势大小有别、风格也各异。我国广泛开展的二十四式简化太极拳，是采用民间流传的杨澄甫太极拳的大架势，从原 34 个不同姿势中选用 20 个，删去繁难和重复的动作而重新创编的。整套动作由简到繁，由易到难，循序渐进，易学、易练、易记，有利推广与普及，深受国内和海外人们喜爱。

（一）太极拳的种类

从目前流传较为广泛的太极拳种类看，有两种分类方法：一种是按架式的大小区分，另一种是按拳式的风格来区分。

1. 按架式的大小区分，大体可分为三系

（1）大架式。拳式舒展大方，轻灵沉稳，如陈氏太极拳、杨氏太极拳、八十八式太极拳及其简化太极拳（二十四式）。

（2）中架式。拳架大小适中，长于柔化，其中以吴氏太极拳为代表。

（3）小架式。拳式小巧紧凑，步活身灵，如孙氏太极拳。

2. 按拳式的风格来区分，可分为五类

（1）杨氏太极拳，匀缓柔和、舒展大方。

（2）陈氏太极拳，刚柔相济、快慢相兼。

（3）吴氏太极拳，柔和紧凑、大小适中。

（4）武氏太极拳，动作灵活、步法轻捷。

（5）孙氏太极拳，与武氏太极拳风格相近，开合鼓荡、小巧紧凑、步活身灵。

（二）太极拳的特点

1. 动作轻松柔和

太极拳架式比较平稳，没有忽起忽落的明显变化和激烈的跳跃动作。动作不僵，符合人体的生理习惯，练习一两遍后，会感到身上微微出汗，但不会出现气喘的现象，给人以轻松愉悦的感受，所以不同年龄、性别、体质的人都可以锻炼。

2. 动作连贯均匀

太极拳整套动作从"起势"到"收势"，不论动作的虚实变化还是姿势的过渡转换都是紧密衔接、前后连贯的，没有明显的停顿之处。练习速度均匀，好似行云流水，连绵不断。

3. 动作圆活自然

太极拳的动作不同于其他拳术，它要求上肢动作处处带有弧形，避免直来直往。通过弧形活动进行锻炼，人的动作圆活自然，体现出柔和相济的特点，身体各部分得到均匀的发展。

4. 动作协调完整

太极拳整个套路或单个动作姿势，都要求上下相随，内外一体，身体各部分之间都要密切配合。练习过程中，以腰为轴，由躯干带动四肢相互呼应，切忌上下脱节、此动彼不动等停顿现象出现。

二、气功

气功是中华民族文化遗产的一部分，古代称为行气、导引、吐纳、坐禅、内功等，是传统养生术中具有民族特色的一种医疗保健手段，也是中华医学宝库中的一颗璀璨的明珠。气功在我国有悠久的历史，而且有广泛的群众基础。

（一）气功的种类

气功的流派繁多，大致可分为医、儒、道、武术、释五大流派，每大流派中又可分为若干小流派。医家气功主要以防治疾病、保健强身为目的；儒家气功主要以"修身养气"为目的；道家气功主要以"身心兼顾""性命同修""清静无为"为目的；武术气功主要以锻炼身体和防身为目的；释家气功又称"佛家气功"，主要以"炼心"为目的，要求做到"精神解脱"。释家气功可分为两个流派：其中一派叫作"入定"，强调"四大皆空"；另一派叫作"参禅"，强调"修身养性，普度众生"。从形态上分，可把气功分为静气功和动气功两大类。静气功采用卧、坐、站等姿势，运用精神内守和调整呼吸的方法，着重修炼身体内部，所以又称为内气功。动气功则采用意和气相结合的各种肢体运动，如走式气功、太极棒气功、导引养生功、自我按摩功等，主要是疏通气血，陶情养性。因其动作表现于外，所以又称为外气功。不论是哪种流派，也不论是静功还是动功，气功都是以练气、练意为主。

（二）气功的特点

1. 重视自我身心锻炼

所谓自我身心锻炼，是指通过自身的身体练习，并通过意念活动的引导，达到健身祛病、延年益寿的目的的锻炼。因此，在练功过程中，要求练习者充分发挥主观能动性，既要炼身，又要炼心。久而久之，则可以收到良好的功效。

2. 要求意、气、形三结合

在练气功过程中要求意、气、形三结合，也就是把意念、呼吸和身体姿势结合起来进行锻炼。古人称之为"调身""调息""调心"。

所谓"调身",就是要注意身体姿势,使身体处于既有劲而又不紧张、既放松而又不懈息的舒适状态。在锻炼过程中,身体的内气能循经络系统通畅运行。

所谓"调息",是指调整呼吸,即把自然呼吸调整为腹式呼吸,以增强呼吸深度,改善呼吸功能。

所谓"调心",是一种意识的修炼,要求在形神松静的基础上,把心意安定下来,排除杂念,让大脑高度安静,进入恬淡虚无的练功状态。

通过"三调"的锻炼,把人体内气充实和调动起来,使气血旺盛,精力充沛。

3. 动静结合,以静为主

气功虽有动功和静功之分,但多以静为主,并配合一些肢体柔和、缓慢的运动。在练功过程中,要求外静内动,体态柔和自然,在外表上看起来很安静,其实内动得很厉害,它不是身体外形的运动,而是体内的内气运转,使身体发热、唾液分泌增多、血管扩大、细胞活性增高、胃肠蠕动增强、腹肌升降幅度加大等。

(三)气功养生方法

1. 松静功

松静功对体力劳动者和脑力劳动者消除疲劳、恢复精神和体力有较好的效果,并对高血压、神经衰弱、自主神经功能紊乱、胃及十二指肠溃疡、习惯性便秘等有较好的疗效。

2. 内养功

内养功强调默念字句与呼吸停顿、舌体起落、气沉丹田等动作和意念相结合,具有大脑静而脏腑动的特点。内养功能改善呼吸系统和消化系统的功能,可用于保健锻炼、多种疾病的治疗,如胃和十二指肠溃疡、胃下垂、消化不良、肺结核、神经衰弱等有一定的治疗效果。

3. 站桩功

站桩功是一种形体、精神同时锻炼的静功,主要适用于健康体强者,也适用于疾病的康复期,帮助其恢复和增强体力,但不大适宜虚弱者。

4. 保健功

保健功具有健身防病的作用,通过对经穴的刺激,以达到增强体质、增进健康的目的。保健功主要有以下八种形式。

(1)干沐浴。

浴手:两手合掌搓热,左手紧握住右手背摩擦一下,随后右手紧握住左手背摩擦一下,如此反复进行几十次,直至双手发热为止。浴手能使双手气血调和,经络通畅。

浴臂：右手掌紧按左手内面，用力沿臂内侧向上擦至肩部，再翻过肩部，由臂外侧向下擦至左手臂，如此往复直至皮肤发热为止，然后用左手以同样方法擦右臂。浴臂可使关节灵活，防止手臂酸痛，尤其是臂部寒痹患者，浴臂效果较好。

浴头：两手掌心按住前额，稍用力向下擦至下颏，再翻向头后两耳上。轻轻擦过头顶，回到前额，如此反复进行多次。随后用十指指腹或指甲均匀地轻揉整个头部的发根 10～20 次。头为诸阳之会，百脉所通。浴头可促进诸阳上升、百脉调和、气血不衰，持之以恒能使人面色红润、少生皱纹。揉发可引血上行，能养发乌发。

浴眼：首先，两手轻握拳，两拇指弯曲，用拇指背分擦两侧上眼皮多次；然后，用拇指分按在太阳穴转揉按多次；最后，用右手拇指、食指两指捏住两眉头中间部位，捏按数次。浴眼可使眼部气血畅通，保持肌肉丰满，防止老年眼睑下垂，还可防止远视和近视。揉太阳穴可抵御风寒侵袭，能治疗头痛、头昏。

浴鼻：两手拇指微屈，另四指轻握拳，用拇指背沿鼻梁骨两侧上下往复用力擦数次。浴鼻可使鼻部血液畅通，有助于抵御寒邪侵袭，可预防感冒。

浴胸：以右手掌按住右乳房上方，手指向下，用力呈斜线推至左侧腹股沟处，然后再以左手从左乳上方做同样的动作，如此反复多次。

浴膝：两手掌心紧按两膝部，先向外旋，然后向内旋，如此反复多次。

浴腿：两手紧握一侧大腿根部，向下擦至足跟部，再以同样方法擦另一侧腿，如此反复数次。浴腿可使关节灵活、步履有力。

（2）弹鸣天鼓。两手掌心紧按两耳孔，两手中间三指轻击头后枕骨（小脑部）10 多次，耳中如闻擂鼓之声。然后，掌心掩着耳孔，手指紧按头后枕骨部不动，再突然抬离，这样连续多次。头为诸阳之会，又是小脑所在部位，故轻击可清醒头脑，增强记忆力，提高听力。

（3）旋眼。端坐、凝神、头正、腰直，眼珠向四周环视再向前注视片刻，如此反复进行。

（4）叩齿。先心静神凝，口轻闭，然后上下牙齿互相轻轻叩击 30 次左右，若有口水可随时咽下。叩齿有健齿和促进消化的作用。

（5）鼓漱。闭口咬牙。口内如含物。用两腮和舌做漱口动作 10 次，待津液满口后，小次用力引颈咽下，意想直至小腹丹田。鼓漱可以提高消化功能和免疫能力，对阴精匮乏者有较好的效果。

（6）搓腰眼。双手对搓发热后，紧按腰眼，用力向下搓到尾闾穴（长强穴），然后再搓回到两臂后屈尽处，如此反复进行。此法可使腰间温暖，气血流通。久练之，可使腰直不弯，兼可防腰痛。

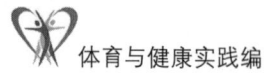

（7）揉腹。

男性左手叉腰或放在左侧大腿根，右手从心窝左下方揉起，经过脐下小腹向右揉擦，再向上揉擦回至心窝部，如此反复多次。然后右手叉腰或放在右侧大腿根，方法同前，只是方向相反。

女性揉腹动作与男性不同。首先，手掌搓热，左手叉腰（拇指在前，四指在后），右手掌心由心窝处向左下方旋转，如此反复多次；然后，右手叉腰，左手掌心自肚脐处向右下方旋转，经过小腹回到原处，如此反复多次。其左右揉转的部位不同：右手揉转于肚脐上方和心窝下方之间，方向是向左下方开始转起；而左手则在肚脐下方和小腹一带，方向是向右下方开始转起。

揉腹可以改善消化系统功能，治疗消化系统疾病，对女性痛经及经前综合征也具有一定的治疗和缓解作用。

（8）搓脚心。双手搓热，然后搓两脚心各数十次，直至脚心发热为止。搓脚心有舒肝明目、降压消炎的作用。

三、导引按摩保健

（一）导引术

导引术是我国古代就形成的一种独具风格的养生保健方法，主要作用是导气令和、导体令柔。经常从事导引术锻炼，可精气充盈、血脉流通。

导引术锻炼的形式多种多样，有的以调息引气为主，有的以肢体运动为主，有的则以按摩皮肤为主。

以调息引气为主的导气功其特点是以意引气，按照一定路线运行。如源于宋代的意气功，就是用意引气沿任督二脉行小周天运动的一种健身锻炼方法。具体练习方法：端坐于高矮适度的椅子上，两腿自然分开，与肩同宽，脚尖微向里对；手指交叉、掌心向上，置于下丹田处；两目平视，眼帘自然下垂，微留一线之光；闭口，舌抵上颚，全身放松，精神集中，然后调整呼吸，使之均细深长，意会膻中（两乳之间）聚气成球，默运气球，沿任督脉路线运行；运气完毕后，做深呼吸两次，然后起身缓行。每天早晨可练习一次，每次20分钟左右。练习过程中，意识要轻守，会意有气集聚，引其缓缓运行，不可强守，也不宜运行过快。以运动肢体为主的导引术，种类繁多，各有特色。如释家有"婆罗门导引十二势""天竺导引十八势"等，道家有"老子导引四十二势""赤松子导引十八势"等，医家有华佗的"五禽戏"、陶弘景介绍的"导引经七势"、李中梓介绍的"导引十六势"、张广德介绍的"导引养生功"等，近代在民间流传较广的"八段锦""十二段锦""易筋经"等，对健身祛病也都颇有功效。

"五禽戏"是我国东汉末年名医华佗在总结前人导引术成就的基础上，通过自身锻炼实践所创编的一套保健体操。这套保健体操是根据不同动物活动的特点，分别把虎、熊、鹿、猿和鸟等五种禽兽的一些具有代表性的动作，按照锻炼身体的原则和要求编排起来的传统体育养生术。"五禽戏"的出现，标志着我国古代的导引术已从单个动作术式，发展成为一套完整而又连贯的保健体操。

"八段锦"是我国宋代创编的一套动静结合的医疗保健体操。"八段锦"的动作简单易学，练习者可根据自己的体力，灵活掌握动作的难度，但应重视动作与呼吸的配合。经常练习这套保健体操能增强四肢肌肉力量，发达胸肌，并可防治脊柱的疾病和某些慢性病。

（二）保健按摩

保健按摩在我国有悠久的历史，按摩至少在商代已经出现。由于其经济方便、安全可靠，无副作用，深受人们喜爱。中医经络学认为：人体经络内连脏腑，外络肢节，沟通和联络人体所有的脏腑器官、孔窍以及毛皮、筋肉、骨骼等组织；人体内的气血在经络内运行，形成一个有机的整体联系。

现代医学认为，按摩手法的物理刺激，可使被按摩的部位引起生物物理和生物化学变化，并引起有机体一系列生理、病理过程的改变，从而达到健身祛病的目的。

通过按摩体表局部或穴位，可产生的作用表现在以下七个方面：

（1）通经络，活气血，通筋骨，消肿胀。

（2）引起生物物理和生物化学的变化，使机体产生一系列生理、病理过程的改变。

（3）消除衰老死亡的上皮细胞，有利于汗腺和皮腺的分泌，增加皮肤光泽和弹性，促使毛细血管扩张，改善肌肤营养状况，使损伤的组织得到恢复。

（4）加速血液和淋巴循环。

（5）解除软组织痉挛、挛缩、粘连、错位等。

（6）调节神经系统的兴奋和抑制过程，使之处于相对平衡状态。如在头部施以轻柔而慢节奏的手法刺激，则对神经系统有镇静和抑制作用；施以较重手法刺激，则对神经系统又有兴奋作用。

（7）增强机体的免疫力，祛病，益寿延年。按摩手法有100多种，其中自我按摩常用手法有推、拿、揉、捏、按、压、摩、擦等。

以颈部按摩法为例，介绍如下：静坐，轻闭口目，头部稍向前倾，具体分三步进行操作。第一步：用右手掌五指合拢至后颈，大鱼际紧贴大椎穴位置，用力顺时针方向旋转按摩25次，后换用左手逆时针方向按摩25次，交

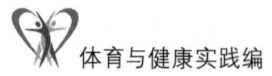

替按摩2～3遍。第二步：用右手掌五指合拢从颈后至左侧颈部肌肉处按摩20～30次，然后换左手从颈后至右侧颈部肌肉处按摩20～30次。第三步：推揉颈肌，用双手掌根至后颈同侧颈肌位置，从颈椎处按摩至后脑的位置，用两拇指和鱼际着力，一上一下，反复按摩30～50次。

颈部是人体中的一个重要部位，人的生命中枢在此与脊髓延接，支配全身的大部分神经都通过颈部。由于颈部平时活动的幅度和频度较大，随着年龄的增长，常常会引起颈椎增生、颈部软组织损伤等病变，出现头晕、头痛、视物模糊，以及颈、肩、臂等处疼痛麻木等症状。经常按摩颈部，能疏通经络，促进颈部的血液循环，增强颈部肌肉的力量，避免颈椎生理弧度变形，可防治颈椎增生、颈肌劳损、韧带损伤、神经损伤、高血压等疾病。

四、针灸益寿

针灸作为养生祛病、延年益寿的方法，代代相传、经久不衰，已有几千年历史。关于针灸机理，众说纷纭，包括机械刺激说、变质说、电气说、巴甫洛夫大脑皮层调整作用说等。

从现代医学的角度讲，人之所以会衰老，其主要原因是中枢神经系统功能的衰退和内分泌腺的萎缩。通过针灸可以提高大脑皮层细胞的活力，促使细胞内各种酶代谢恢复平衡，调节细胞内环境的稳定；同时，针灸还能提高垂体—肾上腺皮质系统的功能，从而纠正内分泌功能的紊乱，减缓内分泌腺的萎缩和衰退。此外，针灸能增强体内细胞的免疫反应，从而达到增强体质、预防和治疗疾病、延缓衰老的良好效果。

五、其他传统养生方法

（一）咽津

所谓咽津，即闭合口唇，将舌头伸出齿外唇内，上下左右搅动，名曰"赤龙搅水"，津液（唾液）很快生出满口，然后鼓漱5次，分10次咽下。我国古代养生家对唾液极为重视，称其为玉泉、甘露或华池之水。先人创造的"活"字，即"舌"与"水"两字组成，取津液之意；若将"活"字一分为三，即为"千""口""水"三字组成，这就意味着，只要将舌下产生的大量津液一口一口地咽下，持之以恒，就能维持旺盛的生命力，达到延年益寿的目的。

现代研究证明，正常人每日分泌唾液约1500毫升，唾液中除含95%的水分外，还含有淀粉酶、溶菌酶、蛋白、免疫球蛋白等多种物质。唾液在口腔内不仅能湿润和稀释食物，有助于胃的消化吸收，还能杀灭进入口腔的细菌。唾液进入胃内能中和过多的胃酸，保护胃黏膜。值得一提的是，唾液还具有防癌作用。日本学者曾做过多次实验发现，唾液具有使致癌物质转变为无害物质的特殊功能。因此他提出，人们如能把进入口腔内的食物咀嚼30秒以上，就可基本上消除其中可能存在的致癌物质。咽津可在每天早晨进行。醒来后，起身端坐，凝神息虑，舌抵上腭，待口内充满津液，缓缓咽下，以意念送至脐下丹田。也可在晚上临睡前或其他时间进行，可采用"赤龙搅水"，漱口阳津法。

（二）叩齿

我国古代养生家强调"齿宜常叩"。隋代巢元方说："鸡鸣时，常叩齿，三十六下。长行之，齿不蠹虫，令人齿牢。"这说明经常叩齿可使牙齿坚固，有预防龋齿的作用，到老牙齿亦不易脱落。自古以来，许多寿星都很重视叩齿保健，尤其是清晨叩齿。现代医学认为，人在一夜休息之后，清晨起来时，牙周组织仍处于松弛状态，牙齿也有些松动，如果这时轻轻叩齿，既巩固了牙根和牙周组织，又兴奋了神经、血管和牙髓细胞，对保护牙齿很有好处。

叩齿的具体方法：清晨或睡前，排除杂念，放松思想，口唇轻闭，然后上下齿有节律地互相轻轻叩击。至于叩齿的次数多少为好，当因人而异，大可不必拘泥古人之说。叩齿是即兴养生的有效方法之一，简便易行，不需任何器具，但要真正奏效，必须持之以恒。

（三）梳头

梳头是我国的一种传统养生方法。其不仅是修饰头发、美化容颜的日常生活小事，而且是关系到祛病延年的大事。因此，古代养生家主张"发宜常梳"。《诸病源候论》云："梢头理发，欲得多过，通流血脉，散风湿，数易栉，更番用之。"这里的"梢"，是梳子、篦子之类的通称，有梳头的意思。就是说梳头可以疏通气血，祛除风湿，而且梳的次数越多越好。现代研究认为，经常梳头，梳齿与头皮不断接触和摩擦，能刺激头皮末梢神经和毛细血管，改善头部的血液循环，使其新陈代谢更加旺盛，能避免头发的稀疏、开叉和早衰；梳头能消除头部的油腻和皮屑，有利于头皮细胞的呼吸；梳头能健脑提神，促进思维活动和提高记忆力，还能消除疲劳、预防感冒。

梳头的具体方法是：选择一把好的梳子，最好用牛角或桃木质的，梳齿宜稀疏而秃短，梳齿太尖锐易致头皮疼痛。梳头一般从额前开始，向后梳，一直梳到枕部，像耙地一样，顺着头发平梳。梳头时，梳子一定要贴紧头皮，着力适中，大约梳100下，每次梳5～10分钟。发际周围可用梳齿反复快速搔刮，不必记数，以舒适为度。当头皮有热、胀、麻的感觉时，说明已达到要求，可停止。梳头可以在早晨起来时或白天任何时候进行，而在晚

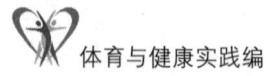

上入睡前则以不梳为宜。

除了用梳子进行梳头，还可用自己的双手指头来梳头。古人认为用手指梳头可以按摩头皮。头部穴位较多，通过手的梳理按摩，可使气血流畅、头发光亮乌黑，所谓"千过梳头，头不白"。用手指梳头，每日晨醒、午休、工作和学习之余，以两手指自额部前发际开始，由前向后梳到后发际，动作以缓慢柔和为主，边梳边揉擦头皮更好，次数不限，时间可在 10 分钟左右。对于一些长期伏案工作者，如感到头昏脑涨时，可立即用双手指头梳理一番，会顿觉头脑清新、耳聪目明。

梳头除了具有较好的养生功用外，还可以治疗神经衰弱、高血压病、动脉硬化、神经性头痛等慢性疾病，特别是对脱发、白发和斑秃的防治效果较理想。

（四）击掌

手掌中央存在着有助于增强心脏功能、开发大脑潜力的重要感受器，只要在此处进行强刺激，对开发大脑潜力很有帮助。击掌就是应用这一原理的一种养生方法。

击掌方法很简单，先将双手向头上伸展，强烈地拍击手掌 3 次，接着将向上方伸展的双手改为平举在胸前，再拍击 3 次。手掌合起来拍击时会发出"啪啪"的声音，这种声音通过听觉神经而传到大脑，具有提神醒脑的作用，而拍击手掌的刺激传感也具有增强大脑记忆的功能。

第十章　日常简易健身方法和自然力锻炼

第一节　日常简易健身方法

一、步行

步行是人类最原始的运动。通过50万年人类历史和几万代人种的特征遗传，步行这个动作已成为人类必需的生理性活动。健身走是人们有意识地利用日常生活中必不可少的活动——步行，进行的天天走，走得多些、速度快些的一种以健身为目的的运动方式。它是最简单、最易于练习的一种健身运动，对人体健康有很大作用。"人老先从腿上老"，一个人脚力的强弱与这个人的健康状况密切相关。所以，有些国内外专家认为，"最好的医生是自己，最好的运动是步行"。

（一）步行健身的要领与方法

普通的步行和健身步行不同，只是慢走的话，肌肉几乎不太费力，因此效果极小。要增进健康，走路步伐必须比平常幅度大、速度快且持续时间较长些。

步行健身法的要领：以每分钟步行90～120米的速度，每次步行40～50分钟，一周3～4次。手臂尽量摆幅大些，步伐长度要相当于身长的45%～50%，每分钟心率数宜保持在最大心率数（220－年龄）的60%～70%。

人在早晨5时30分、上午9时30分、下午5时由于交感神经兴奋性较强，激素分泌较多，体内具有较强的调节能力，这时运动中枢兴奋，是进行运动锻炼的好时机。所以，在上午进行步行锻炼时，9时左右是较为理想的锻炼时间。

平常人行走的速度是每分钟60～70米，为了提高步行效果，以这个速度行走必须持续1小时以上。年轻人用每分钟80米的速度步行，中老年人用每分钟75米的速度步行是比较合适的速度，如果将步行的速度提高到每分钟90～100米，就能达到预防中老年性疾病、增强体力的目的。按照这种步行方法去运动，每天用10～15分钟，每周2～3次，将运动同生活有机地结合起来，使之制度化、规律化，就可以既充实生活，也增强体质。

白天和晚间的身体生理机能有一定的差别，白天交感神经占主导地位，

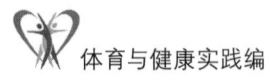

表现在呼吸和心率明显加快,血压升高,这样比较适合于运动;与此相反,傍晚是副交感神经占主导地位,大脑皮层中的"睡眠中枢"兴奋,人就感觉昏昏欲睡。很多人白天没有时间运动,想利用晚间运动,但是这个时间进行锻炼效果欠佳,且易导致疲劳。傍晚应到室外去散步,不需在意步行距离的远近。这样有利于调节情绪,消除精神上的紧张,身体稍感疲乏,为睡眠创造有利的条件。

(二) 制订健身走的锻炼计划

健身走,可以使伸肌力量增大5～7公斤。步行时,由于下肢肌肉和机体许多肌肉得到活动,可以防止肌肉萎缩。科学研究表明:步行的速度越快、持续时间越长、路面坡度越大,则身体负担越重,表现为心肌收缩加强、心搏加快、心排血量增大,这对心脏是有效锻炼;每天步行少于1小时的男子,心脏局部贫血率比每天步行1小时以上的男子高出4倍。

一日之中,健身走的最好时间是早晨,因为早晨大地复苏、空气新鲜、机体活跃、精神饱满,利于运动。

(三) 健身走锻炼的注意事项

1. 速度

对每个人来说,走的速度取决于自身的健康状况。刚开始锻炼,以慢速为宜,即每分钟70～90步,每小时3000～4000米;锻炼两周后,可采用中速,即每分钟90～120步,每小时4000～5000米;第四周后就可采用快速,即每分钟120～140步,每小时5000～7000米。健身走锻炼最好匀速进行,不要时快时慢或走走停停。

2. 时间

为达到健身目的,步行时间以每天60分钟为宜。同时,要持之以恒,使60分钟制度化。然而,毕竟不是所有人每天都能抽出1个小时专门进行锻炼,那么就要注意从日常生活、工作和学习中寻求不同途径多走多动。例如,上学、上班以步代车,步行购物选较远的商店或者以登楼梯来代替乘电梯。由此可见,1天60分钟的步行不必一次走完,可分成2～3次。

3. 距离

步行距离到底应该多远,其决定因素是个体的年龄、健康状况或两者的综合。刚开始时,可进行短距离散步,然后每周增加距离,要注意缓慢增加距离。在走10分钟后测10秒钟脉搏,再乘以6,得出1分钟心率,如果心率在有效指标以下,可以通过加快步行速度或选择坡度较大路段来加大强度以获得较理想的锻炼效果,切不可急于求成。表10－1是以中等速度进行健身走锻炼的计划。

第十章 日常简易健身方法和自然力锻炼

表 10-1 中等速度健身走的锻炼计划

星期	运动内容	时间/分钟	负荷
一	大步走 1000 米 ×3 组	30	稍费力
二	中速持续走 3000 米	35	费力
三	轻松散步	60	很轻松
四	准备活动后快速走	20～25	稍费力
五	持续走 3000 米	35	轻松
六	轻松散步	60	很轻松
日	休息	—	—

4．强度

随着锻炼的深入，步行时间逐渐延长，步行距离逐渐加大，步行的坡度也逐渐加大，其目的是增加步行的量和强度。例如，在 3 度斜坡上走 300 米，接着在平地上步行 300 米，之后渐渐增至在 5 度斜坡上步行 1000 米或 2000 米，再在平地上步行 1000 米或 2000 米，用脉搏数来控制运动负荷的强度。

5．环境

健身走环境的选择与获得良好的健身效果有关系。健身走最好选择车辆少、树木多、空气新鲜的地方，道路宜平坦。遇小雨小雪的天气，如身体状况允许可坚持锻炼，在小雨小雪中散步，别有一番情趣；如身体状况不佳，也可在家中进行，步行同样时间，但要保证室内空气新鲜。

6．衣着

进行健身走锻炼切忌穿紧身或不透气的衣服。鞋应合脚，且以运动鞋、旅游鞋或平底布鞋为宜。

二、健身跑

健身跑是通过跑步有效地增强身心健康的一项群众性健身活动。跑步是人的基本活动技能之一，是人体快速移动的一种动作姿势。跑步和走路的主要区别在于两腿在交替落地过程中有一个腾空阶段。目前，跑步锻炼正在世界范围内蓬勃发展，跑步被人们视为"最完美的运动"而风行全球。

（一）健身跑的要领与方法

只有掌握了正确姿势，跑步时才能跑得快而省力。健身跑的要领：跑步时，上体要保持正直略微前倾，头与上体成一条直线，不要左右摇晃，两臂

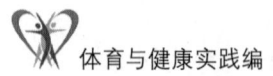

的正确摆动除了能维持身体平衡,还能协调两腿的蹬地和摆动动作,加快跑的速度。正确的摆臂动作:两手自然半握拳,肘关节适当弯曲,以肩关节为轴前后摆动,尽量做到前摆不露肘,后摆不露手,并且注意不要耸肩。

两腿后蹬是推动身体前进的动力。后蹬时,应积极有力,髋、膝、踝三个关节充分伸直,腿的充分前摆可以加大跑的步伐;前摆时,大腿放松,顺惯性向前自然摆动。

跑步是一项体力消耗比较大的运动。在跑步过程中,要通过肺吸收大量氧气和排出二氧化碳。肺的换气量是否充分、呼吸动作是否正确,是延缓疲劳出现的关键。

跑步时,最好用鼻子呼吸,因为鼻腔黏膜有丰富的血管,能对吸进的空气起到加温润湿的作用。但在呼吸又深又急的情况下,光用鼻子呼吸有时不够顺畅,这就需要用口协助呼吸,但嘴不要张得太大,以免嗓子过干。

呼吸要慢而深,有一定的节奏。呼气要用力,尽量将肺里的残气吐完,只有呼出较多的废气,才能吸进较多的新鲜空气,让身体得到更多的氧气。

呼吸的节奏,一般是两步一呼、两步一吸,也可以三步一呼、三步一吸。随着跑速的加快,呼吸深度应加深,节奏加快,以满足身体对氧气的需要。

在进行强度较大的跑步练习时,呼吸频率增加很快,可能达到平时的两倍,初次练习者往往会感到呼吸困难。首先,要适当安排运动负荷的量和强度,从实际出发,量力而行;其次,要注意呼吸动作,及时调整呼吸节奏和加大呼吸深度。

(二) 制订健身跑的锻炼计划

无论男女老幼,健身跑锻炼都应持之以恒。若停止练习4~12周,训练水平就会开始下降;若停止练习4~8个月,便会重新回到当初未参加锻炼时的状况。

健身跑锻炼应加强计划性,健身跑锻炼计划见表10-2。

表10-2 健身跑锻炼计划

星期	运动内容	时间/分钟	负荷
一	一般徒手操,持续慢跑3000米	25~30	轻松
二	走跑交替(5分钟走+5分钟跑)×3	30	稍费力
三	一般准备活动,各种球类游戏	40	轻松
四	一般徒手操,持续跑5000米	35~40	稍费力

续表 10-2

星期	运动内容	时间/分钟	负荷
五	走跑交替（5分钟走+5分钟跑）×3	30～40	轻松
六	一般徒手操，持续跑 3200 米	25～30	较轻松
日	休息	—	—

经过几周锻炼，待机体完全适应新负荷后，应该尽量跑到出汗的程度，这样有利于排出代谢产物。

（三）健身跑锻炼的注意事项

冬季气温低，体表的血管遇冷收缩，血流缓慢，肌肉的黏滞性增加，韧带的弹性和关节灵活性降低，所以在长跑前一定要做好准备活动，防止运动损伤。每天练长跑，因出汗多，水分消耗多，需要适当补充因出汗而丢失的水分和盐分，但不要喝太多水或喝生水，要分多次喝少量淡盐水。夏季长跑最好选在凉快的清晨或傍晚。饭前、饭后不宜长跑；饭前练长跑会出现低血糖症；长跑结束后应做些整理活动，然后再休息 30 分钟，用温水漱口，喝温开水再吃饭比较合适。

要想真正达到有氧锻炼的效果，跑步必须使心率达到一定的训练水平，使之在水平上保持至少 20 分钟。每周至少训练 3 次。要确定训练水平的高低，应先弄清锻炼者的最大心率。要想确定锻炼者是否达到训练水平，可在跑步数分钟后测一下脉搏次数，算出每分钟心跳次数。此外，也可在跑步后立即测量脉搏。如果心率不超过 100 次/分，则说明未达到训练水平，应适当增加运动量；如果跑步后心率超出 100 次/分，这就提醒锻炼者应适当减少运动负荷。

经过一段时间健身跑锻炼后，体质或健康状况如何，可以通过 12 分钟慢跑健康测定法来确定。

三、冷水浴

冷水浴是一种利用自然因素锻炼的方法。冷水浴能提高机体对寒冷刺激的适应能力，当人体一接触冷水刺激时，皮肤血管急剧收缩，使大量血液流向人体深部组织和器官；继而，皮肤血管又扩张，大量血液又流向体表。这样，全身血管都参加了舒缩运动。这种血管一舒一缩的锻炼，可以增加血管的弹性，有利于防治动脉硬化、高血压和冠心病。进行冷水浴锻炼时，血液的重新分配和骨髓造血功能的增强，能使血液里的红细胞和血红蛋白增多，从而使人面色红润、精力充沛。同时，这种锻炼能使人皮肤弹性增加、皱纹

消失，因此具有较显著的美容作用。冷水浴还可通过加深呼吸、增加膈肌活动度、加大肺通气量等形式增强肺功能；通过促进胃肠蠕动，能有效地改善消化功能；通过增加热量释放、减少脂肪在皮下堆积，起到减肥的功效。冷水浴适用于防治心血管疾病、慢性支气管炎、肺气肿、胃下垂、便秘等疾病，还适用于以减肥、美容、提高免疫力、防衰老等为目的的锻炼。

（一）冷水浴锻炼的要领与方法

冷水浴锻炼的要领：冷水浴最适宜的水温是 20 ℃；冷水浴的方法按作用由弱到强依次为擦身、冲洗、淋浴、游泳等；一般从冷水擦身开始，适应后再转入较强的方法，并坚持到秋天或冬天；开始锻炼时间宜短，2～3 分钟即可，以后逐渐延长到 10～15 分钟，一般认为不宜超过 15 分钟；如水温低于 20 ℃ 则时间应相应缩短，水温越低，时间应越短。

冷水浴的方式有很多种，最常见的有以下四种：头面浴，就是用冷水洗头洗脸；脚浴，即双脚浸在冷水中，水温可从 20 ℃ 左右开始，逐渐降到 5 ℃ 左右；擦浴，即用毛巾浸冷水擦身，但是用力不可太猛，时间也不宜太长，适可而止；淋浴，先从 35 ℃ 左右温水开始，渐渐降到用常温水洗浴。

（二）冷水浴锻炼的注意事项

冷水浴应该循序渐进、坚持不懈，坚持锻炼才能收到预期的效果；剧烈活动后不宜马上进行冷水浴；饭后不宜马上进行冷水浴；进行冷水淋浴或游泳前必须做准备活动，应在身体发热后进行；体质虚弱、患有严重器质性疾病、发热者及酒后、妇女经期不宜进行冷水浴；进行冷水浴锻炼时，要注意自我感觉和体重等变化，如出现身体不适、体重减轻、失眠和食欲下降等症状，应暂停冷水浴。

需要注意的是，并不是人人都适合冷水浴这种方法健身。有些人的皮肤对冷水敏感，遇到冷水就会产生过敏症状，如起疹子、生紫斑等，这类特殊体质的人就不能进行冷水浴。此外，严重高血压病、冠心病、风湿病、空洞性肺结核、坐骨神经痛以及高热患者都不可进行冷水浴。

四、远足（徒步）

徒步，并不是通常意义上的散步，也不是体育竞赛中的竞走项目，而是指有目的地在城市的郊区、农村或者山野间进行中长距离的走路锻炼，徒步也是户外运动中最为典型和最为普遍的一种。由于短距离徒步活动比较简单，不需要太讲究技巧和装备，因此，常被认为是一种休闲的活动。

（一）徒步行走的要领与方法

徒步行走不单是腿部运动，而且是全身运动，练习者应注意通过摆臂来平衡身体、调整步伐、控制节奏。最好的行走速度是走而不喘，心率尽量不要超过 120 次/分，肩沉背挺，用腹部深呼吸，全脚掌触地，从脚跟到脚尖位移。任何时候都要按自己的节奏行走，不要时快时慢、时跑时停，尽量保持匀速。

刚开始进行徒步时可以放缓一点，让身体每个部分都先预热，有个适应过程，5～10 分钟后才加快步伐。行走过程中，从安全角度出发，队员之间应该保持合理的距离，一般为 2～3 米，这样有人因各种原因暂停时，如系鞋带、脱衣服、喝水等，暂停的队员与前进的队员就不会互相影响。一般情况下，暂停的队员靠右边停留，前进的队员从左边超过，与迎面而来的其他队伍相遇时，也是按我右他左，礼貌相让通过；暂停的人员与队伍的安全距离一般在白天不能超过 10 分钟路程或者 200 米，夜晚必须在 5 分钟路程或者 20 米以内。在行走过程中，要养成良好的习惯，集中精力行走，不要边走边笑、打闹嬉戏，更不能大声歌唱，以避免分散其他队员的注意力和消耗自己的体能。

上坡时，身体重心应在脚掌前部，身体稍向前倾；下坡时，身体重心放在后脚掌，同时降低身体重心，身体稍微下垂。无论上坡、下坡，对于坡度较大的坡道，应走"之"字形，尽量避免直线上下，这是一种相对安全的走法。上坡或下坡时，手部要攀拉的石块、树枝、藤条，一定要用手先试拉，看看是否能够受力，才去做其他攀爬上或爬下的动作。经常有队员因为拉的是枯萎腐烂的树枝、藤条而跌倒受伤。

行走中的休息也要讲究方法，一般是长短结合、短多长少。行走途中的短暂休息尽量控制在 5 分钟以内，并且不卸掉背包等装备，以站着休息为主，调整呼吸。长时间休息以每走 60～90 分钟休息一次为好，休息时间为 15～20 分钟。长时间的休息应卸下背包等所有负重装备，先站着调整呼吸 2～3 分钟，再坐下，不要一停下来就坐下休息，以免加重心脏负担。自己或者队员之间可以互相按摩腿部、腰部、肩部等肌肉，也可以躺下，抬高腿部，让充血的腿部血液尽量回流心脏。谨记：休息是主动且积极的，而不仅仅是躺下休息这么简单。

（二）徒步时的补水要求

徒步行走时，应带足够的饮用水，每人每天约 3 升水，根据天气情况来增减，宁多勿少。如果途中溪流、湖塘、沟河有水补给，一定要先观察水源的情况，如是否有人畜活动，是否有动物尸体倒于水旁，有无粪便、毛虫污染，是否发黑发臭，然后根据观察到的情况，采取沉淀、过滤、离析等方法处理后再饮用。一般情况下，先用少量水涂擦嘴唇，等过了 3～5 分钟后，嘴唇不发麻发痒、无臭无味才可饮用。野外补充的水，有条件的话最好煮沸

5分钟后再饮用。喝水要以量少次多为原则，同时，喝水也是主动的，不要等口渴了才被动喝水。每次喝以两三小口为宜，太渴时可以缩短喝水的时间，增多喝水次数，一次喝水太多，不仅身体吸收不了，而且会增加心脏的负担。一般徒步等户外运动消耗水分的补充方式是每15分钟喝250毫升的水为宜。正常的徒步时间里排尿也应该是每4小时一次，可以通过观察排解的尿液颜色，了解自己体内水分脱失症状：尿液呈深黄色、微感口渴、脉搏速度正常为轻微脱水症状；尿液呈暗黄色、口内黏膜干燥、口渴、脉搏速度加快为中度脱水症状；无尿液、脸色皮肤苍白、呼吸急促、口渴昏睡、脉搏快且无力为重度脱水症状。

（三）徒步时的注意事项

（1）最好结伴而行，至少3个人以上，途中可以互相帮助，互相照顾。但结伴的人也不宜太多，否则容易互相干扰，行动不便。行李要少而轻，而且要带一些常用药。

（2）出发前，应对所需要经过的地区各方面的情况、自己的身体状况（如有下肢血管病、皮肤溃疡及扁平足症者不宜徒步旅行）以及当时的气候条件有所了解。

（3）夏季徒步旅游时，要避开上午11时至下午3时这段最热的时间，要戴帽子，水壶灌满水，以免中暑。解渴要适可而止。最好准备一壶清茶水，适当加些盐。清茶水能生津止渴，加些盐可防止流汗过多而导致体内盐分不足。

（4）要掌握步行的速度，一般是全程的两头稍慢、中间稍快。开始行走要慢行，几天后再加快速度。每天途中应大休息一次，一般在中午。休息地点应避免烈日直晒和低洼、潮湿处。

（5）要保证足够的睡眠时间和营养的补充，不要长时间仅食用干粮，要尽量多吃新鲜的水果、蔬菜。

（6）徒步时，较为理想的是穿旅游鞋或专用的徒步鞋。因为这种鞋有一定的弹性而且轻便、透气、防滑，不仅能对身体起到适度的缓冲作用，还能减少因长距离行走而引起的脚胀。也可以穿半新半旧的胶鞋，不宜穿太大或太小的新皮鞋。万一选鞋不对或步姿不正，行走中感到脚的某个部位有疼痛或摩擦感，可在该处贴上一块医用胶布或在鞋的相应部位贴一块单面胶。一般情况下，这样做可以防止脚起泡。

（7）如果是去长途徒步旅游，出发前最好先进行几次适应性训练，然后逐渐加大运动量，以增强耐力。行走时，用脚掌着地，用力要适中，保持身体平衡。

（8）每天徒步步行结束后要用温水洗脚，以解除疲劳。脚掌有水泡时，可用针（先用酒精棉球擦一下或在火上烧一下）穿孔引出水，再涂上红药水，防止感染。切记不要将皮撕下，这样既容易发生感染，也会加重脚部的疼痛。

（9）徒步上山时，身体要略向前倾，攀登陡峭山坡应走"之"字形路线；下山时，身体应稍后仰，放松下肢肌肉，以免腰腿酸痛。

（10）徒步旅行应根据自己的身体条件确定每日的行程，一般每小时走4000～5000米。每走一程，可选择林荫道、凉亭等处休息15分钟，以恢复体力。

（11）绕远路也有一番乐趣。不要经常走同样一条路，不妨绕远路、看看周围环境。因为气候、季节的不同，景色有不一样的变化。有时不妨停下脚步好好观察，说不定有新发现。

第二节　自然力锻炼

自然力锻炼是利用日光、水、空气等自然因素进行防病治病的一种锻炼方式。它是人与自然和谐统一的体现。

一、水浴

水浴主要是利用水的温度、机械性质、化学成分的刺激，达到防治疾病的目的。水浴的种类繁多，按温度划分有冷水浴、凉水浴、温水浴、热水浴、桑拿浴等，按成分划分有淡水浴、海水浴、药物浴等，按作用部位可分为全身浴、局部浴等。

（一）水浴的原理和作用

1. 温度刺激

人必须保持相对恒定的体温，才能维持正常的生理活动。这就要求身体要随着外界环境的温度变化时刻进行体温的调节。人的体温调节主要受大脑的支配，是非条件反射。其调节机理是受血液温度的影响（当温度升高的血液流经大脑时，刺激体温调节中枢，产生一系列降低体温的变化，其结果是产热少而散热多；反之，则产热多而散热少）和神经反射的影响（温度作用于皮肤并传入大脑，大脑发出冲动信号，传到产热和散热器官，以影响其活动）。

水浴的作用机制主要是通过水的温度来实现的，其影响几乎波及身体的各个部位。首先，对皮肤的影响。皮肤有丰富的血管，毛细血管扩张时，可容纳全身血液的1/3；毛细血管收缩对体液循环有重要影响。皮肤还分布着大量与内脏有密切联系的神经末梢，水浴对神经末梢的影响，间接作用于大

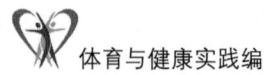

脑和内脏器官。水浴对心血管系统的影响取决于水的温度及持续的时间。一般认为，水温寒冷能提高人的心肌功能，改善心肌营养。其次，对肌肉系统的影响。短时间的冷水刺激可提高肌肉的应激能力，增加肌力，减少疲劳；而长时间的冷水刺激则会使肌肉僵直。温热作用可解除肌肉痉挛，提高肌肉工作能力，减轻疲劳。

热水浴可使汗水分泌增强，汗液大量排出，有害代谢产物及毒素也随之排出。因为体温升高，氧化过程加速，代谢率增高，反之则降低。冷水浴能增进食欲，促进营养物质的吸收；温水浴能减缓代谢过程。

2. 机械刺激和化学刺激

水浴的机械刺激包括压力、浮力和冲击作用。静水压力可加强呼吸运动，加强血液循环；浮力可治疗强直性关节炎；水流的冲击作用可使血管扩张。

水浴的化学刺激主要指水中所含的矿物质和人工加入的某些矿物质、盐类、药物对机体的刺激。

（二）水浴方法

1. 桑拿浴

桑拿浴又称"芬兰浴"，是在木制小屋内利用高温或高温蒸汽环境进行沐浴的一种水浴方法。桑拿浴可分为干蒸和湿蒸两种。

桑拿浴可使血液循环加快、毛孔变大，汗液分泌增强，汗液大量排出，有害代谢产物及毒素也迅速排出体外。其对于关节炎、肌肉痉挛以及其他运动系统疾病有一定的疗效。但由于桑拿浴房间的氧气较少，故沐浴时间不要过长，同时心脏病、高血压病等患者要慎用。

2. 冷水浴和冬泳

（1）冷水浴。冷水浴对肌肉扭伤、血肿、急性炎症有一定的疗效。由于作用部位等的不同，冷水浴还有不同的疗效，如坐浴可治疗张力性便秘、膀胱无力等症（肾脏疾病患者禁用）。而冷水浸浴（水温低于 20 ℃）则可以强力兴奋神经、提高肌肉的张力，但心血管疾病患者要慎用。

（2）冬泳。在 20 ℃水温中游泳，热量的散发是基础代谢条件下的 5 倍，在 5 ℃水温下游泳 5 分钟所消耗的热量相当于陆上长跑 1 小时消耗的热量。人体免疫功能中有一种叫 T 细胞的淋巴细胞，它会随着年龄的增长而活性降低和数量减少，这也将导致人到中年后容易患某些疾病，如胃病、十二指肠溃疡、冠心病、高胆固醇血症、类风湿关节炎、骨质增生、支气管炎和肿瘤等。这些疾病的产生与人体的免疫功能下降有密切的关系，而常年坚持游泳特别是冷水游泳（冬泳）是预防和治疗这些疾病最有效的方法之一。

二、日光浴

日光浴俗称"晒太阳",它是利用太阳的热辐射照射人的皮肤,以达到防病治病目的的一种健身方法。日光是人类赖以生存的不可缺少的条件,但是切不可滥用,以免引起日射病、皮肤癌等疾病。

(一)日光浴的原理

太阳的光谱包括紫外线(波长390纳米以下)、可见光(波长390~760纳米)和红外线(波长760纳米以上)。紫外线对机体的作用随波长发生变化:波长200~205纳米的部分有杀菌作用;波长275~325纳米的部分可促进钙、磷的吸收,预防佝偻病,改善神经功能;波长290~330纳米的部分可提高机体生命过程,促进结缔组织增生。此外,紫外线还能刺激血液再生、增强免疫力、改善糖的代谢等。

可见光有提高情绪和劳动效率的作用;红外线有兴奋作用,紫蓝光线有抑制作用,青色光线有镇静作用。可见光线还有提高新陈代谢、促进氧气吸收和二氧化碳排泄的作用。

(二)日光浴的方法

日光浴应选择在日光充足的地方,如阳台、沙滩、河岸、旷地等地。在炎热的季节,海滨宜选在7—9月的上午9—11时,下午3—4时;在春秋季,北方地区以上午11—12时为宜。照射时间依个人身体状况和日光强度而定,一般第一天照射5分钟,第二天增至10分钟,逐渐增加到30~60分钟,每7次休息一天,25~30次为一个疗程。

(三)日光浴的适应证和注意事项

日光浴广泛适用于体质虚弱、传染病恢复期、贫血、痛风、神经官能症、早期高血压病、糖尿病、肥胖症、佝偻病、骨关节疼痛、湿疹、足癣等疾病。

日光浴不适用于肺结核、动脉硬化、胸膜炎、心脏病、中枢神经器质疾病、偏头痛、有出血性倾向的疾病和各种急性病,以及发热、心动过速等症状,月经期也不适用。

日光浴时如出现不适感应减少治疗时间或停止。此外,日光浴还应遵循循序渐进的原则。风太大或温度太低时不宜进行日光浴。日光浴时要注意保护头部,不宜在空腹或饭后立即进行。同时,注意不要在日光下暴晒,如确需进行,应使用一些防晒用品,以免晒伤皮肤。

三、空气浴

纯净的空气是一种无色无味的混合物,其主要成分包括氮气(约占

78%)、氧气（约占21%），以及二氧化碳气体和其他一些惰性气体。氧气含量丰富的空气，能使机体的代谢能力增强，精神饱满，体力和脑力活力明显增强。森林浴就是空气浴的一种，森林中氧气的含量丰富，可改善机体的基础代谢并提高其活力。另外，植物花草散发的芳香气味能使机体代谢过程加强，精神振奋。有些树脂香味如松脂等具有镇静作用。森林中的空气清新，含有充足的负离子。因此，森林浴具有镇静、镇痛、促进食欲等作用，可使血压下降、心脏功能增强、毛细血管扩张，能有效增强机体的免疫力，具有健身怡心的功能。

（一）森林浴的实施方法

森林浴可分为温暖（气温20 ℃～30 ℃）、凉爽（气温14 ℃～20 ℃）和寒冷（气温6 ℃～14 ℃）三种。进行温暖森林浴时，可尽量少穿衣服，在森林中静坐或漫步10～15分钟，以后每天增加15分钟到1小时，每日1次，1～2个月为一个疗程。进行凉爽森林浴时，应逐渐脱去外衣，做深呼吸5～10分钟，以后每天增加10分钟到半小时，每日1次，1～2个月为一个疗程。进行寒冷森林浴时，活动一段时间后可逐渐脱去外衣，若体质较好，可只穿单衣，每次可渐增至20分钟，每日1次，1～2个月为一个疗程。

（二）森林浴的适应证及注意事项

进行森林浴时没有严格的禁忌证，春天对花粉过敏者和对冷空气过敏的鼻炎患者可酌情采用。

四、泥沙浴

泥沙浴主要是利用泥沙中的微量元素防治某些疾病的一种保健方法。我国的地质状况丰富多样，不同的地区泥沙中的微量元素不同，因此，在不同地区进行泥沙浴的疗效也不尽相同。在进行泥沙浴时，一定要根据泥沙中所含的微量元素进行有针对性的治疗。另外，进行泥沙浴时的温度一般应在25 ℃～35 ℃范围内。

第十一章　大学体育与健康课程目标和内容纲要

第一节　传统运动项目

一、篮球

（一）教学目标

（1）使学生掌握基本的篮球运动技战术和运动技能，喜爱并积极参与篮球运动，形成自觉锻炼的习惯。

（2）使学生掌握有效提高身体素质、全面发展体能的知识并能用其科学地进行身体锻炼。

（3）培养学生乐观豁达、积极参与、团结协作、开拓创新的精神。

（二）教学内容纲要

1．理论部分

（1）篮球运动的起源。

（2）世界篮球运动、我国篮球运动的发展。

（3）篮球运动的锻炼价值。

（4）篮球运动的特点（场地和器材）。

①篮球运动的场地：比赛场地的端线、边线、中线、中圈、罚球线、限制区和罚球区、三分线。

②篮球运动的器材：篮板、球篮、篮球。

2．实践部分

实践部分包括基本技术、篮球战术和专项体能训练三部分。

其一，基本技术，主要内容：

（1）热身运动。

（2）脚步的基本动作：进攻的基本步法、防守的基本步法。

（3）传球。

（4）接球。

（5）运球。

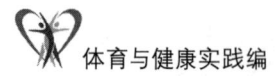

(6) 投篮：单手投篮、走篮、下手走篮、上手走篮、篮板球。

其二，篮球战术，主要内容：

(1) 进攻战术。

①掩护配合：前掩护、侧掩护、后掩护、行进间掩护、运球掩护。

②传切配合。

③突分配合。

(2) 防守战术。

①关门防守。

②穿过配合。

③挤过配合。

(3) 进攻区域联防。

①进攻"2-3"区域联防战术。

②进攻"3-2"区域联防战术。

③进攻"1-3-1"区域联防战术。

④进攻"2-1-2"区域联防战术。

其三，专项体能训练，主要内容：

(1) 下肢力量素质练习。

(2) 胸肌练习。

(3) 三角肌练习。

(4) 三头肌练习。

(5) 二头肌练习。

(6) 腹肌练习。

(7) 长跑练习。

(8) 跳绳练习。

二、足球

（一）教学目标

(1) 使学生掌握基本的足球运动技战术和运动技能，喜爱并积极参加足球运动，形成自觉锻炼的习惯。

(2) 使学生掌握有效提高身体素质、全面发展体能的知识并能用其科学地进行身体锻炼。

(3) 培养学生乐观豁达、积极参与、团结协作、开拓创新的精神。

（二）教学内容纲要

1. 理论部分

(1) 足球运动的起源、发展、特点、价值（介绍）。

（2）足球运动规则（介绍）。

2．实践部分

（1）基本技术（选教或介绍）。踢球是指有目的地用脚把球击向预定目标的技术，包括助跑、支撑脚站位、踢球腿的摆动、脚触球、踢球后的随前动作。在上述五个动作中，支撑脚站位、踢球腿的摆动、脚触球是主要的技术。

（2）各种踢球技术动作要领。踢球的方法很多，主要有脚背内侧踢球、脚背正面踢球、脚背外侧踢球，以及脚尖踢球和脚后跟踢球。

（3）战术（重点内容）。足球运动是一项对抗性的运动项目，它是由进攻和防守这对矛盾所组成的。足球战术是指比赛双方为了充分发挥个人与集体的特长，进攻对方弱点，取得比赛胜利所采用的手段和方法。根据攻防的基本特点，足球战术可分为比赛阵型、进攻战术、防守战术三大部分。在进攻和防守战术中，又可分别包括个人、集体与全队的攻防战术。战术基础配合一般可以分为两种：一是进攻基础配合，即个人和二三人的局部进攻战术；二是防守基础配合，其战术主要有选位与盯人、局部的防守配合、全攻防守。

三、排 球

（一）教学目标

（1）使学生掌握排球运动中的步法及垫球、发球、传球、扣球等基本技术，了解排球运动的基本知识、规则、排球裁判法、比赛的组织编排方法。

（2）培养学生对排球运动的爱好兴趣，增强学生的运动能力和身体素质。

（3）通过排球课程的教学和身体素质的练习，促进学生身体全面发展，达到健康教育的目的。

（二）教学内容纲要

1．理论部分

（1）排球运动的起源、传播与繁衍。

（2）排球运动的比赛方法与特点。

2．实践部分

实践部分包括基本技术、排球战术、排球竞赛工作三部分。

其一，基本技术，主要内容：

（1）准备姿势：稍蹲准备姿势、半蹲准备姿势、低蹲准备姿势。

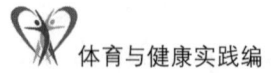

（2）移动技术：并步与滑步移动、交叉步移动、跨步移动。
（3）发球技术：正面上手发球、正面下手发球。
（4）垫球技术：正面双手垫球、背垫、接发球垫球。
（5）传球技术：正面传球、背传球、顺网正面传球。
（6）扣球技术：正面扣球、扣近体快球。
（7）拦网技术：单人拦网、双人拦网。

其二，排球战术，主要内容：
（1）排球战术的基本理论：排球战术的概念和分类、战术意识。
（2）阵容配备，位置交换，"自由人"运用。
（3）集体进攻战术：进攻阵型。
（4）集体防守战术：接发球及其阵型、接扣球防守及其阵型。
（5）战术教学与训练："中、边二传"进攻阵型的教学。

其三，排球竞赛工作，主要内容：
（1）竞赛工作：竞赛制度、编排与成绩计算方法。
（2）裁判工作：场地、器材、设备、主要规则及裁判方法、鸣哨和手势。

四、乒乓球

（一）教学目标

通过乒乓球运动的基本技术、战术以及专项素质的练习，增强学生体质，促进学生身心健康、协调发展，培养学生的体育意识和能力，使学生养成良好的思想品质和优良作风，锤炼其拼搏精神。

（二）教学内容纲要

1. 理论部分

（1）乒乓球运动概述。
（2）乒乓球运动简史。
（3）乒乓球运动的特点及其锻炼价值。
（4）乒乓球裁判法及竞赛法简介。

2. 实践部分

实践部分包括基本技术、基本战术两部分。
其一，基本技术，主要内容：
（1）握拍方法、基本站位和基本姿势。
（2）发球：发平击球、奔球、正手左侧上（下）旋球、反手右侧上（下）旋球。

（3）接发球：挡球、搓球、攻球、拉攻、削球。
（4）推球：挡球、快推、加力推、减力挡。
（5）搓球：慢搓、快搓、快摆。
（6）攻球：正手攻球、反手攻球、正手扣杀球、拉攻。
（7）步法：跨步、并步、跳步、交叉步。

其二，基本战术，主要内容：
（1）发球抢攻战术。
（2）接发球战术。
（3）搓攻战术。
（4）对攻战术。
（5）拉攻战术。

五、羽毛球

（一）教学目标

（1）通过学习羽毛球运动的知识，使学生掌握羽毛球运动的基本技术、战术，并在实践中加以锻炼。

（2）通过羽毛球运动，增强学生身体素质，培养学生体育锻炼的兴趣，使学生养成积极、勇敢、进取的意志品格。

（二）教学内容纲要

1．理论部分

（1）羽毛球运动概述：羽毛球运动的竞赛方法，羽毛球运动的特点、锻炼价值及意义。

（2）羽毛球运动的发展概况：世界羽毛球运动的起源与传播、发展趋势。

2．实践部分

实践部分包括基本技术、网前上手击球技术、下手击球技术、基本步法和基本战术五部分。

其一，基本技术，主要内容：
（1）羽毛球握拍法：正手握拍法、反手握拍法。
（2）羽毛球发球与接发球法。
①发球法：正手发高远球、正手发网前球、反手发网前球。
②接发球法：单打站位、双打站位。
（3）羽毛球基本击球法（手法）：后场高空球击球技术包括高球、吊球、杀球。

其二，网前上手击球技术，主要内容：

（1）网前放网：正手放网前球、反手放网前球。

（2）搓球：正手网前搓球、反手网前搓球。

（3）挑球：正手网前挑球、反手网前挑球。

其三，下手击球技术，主要内容：

（1）挑球技术：正手挑球、反手挑球。

（2）抽球技术：正手抽球、反手抽球。

（3）勾球技术：正手勾球、反手勾球。

其四，基本步法，主要内容：

（1）起动。

（2）移动：垫步、交叉步、小碎步、并步、蹬转步、蹬跨步、腾跳步。

（3）回动：上网移动步法、两侧移动步法、前后场连贯移动步法。

其五，基本战术，主要内容：

（1）单打战术：压后场战术、发球抢攻战术、控制网前战术、打四方球结合突击战术、打对角线战术。

（2）双打战术：攻人战术、攻中路战术、攻后场战术、后攻前封战术、防守战术、防守球路战术。

六、网球

（一）教学目标

（1）通过网球运动教学，使学生树立"健康第一"的思想，培养其自觉参加体育锻炼、在体育学习中提高运动兴趣的意识，为终身体育奠定良好的基础；使学生能初步掌握网球运动的基本技术、基本战术及练习方法。

（2）通过网球教学，提高学生速度、爆发力、灵敏性等素质以及相互协作配合的集体主义精神；使学生初步了解网球运动的特点、发展趋势与动态，初步了解网球运动的比赛基本规则与裁判法。

（3）通过参加网球运动，使学生增进健康、增强体质、提高体能，强化大学生的社会适应能力，促进其身心全面发展。

（二）教学内容纲要

1. 理论部分

（1）网球运动概述、网球比赛的方法、网球运动的特点及锻炼价值。

（2）我国网球运动的发展概况，世界网球运动的起源与传播、发展历程及趋势。

2. 实践部分

实践部分包括基本技术和基本战术两部分。

其一，基本技术，主要内容：
（1）球性练习：球拍托球、抛球、接球。
（2）站位、准备姿势。
（3）移动步法：滑步、交叉步、小碎步。
（4）握拍法：正手东方式和半西方式、反手双手握拍。
（5）正手击球、反手击球。
（6）发球、接发球。
（7）高压球、挑高球。
其二，基本战术，主要内容：
（1）单打战术。
①上网型打法：发球上网、随球上网、接发球上网、偷袭上网、伺机上网、放小球上网。
②底线型打法：对攻、拉攻、侧身攻、紧逼攻、防反攻。
③综合型打法。
（2）双打战术。
①站位：前后站位战术、澳式站位战术、双底站位战术。
②发球局战术：发球上网战术、发球上网抢网战术、澳式网前站位战术。
③接发球局战术：双上网战术、接发球抢网战术、接发球双底线战术。

七、瑜伽

（一）教学目标

（1）结合瑜伽运动的特点，在教学过程中培养学生积极参与运动和团队协作的意识，勤学苦练、勇于拼搏的精神，热爱集体、文明守纪、敢于克服各种困难与压力等思想品质。

（2）向学生讲授瑜伽的基本理论知识、运动特点、锻炼价值等，使学生对瑜伽有较全面的了解，从而热爱瑜伽运动。

（3）根据学生的生理心理特点，陶冶情操，增强体质，塑造健美的形体，促进学生身心全面发展。

（4）培养学生运用瑜伽进行体育锻炼的基本能力，掌握瑜伽最基本的锻炼方法、卫生保健知识、预防运动损伤的方法，为养成经常锻炼身体的习惯、建立终身体育意识打下良好的基础。

（二）教学内容纲要

1. 理论部分

（1）瑜伽的定义、瑜伽的分类、练习瑜伽的意义和作用、瑜伽发展概况。

（2）瑜伽术语（基本术语、专门术语）及术语的运用。

（3）瑜伽的特点、锻炼形式、基本动作与组合。

2．实践部分

（1）瑜伽呼吸：胸式呼吸、腹式呼吸、瑜伽完全呼吸。

（2）瑜伽基本坐姿与手印。

①基本坐姿：常坐、散盘坐、半莲花坐、莲花坐、钻石坐。

②基本手印：掌心向下——平静，掌心向上——心胸开阔，智慧手印——大拇指和食指相扣，能量手印——大拇指和无名指、中指相扣，生命手印——大拇指和无名指、小指相扣，流体手印——大拇指和小拇指相扣，双手合掌。

③瑜伽体位法：肩颈部位练习、脊柱练习、腿部组合练习、腹部组合练习、拜日式、平衡类练习。

④瑜伽洁肠功法。

（3）专项体能训练。

①速度素质训练。

②耐力素质训练。

③力量素质训练。

④柔韧性及灵活性训练。

八、艺术体操

（一）教学目标

（1）掌握基本的艺术体操徒手练习和器械练习的基本内容与方法，使学生喜爱并积极参与练习，养成自觉锻炼的习惯。

（2）从理论与实践两方面指导学生遵循艺术体操锻炼的原则，创造性地进行学习与锻炼，有效提高身体素质。

（3）学生通过艺术体操的锻炼，增强体质，塑造形体，娱乐身心，培养高贵气质，提高审美意识和审美水平。

（二）教学内容纲要

1．理论部分

（1）艺术体操的产生、分类、特点及意义（介绍）。

（2）艺术体操规则（介绍）。

（3）艺术体操锻炼与观赏指导。

①关于艺术体操锻炼的提示与效果评定。锻炼提示包括全面发展，循序

渐进，持之以恒，因人而异，因地制宜。效果评定包括专项身体素质评定，基本技术评定，运动员技术等级标准评定。

②艺术体操的观赏指导。

2. 实践部分

(1) 艺术体操基本动作练习：熟练和规范基本动作，重点在规范。

①把杆：立、擦地、蹲、划弧、小踢、屈伸。

②地上练习：勾绷脚，腿的吸、伸与外开，踢腿，下叉。

③基本步伐：柔软步、足尖步、碎步、小跑步。

④舞姿与舞步：舞姿（阿拉贝斯克、阿蒂迪德），舞步（华尔兹舞步、波尔卡基本步、点地波尔卡、交叉步波尔卡、变换步）。

⑤跳跃：小跳、大跳、跳转。

⑥转：双脚支撑的转、单脚支撑的转。

⑦平衡：燕式平衡、侧搬腿平衡。

⑧柔软与波浪：地面上三向劈叉、向前全身波浪、上体后屈至水平以下。

(2) 艺术体操徒手小组合分为单一型组合和综合型组合。

①单一型组合：舞姿组合、跳步组合。

②综合型组合：初级组合、高级组合。

(3) 艺术体操器械练习能充分发挥专项器械对人的锻炼作用。

①绳：握法、基本动作、组合范例。

②圈：握法、基本动作、组合范例。

③球：握法、基本动作、组合范例。

④纱巾：握法、基本动作、组合范例。

⑤扇：握法、基本动作、组合范例。

九、健美操

（一）教学目标

(1) 使学生能够较全面地了解健美操运动，掌握健美操的基本理论知识和技术、技能。

(2) 帮助学生发展有助于形成体力充沛、健康生活方式的知识、技能、态度和行为。

(3) 使学生树立正确的审美观，提高观赏能力，陶冶高雅情操。

(4) 培养学生良好的体育锻炼习惯和终身体育的意识，实现学生身体、心理、社会的整体健康。

(5) 培养学生良好的体育道德和合作精神，使学生能够正确处理竞争与合作的关系。

（二）教学内容纲要

1. 理论部分

（1）健美操的概念、起源与发展。

（2）健美操的分类与特点。

（3）健美操的锻炼价值与审美作用。

（4）健美操的基本术语、音乐与编排。

（5）健美操竞赛规则简介及欣赏。

2. 实践部分

实践部分包括身体姿态训练、健美操基本动作、健美操组合动作和专项素质练习四部分。

其一，身体姿态训练，包括头、肩、胸、腰、髋、身体波浪。

其二，健美操基本动作，主要内容：

（1）基本步伐：交替类、迈步类、点地类、抬起类、双腿类，七大类基本步伐（吸腿跳、踢腿、开合跳、弓步跳、弹踢腿跳、踏步、跑跳）。

（2）基本手型：掌（并掌、开掌、立掌）、拳（空心拳、实心拳），西班牙舞手型、剑指、V指、响指等。

（3）手臂动作：摆动、举（上举、前举、侧下举、侧上举、侧举）、屈与伸（胸前上屈、胸前平屈、肩侧上屈、肩侧屈）、绕与绕环等。

其三，健美操组合动作，主要内容：

（1）步伐组合动作 4×8 拍。

（2）手臂组合动作 4×8 拍。

（3）大众健美操成套动作。

其四，专项素质练习，主要内容：

（1）柔韧素质：压肩、把杆前侧压踢腿、体侧屈。

（2）灵敏素质：十字跳、绳梯、"T"形跑。

（3）力量素质：卷腹、仰卧举腿、俯卧背起、简易贴地俯卧撑。

（4）耐力素质：平板支撑、靠墙静蹲、连续原地纵跳。

（5）平衡能力：单足站立、提踵站立。

十、哑铃操

（一）教学目标

（1）运动参与目标：培养学生对哑铃操的兴趣，使学生掌握哑铃操的练习方法，并养成自觉练习的习惯，为终身体育打下良好的基础。

(2) 心理健康目标：根据自己的能力确定哑铃操的学习目标，自觉通过哑铃操运动改善心理状态，增强自信心，克服心理障碍，养成积极乐观的生活态度。在哑铃操组合运动中，享受运动乐趣，体验成功的感觉。

(3) 身体健康目标：通过哑铃操运动实践，增强学生体质，增进学生身心健康水平，改善学生形体，培养学生端庄体态，同时提高学生动作韵律感与协调性，以及对美的鉴赏能力。

(4) 运动技能目标：使学生掌握哑铃操运动的基本知识、基本技术和基本技能。

(5) 社会适应目标：通过哑铃操锻炼，促进学生之间的交流与交往，树立团结合作的精神，建立良好的人际关系，提高社会适应能力。

(二) 教学内容纲要

1. 理论部分

(1) 哑铃操运动的起源、发展概况。
(2) 哑铃操基础理论。
(3) 哑铃操编排方法与要求。
(4) 哑铃操比赛的欣赏与裁判法。

2. 实践部分

实践部分包括基本技术和身体素质两部分。

其一，基本技术，主要内容：
(1) 基本手型。
(2) 基本步伐。
(3) 哑铃操成套动作的学习。
(4) 伸展练习组合。
(5) 基本步伐组合。

其二，身体素质，主要内容：
(1) 力量素质。
(2) 速度素质。
(3) 耐力素质。
(4) 柔韧素质。
(5) 灵敏素质。

十一、排舞运动

(一) 教学目标

通过排舞运动的基本技术动作的学习，使学生能够掌握其动作与音乐的

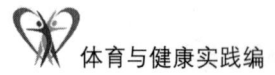

协调配合以及韵律感，提高学生各项身体素质，并且在活动中增强自信，充分展现自我，培养学生创新精神；在排舞运动的展示过程中，体验成功的喜悦感，培养学生良好的心理状态，促进身心健康发展，形成良好的团队合作精神。

（二）教学内容纲要

1. 理论部分

理论部分包括排舞运动概述、排舞运动的分类与特点、全国排舞运动评分规则三部分。

其一，排舞运动概述，主要内容：

（1）排舞运动的起源。

（2）国际排舞运动的全面发展。

（3）中国排舞运动的兴起与发展。

其二，排舞运动的分类与特点，主要内容：

（1）排舞运动的分类。

①按照舞步组合结构，可分为完整型排舞、组合型排舞、间奏型排舞、表演型排舞四大类。

②按照舞步组合变化的方向，可分为一个方向的排舞、两个方向的排舞、三个方向的排舞、四个方向的排舞四大类。

（2）排舞运动的特点。

①文化传承与文化创新的循环性。

②舞蹈元素与音乐风格的融合性。

③舞步规范与自由形式的共存性。

④网络传播途径的充分运用。

其三，全国排舞运动评分规则，主要内容：

（1）总则。

（2）舞步、音乐编排。

（3）裁判法。

2. 实践部分

实践部分包括排舞运动基本技术和成套舞谱两部分。

其一，排舞运动基本技术，主要内容：

（1）排舞运动基本术语。

①动作方向术语：时钟 12:00 方向、时钟 3:00 方向、时钟 9:00 方向、时钟 6:00 方向、顺时针方向、逆时针方向。

②排舞运动的基本名词术语：排舞（line dance）、编舞者（choreographer）、音乐名（music）、演唱者（singer）、每分钟拍数（BPM）、拍子

（count）、方向/遍（wall）、舞蹈水平（level）、初级（beginner）、中级（intermediate）、高级（advance）、前奏/介绍（count in/intro.）、开始（start）、舞蹈顺序（sequence）、小节/章节（section）、段落/部分（part）、结束（end）、间奏（tag/bridge）、重新开始（restart）、重复（repeat）、步伐（step）、脚［foot（ft）］、右脚［right（rf）］、左脚［left（lf）］、脚尖（toe）、脚跟（heel）、归位（home）、原地（in place）、前面（front）、后面（back）、侧面（side）、斜角（diagonal）、头（head）、手（hand）、面向（face）、膝盖（knee），切分音（syncopated），顺时针［clockwise（cw）］、逆时针［counter-clockwise（ccw）］。

③排舞运动的动作术语（standing step）：刷地（brush/scuff）、退（back）、击掌（clap）、交叉（cross）、拖步（drag）、扇步（fan），进（forward）、轻弹（flick）、跟弹（heel bounce）、跟点（heel dig）、跟磨（heel grind）、跟开（heel split）、跟拍（heel tap）、顶髋（hip bump）、抬/吸起（hitch）、停顿（hold/freeze）、勾提（hook）、单足跳（hop）、跳（jump）、踢（kick）、提起（lift）、锁步（lock）、弓步（lunge）、点（point）、抖肩（shimmy）、滑冰步（skate）、滑步（slide）、踏步（stomp）、摇摆（sway）、扫步（sweep）、旋步（swivel）、踢踏步（tap）、触点（touch）、并步（together）、转（turn）、扭转（twist）。

（2）排舞运动的步伐技术。

排舞运动的步伐术语（traveling step）：抛锚/支撑步（anchor step）、苹果杰克（apple jack）、平衡步［balance step（waltz）］、恰恰步（cha cha cha shuffle chasse）、查尔斯顿步（charleston）、海岸步（coaster step）、骆驼步（camel step）、兜风步（cruising）、桃乐茜步（dorothy）、扇形步（fan）、藤步（grapevine/vine）、跟掌交叉步（heel ball cross）、爵士盒步（jazz box），跳（jump）、踢换脚（kick ball change）、锁步（lock）、曼波步（mambo step）、夜总会二步［night club（basic）］、摇摆（rock）、摇椅步（rocking chair）、伦巴盒步（rumba box）、水手步（sailor step）、桑巴步（samba step）、剪刀步（scissors step）、趾踵步（strut）、糖果步（sugar step）、旋步（swivel）、开关步（switch）、闪亮步［twinkle（waltz）］、纺织步（weave）。

（3）排舞运动的转体技术。

排舞运动的转体术语（turning step）：定轴转（pivot turn）、交叉转（cross unwind turn）、藤转（rolling vine）、蒙特利转（monterey turn）、划桨转（paddle turn）、三连步转（triple）、全转（full turn）、螺旋转（spiral turn）。

其二，排舞运动成套动作舞谱（略）。

十二、游泳

(一) 教学目标

(1) 使学生了解游泳的基本知识。
(2) 使学生较熟练地掌握熟悉水性的基本技能。
(3) 使学生较熟练地掌握一至两种竞技游泳技术。
(4) 使学生初步了解水中救护的方法。
(5) 使学生掌握游泳锻炼的方法。

(二) 教学内容纲要

1. 理论部分

(1) 游泳运动的意义：游泳的起源、游泳对增强体质的意义。
(2) 四种游泳姿势简介，包括混合泳和接力比赛简介。
(3) 游泳技术的基础知识：水中的浮与沉，游泳中如何运用浮力，游泳中如何减少阻力，如何利用水的阻力推进身体前进。
(4) 怎样进行游泳锻炼：游泳的卫生常识，游泳前的准备运动，游泳锻炼的方法，冬泳注意事项。

2. 实践部分

(1) 熟悉水性。
①水中站立，行走。
②水中呼吸。
③浮体、滑行（蹬壁或蹬池底后）。
(2) 蛙泳技术。
①腿部动作：收腿、翻脚、鞭状蹬水。
②臂部动作：划水轨迹及"高肘"。
③呼吸：早呼吸、晚呼吸技术。
④完整动作配合（臂与呼吸、臂腿与呼吸的完整配合）。
⑤出发与转身："抓台式"出发、摆动式转身、一次潜泳滑行。
(3) 爬泳技术。
①腿部动作：鞭状打水。
②臂部动作："高肘"划水与"S"形划水路线、两臂配合。
③呼吸与臂、腿动作配合。
④出发与转身："抓台式"出发，摆动式转身。
(4) 仰泳技术。
①腿部动作：鞭状踢水。

②臂部动作：直臂移臂、屈臂划水。

③呼吸与臂、腿动作配合。

④出发与转身。

（5）水上救护技术。

①踩水。

②间接救护：利用器材救护。

③直接救护：靠近溺水者去拖带的方法。

④水中解脱方法。

⑤自我救护。

（6）专项素质。

①耐力：水上长游，陆上长跑、跳绳、游泳模仿练习。

②力量：陆上橡皮筋拉力、举重等练习。

③速度：陆上短跑。

④柔韧性：垫上运动、健美操等。

十三、武术

（一）教学目标

（1）使学生了解武术的起源、发展，武术的内容、分类和特点，武术的健身价值，学会识图。掌握武术基本功和基本动作，学会武术套路。

（2）使学生掌握有效提高身体素质、全面发展体能的知识并进行身体锻炼。

（3）培养学生坚忍不拔、顽强拼搏、团结协作的优良品质。

（二）教学内容纲要

1．理论部分

其一，武术运动的起源与发展。武术是中国传统的体育项目。经过漫长的发展后，武术摄取养生之精髓，集技击之大成，形成以中国传统文化为理论基础，以内外兼修、术道并重为鲜明特点的较为系统的技术体系和众多门派。正是由于中国传统文化的滋养和哺育，使得武术生生不息、博大精深。同时，武术凝结了不同历史时期中国各民族的智慧和知识，形成不同流派、不同风格。

其二，武术的内容分类、特点和健身作用。

（1）武术的内容分类。

①拳术：长拳、太极拳、南拳、形意拳、八卦拳、通臂拳等。

②器械：刀、剑等短器械，枪、棍、大刀等长器械，双刀、双剑、双枪

等双器械，九节鞭、绳镖、流星锤等软器械。

③对练：两人以上按照固定套路所进行的套路练习，包括徒手对练、器械对练、徒手与器械的对练等。

④攻防技术：两人按照一定规则而进行的具有实战意义的搏斗形式，有散手、推手、短兵三项。

(2) 武术的特点和健身作用。

2. 实践部分

其一，武术的基本功和基本动作。基本功和基本动作一般包括肩、臂、腰、腿、手、步，以及跳跃、平衡等练习。在练习过程中可穿插一些徒手动作的连接组合练习。通过基本功和基本动作的练习，可使身体各部位得到较全面的训练，并能较快地发展武术运动的专项身体素质，为学习拳术、器械套路和提高技术水平打下良好的基础。

(1) 肩臂练习：增进肩关节韧带的柔韧性，加大肩关节的活动范围，发展臂部力量，提高上肢运动的敏捷、松紧、转动等能力，为学习和掌握各种拳、掌等手法提供必要的专项素质。主要方法有压肩、绕环、抡臂等。

(2) 腿部练习：发展腿部的柔韧性、灵活性和力量等素质。练习方法有压腿、搬腿、劈腿和踢腿。

(3) 手型手法练习：运用拳、掌、勾三种手型，结合上肢冲、架、推、亮等运动方法进行练习。如冲拳、架拳、推掌、亮掌。

(4) 步型步法：弓步、马步、虚步、仆步、歇步、坐盘、丁步、击步、垫步。

(5) 拳术组合：拗弓步冲拳—弹腿冲拳—马步架打—歇步盖打—提膝仆步穿掌—虚步挑掌。

其二，武术套路，主要内容：

(1) 预备势：压把穿指—转身平指—弓步分指—虚步接剑。

(2) 第一段：弓步直刺—回身后劈—弓步平抹—弓步左撩—提膝平斩—回身下刺—挂剑直刺—虚步架剑。

(3) 第二段：虚步平劈—弓步下劈—带剑前点—提膝下截—提膝直刺—回身平崩—歇步下劈—提膝下点。

(4) 第三段：并步直刺—弓步上挑—歇步下劈—右截腕—左截腕—跃步上挑—仆步下压—提膝直刺。

(5) 第四段：弓步平劈—回身后撩—歇步上崩—弓步斜削—进步左撩—进步右撩—坐盘反撩—转身云剑。

(6) 结束动作：虚步持剑—并步站立。

十四、蔡李佛拳

(一) 教学目标

(1) 通过对民族传统体育项目——蔡李佛拳的教学,使学生初步掌握蔡李佛拳的基本原理、基本技术、基本特点和运动方法。

(2) 通过练习,提高学生的力量、耐力、协调能力、灵敏性等身体素质,达到强健身心的目的。

(3) 培养学生的锻炼兴趣和习惯,以及吃苦耐劳的意志品质和团结协作精神,增进学生对民族传统体育的认识和了解,提高学生对民族传统体育文化传承的实践能力。

(二) 教学内容纲要

1. 理论部分

理论部分包括蔡李佛拳概述、技术特点及其锻炼价值三部分。

其一,蔡李佛拳概述。创始人陈享,字典英,广东新会京梅乡拱北人,生于清嘉庆十九年(1814)七月初十,出身于农民家庭。12 岁跟随叔父陈远护练习佛家拳,17 岁代叔任教于坑头村及会城。19 岁拜远走江湖重归故里的李友山为师,学技 5 年,后闻罗浮山隐居还俗僧人蔡福乃少林高僧,于是再远道求师,得拜蔡福门下,居罗浮山多年,技成下山,陈享已 34 岁。返乡后,陈享设洪圣馆于新会城,广收徒众,更积极参加"天地会"组织,广结同道,暗地里推行"反清复明"。他潜心将所学三师之技,熔冶于一炉,取其精华,更集自己心得体会,大胆创新,编成拳械套路,取名"蔡李佛"。

其二,蔡李佛拳的技术特点,主要内容:

(1) 身型端正,腰活肩松,动作舒展大方,活动幅度大,套路结构的活动范围比南派各家都大。

(2) 步法稳健而灵活,快速而多变,有"定步如座钟,活步似浮云"之称。

(3) 腿法凌厉而速疾,有"脚似流星"之喻,更有"无影脚"之称。多屈伸性腿法,一发连环,更兼手脚齐发。

(4) 手法较全面,长、中、短桥手并用,左右开弓,讲究攻防法配合,"姜子槌"是独特的手型。

(5) 动力充沛,刚柔相济,刚而不僵,势雄力猛,有推山移海之势;柔而不软,手如轮转,多以圆弧运动,有四两拨千斤之妙;力点准确,用力顺达,多用爆发力,有如小锤敲破大石之象,一触即发。

(6)吸气以蓄劲,呼气以助发力,发声更为吐气以助发力,发声与动作配合,助威助势。蔡李佛拳以"域""的""益""吓""鹤"五音为本门标式。虎爪发"域",踢腿发"的",出拳发"益",蛇形发"吓",鹤形发"鹤",最常用的为"益""的""域"三种发声,故有听发声"益""的""域"者则可知为蔡李佛派之说。

蔡李佛拳的套路丰富,有拳术套路38套、器械套路63套、对拆套路44套、桩法22桩。拳术套路分为初、中、高三级。

其三,蔡李佛拳的锻炼价值。蔡李佛拳作为一种民族传统武术,长期练习不仅可以强身健体、竞技比赛,还可以陶冶情操,是培养青少年高尚道德品质的良好手段。

(1)对心血管系统的影响:一名武术运动员每天要练习拳术和器械套路15～20套(不包括基本功练习)。这些练习对身体的影响无疑是十分巨大的,心血管系统机能正是在不断接受这样大刺激的过程中,逐步得到提高和强化的。

(2)对呼吸系统的影响:练习武术对呼吸系统的要求也是极高的。例如,进行初级长拳这种简单的套路练习,呼吸频率可达31～34次/分,肺通气量可达20～29升/分,氧债达70%～80%,氧债完全消除需8～9分钟,也就是说呼吸系统机能增强的现象一直要持续8～9分钟才恢复正常。因此,经常练习武术可以增强呼吸系统的机能。

(3)对神经系统机能的影响:练习武术时要求身体各部位肌肉协调配合。同时,武术运动要求"动迅静定",一动就要像闪电流星那样快速,一静就要像山岳一般的安稳。这就锻炼了神经系统的机能。

(4)对肌肉力量和关节柔韧性的影响:武术专业学生的背肌力量要好(山羊挺身持续时间比普通学生长19～77秒),腹肌力量也强(仰卧起坐次数比普通学生多36～46次)。

除了对身体健康有好处,武术还有其他运动不具备的优点,如受时间、季节限制小等。此外,不同的拳种和器械有不同的动作、技术要求,分别适应不同年龄、性别、体质的人群的需求,人们可以根据自己的条件和兴趣爱好进行选择练习。武术"内外合一,形神兼备"的特点,既能从内而外地锻炼我们的身体,又能陶冶我们的情操。所以说,武术不仅是中国的优秀传统文化,还是一项有益身心的运动。

2. 实践部分——蔡李佛拳(北胜)套路

预备式—盘桥虎爪—左虎爪—单掠翼—双掠翼—单掠翼—双掠翼—单掠翼—子午照镜—回头照镜—败马挂拳—左割手—上步顶掌—搭箭拉弓—投石问路—紫微捧印—白鹤亮翅—魁星踢斗—怀中抱月—吊马双分手—抱拳敬

礼—左割手—挂拳顶掌—回头敬礼—偷步穿手（右）—偷步穿手（左）—偷步穿手（右）—转身撒手—回头照镜（左）—回头照镜（右）—败马挂拳—四平双分—并脚收步—懒虎伸腰—双飙指—展翅式—屈肘平肩—托天式—佛指双垂—双弓手—怀中抱月—顶肘收拳—挂拳顶掌—左割手—回头盘扫—双缠手—回头撑掌—带马归槽—回头阴插—吊马割手—左单拦手—猫儿洗面（右）—猫儿洗面（左）—左割手—反手擒拿—子午阴插（右）—右割手：吊马—右单拦手—猫儿洗面（左）—猫儿洗面（右）—右割手：吊马—反手擒拿—子午阴插（左）—吊马双分手—半跪抓阴—半跪穿手—左割手：半跪—反手擒拿—半跪阴插—右侧蹬脚—挂拳顶掌—双缠手—卸马反撞—四平顶掌（左）—右虎爪—转身抓拿—双虎爪—带马归槽—右侧蹬脚—挂拳顶掌—左割手—盘桥扫拳—飙撞拳—吊马穿手—左割手—飙马阳插—左扫脚—右扫脚—盘桥虎爪（左）—左割手—盘桥扫拳—飙撞拳—吊马双分手—四平顶掌—回头穿手—右扫脚—偷步双挂拳—转身挂扫—上马反撞—挂拳顶掌—左割手—盘桥扫拳—侧撞拳—吊马双分手—四平顶掌—回头挂扫（左）—回头挂扫（右）—两仪抛拳（右）—两仪抛拳（左）—两仪抛拳（右）—卸马挂扫—半挂劈拳—盘桥扫拳—飙撞拳—扭马顶掌—左割手—上马虎爪—撩阴脚—回头照镜—回头撑掌—退马顶掌—转身挂扫—上马反撞—挂拳顶掌—左割手—盘桥扫拳—飙撞拳—吊马穿手—四平阳插—飙马阴插—双缠手—走马反撞—退马顶掌—转身挂扫—败马挂拳—转身挂扫—败马挂拳—走马盘扫—偷步挂拳—走马盘扫—偷步挂拳—走马盘扫—飙撞拳—吊马双分手—四平顶掌—回头穿手—提脚双分手—雁落平沙（右）—雁落平沙（左）—雁落平沙（右）—败马双挂拳—转身挂扫—上马反撞—挂拳顶掌—左割手—盘桥扫拳—飙撞拳—吊马双分手—四平顶掌—回头穿手—左割手—反手擒拿—子午阴插—紫微捧印—吊马双分手—抱拳敬礼—收拳回步—还原式（结束）。

十五、跆拳道

（一）教学目标

（1）跆拳道课程是以身体练习为主要手段，学生通过合理的、科学的体育锻炼，达到增强体质、促进健康和提高体育素养等目标。

（2）跆拳道的搏击性较强，能够培养学生坚韧向上的作风。跆拳道练习讲究礼仪、修养，可使学生在行为规范和道德修养方面得到提高和发展。

（3）通过学习跆拳道，学生可以掌握锻炼身体的方法和手段，提高自身的速度、反应力、灵敏性、力量和耐力素质，改善人内脏器官的机能和人体神经系统的灵活性。

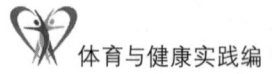

（二）教学内容纲要

1. 理论部分

（1）跆拳道运动概述。跆拳道是现代奥运会正式比赛项目之一，是一种主要使用手及脚进行格斗或对抗的运动。练习跆拳道的基础是柔韧性，其根本是速度，其灵魂是技术，其保证是耐力。

（2）跆拳道运动简史。

（3）跆拳道运动精神：礼仪、廉耻、忍耐、克己、百折不屈。

（4）跆拳道运动礼仪——跆拳道精神的体现。

（5）跆拳道基本国际用语。

（6）跆拳道运动的特点及其锻炼价值。

①以腿法为主，拳脚并用。

②动作追求速度、力量和效果，以击破为测试功力的手段。

③强调呼吸，发声扬威。

④以刚制刚，方法简练。

⑤礼始礼终，内外兼修。

（7）跆拳道裁判法及比赛规则简介。

2. 实践部分

实践部分包括竞技、品势、战术三部分。

其一，竞技技术，主要内容：

（1）基本步法：前滑步、后滑步、侧滑步、垫步。

（2）基本腿法：前踢、横踢、下劈、侧踢、双飞、后踢、后旋（后摆）。

（3）基本站姿：开式、闭式。

其二，品势技术，主要内容：

（1）基本步法：平行步、三七步、弓步、辅步。

（2）基本拳法：正拳、上格挡、下格挡、内格挡、外格挡、手刀。

其三，基本战术，主要内容：

（1）根据对手的特点进行有针对性的对抗。比如，在跆拳道比赛中，对手是一位擅长防守的选手，那么在对打的时候，需要做好防守，拼耐心，让对手失去耐心从而发起进攻，在对手的进攻中寻找破绽将其打倒。

（2）若对手是进攻性的选手，则做好防守，让对手在无数次的进攻中无功而返，打击对手的自信心，让对手快速地消耗体能，在对手出现无耐心和体力不济的状态时，发起进攻，从而赢得比赛。

（3）摸不到对手的进攻防守规律时，需要静下心来，随机应变，不可着急，不可焦虑，多观察一会儿，摸清楚对手的进攻防守规律，最后赢得比赛。

（4）如果自身优势大，则应结合技术和身体的优势，选择自己擅长的战术，在技术、力量、速度上进行压制性的打击，发挥最佳潜能，打倒对手。

（5）使用敢拼敢打的战术。在激烈的对抗中，果断大胆，面对弱势的对手，可以从气势上压倒它，从而赢得比赛。

十六、健美健身

（一）教学目标

（1）身心健康目标：增强学生体质，促进学生身心健康和谐发展，使学生养成积极乐观的生活态度，形成健康的生活方式，具有健康的体魄。

（2）运动技能目标：使学生熟练掌握两项以上健美健身运动的基本技能、基本理论知识及裁判方法，能科学地进行体育锻炼，掌握常见运动损伤的处理方法。

（3）终身体育目标：使学生积极参与各种体育活动，基本养成自觉锻炼身体的习惯，基本形成终身体育的意识，能编制可行的个人锻炼计划，具有一定的体育文化欣赏能力。

（二）教学内容纲要

1．理论部分

（1）健美健身运动概述。

（2）健美健身训练的方法与原则、计划与安排、测量及评定方法。

2．实践部分

（1）姿态健美、基本动作。

（2）预备体姿，器械的握法、握距和握位。

（3）健美健身运动的动作速率、重量的选择。

（4）促进胸部、颈部肌肉发达的动作。

（5）促进肩部、臂部肌肉发达的动作。

（6）促进背部、腰部肌肉发达的动作。

（7）促进腹部、腿部肌肉发达的动作。

（8）减脂的有效方法。

（9）分部组合训练法和分化训练法。

（10）负荷训练课程的编排，抓举动作练习。

（11）动作造型：规定动作、自由动作等。

十七、体育保健

（一）教学目标

（1）使学生能够了解影响体育运动参加者身心健康和运动能力的各种内外因素，并能选择相应的体育保健措施，制订并执行训练计划。

（2）使学生能够了解并掌握体育运动参加者的身体发育、健康状况和运动训练水平的评定方法，为合理安排和组织体育教学、运动训练和比赛提供科学依据，并给予医务监督。

（3）使学生能够掌握常见运动性伤病的病因、发生规律及其防治措施。

（4）使学生能够掌握按摩的基本知识、手法和应用，医疗体育的基本知识、手段和应用。

（二）教学内容纲要

根据人体生命活动的基本特征和影响人体生命活动的各种因素之间相互制约的内在联系，以及学校体育要使受教育者终身受益的要求，使学生掌握人体保健的基本理论和基本知识，熟知人体在体育运动中的保健规律和措施，了解不同性别、不同年龄阶段人群的体育保健特点和要求，为将来从事体育与健康工作、指导人们从事符合生理规律的运动提供理论依据和有关的知识与技能。

（三）基本内容

1. 绪言

（1）体育保健学的意义。

（2）研究体育保健学的目的。

（3）体育保健学的任务和内容。

2. 运动与环境

（1）体育锻炼卫生。

（2）环境对人体及运动能力的影响。

（3）运动建筑、设备卫生。

3. 运动与营养

（1）基础营养。

（2）健康膳食指导。

（3）营养、健身运动与慢性病。

（4）运动员营养。

4. 运动与人的行为和生活方式

（1）健康的行为和生活方式。

（2）促进健康的积极生活方式——合理的体育运动。

（3）身体健康与心理健康。

5．运动性疲劳

（1）运动性疲劳概述。

（2）判断疲劳的简易方法。

（3）消除运动性疲劳的方法。

6．运动性疾病

（1）过度训练。

（2）运动应急综合征。

（3）晕厥。

（4）运动性贫血。

（5）运动性腹痛。

（6）肌肉痉挛。

（7）运动性血尿。

（8）运动性中暑。

（9）冻伤。

（10）运动性脱水。

（11）运动性猝死。

7．运动损伤概述

（1）运动损伤的概念与分类。

（2）运动损伤的直接原因。

（3）运动损伤的发病规律和潜在原因。

（4）运动损伤的预防。

8．运动损伤的病理和处理

（1）开放性软组织损伤的病理与处理。

（2）闭合性软组织损伤的病理与处理。

9．运动损伤的急救

（1）急救基础知识概述。

（2）出血的急救。

（3）急救包扎的方法。

（4）骨折的急救。

（5）关节脱位的急救。

（6）心肺复苏。

（7）搬运伤员的方法。

（8）抗休克。

10. 运动损伤的治疗与康复

（1）中草药疗法。

（2）针灸疗法。

（3）拔罐疗法。

（4）按摩疗法。

（5）物理疗法。

（6）固定疗法。

（7）伤后的康复锻炼。

11. 常见运动损伤

（1）软组织挫伤。

（2）肌肉拉伤。

（3）关节韧带损伤。

（4）滑囊炎。

（5）腱鞘炎。

（6）疲劳性骨膜炎。

（7）骨骺损伤。

第二节　新兴运动项目

一、软式排球

（一）教学目标

（1）使学生基本掌握软式排球传球、垫球、发球等基本技术，加强各基本技术之间的配合、串联，培养战术意识。

（2）使学生在发展一般身体素质的基础上加强专项素质的训练，增强学生体质。

（3）使学生初步了解软式排球竞赛规则和组织竞赛方法，培养部分学生能担任竞赛裁判工作。

（4）培养学生集体主义精神，树立高尚的体育道德和勇敢顽强的良好作风。

（二）教学内容纲要

1. 理论部分

（1）软式排球运动概述。

（2）软式排球技战术分析。

（3）软式排球的竞赛规则与裁判法简介。

2．实践部分

实践部分包括基本技术、基本战术和组合练习三部分。

其一，基本技术，主要内容：

（1）准备姿势与移动。

（2）传球：正面双手传球。

（3）垫球：正面双手垫球。

（4）发球：正面下手发球、侧面下手发球。

（5）扣球：介绍正面扣球。

（6）拦网：介绍单人拦网。

其二，基本战术，主要内容：

（1）"中一二"接发球进攻阵型。

（2）"边一二"接发球进攻阵型。

其三，组合练习，主要内容：

（1）发球、垫球、传球组合练习。

（2）扣球、防守组合练习。

（三）身体素质

（1）一般身体素质：《国家学生体质健康标准》规定项目。

（2）专项身体素质。

①速度：3米往返移动，30米冲刺跑。

②耐力：速度耐力（如全场折返跑），弹跳耐力。

③力量：上肢力量，下肢力量，腰腹肌力量。

（四）注意事项

（1）通过教学，学生明确学习目的、端正学习态度。

（2）通过直观教学法、语言教学法、完整法和分解法等多样教学手段激发学生学习兴趣，学生建立正确的技术动作概念。

（3）贯彻巩固性原则，反复练习，增加触球次数，形成牢固的技术定型。

（4）在教学中应因材施教，注意学生的个体差异，使不同特点的学生均得到相应的发展。

二、软式网球

（一）教学目标

（1）软式网球课是具有极强的观赏性和趣味性的课程。通过本课程的学习可明显改善人体心肺功能，塑造健美体形，全面提高身体素质。

（2）培养学生树立终身体育观念，全面提高学生的身体素质。

（二）教学内容纲要

1. 理论部分

（1）了解软式网球运动的起源与发展史。

（2）理解软式网球运动的规则与裁判法，学会欣赏软式网球赛事。

2. 实践部分

实践部分包括基本技术、正拍平击球的技术动作和要求、正拍击球的练习方法、器材要求和软式网球的比赛方法五部分。

其一，基本技术，主要内容：

（1）握拍方法。多采用网球西方式握拍法，即将球拍平放，以握拍手虎口部位放在拍柄处，手指围绕拍柄握拢，这种方法便于发力。正反拍击球不变换拍面。

（2）抽击球多采用平击球，网前抢网或中场截击采用平推截击。

（3）发球和高压球一般采用平击或削击的方法。

（4）战术打法有双打，一般采取一前一后站位，后面队员称为"后卫"，前面队员称为"前卫"。后卫主要在底线活动，用抽击球威胁对手，同时为本方前卫创造抢网的机会。前卫一般在网前活动，主要任务是抢拦对方的抽击球和扣杀对方挑出的高球。

其二，正拍平击球的技术动作和要求。

软式网球以正拍击球为主，快速移动、灵活的步法、正确的正拍击球动作是制胜的关键。现将击球的几个重要环节的技术动作要求提示如下。

（1）握拍方法：从硬网东方式握拍法的握拍位置再向右（指右手握拍者）转动1/4。

（2）左手的作用：在准备击球前，左手应托着拍颈；在准备击球时，左手可向后推拍，帮助右手后引，可以迫使击球人开始就转动上体和肩。这对正拍击球是很重要的，不可忽视它的作用。

（3）重视转体和移动重心，要注意转体第一、跨步第二。

（4）引拍的重要作用不容忽视：击一般高度的球，拍头应向上约呈45度；击低球时，拍头应向下不超过45度。

（5）应做好击球后的随挥动作：球离开拍弦，由于击球时用力的惯性，球拍不可能马上停住，必然有前冲的随挥动作。

其三，正拍击球的练习方法，主要内容：

（1）经常不断挥空拍。

（2）击吊球。

(3) 每次课都要安排正拍击球的练习。

(4) 多球练习：由教师连续送球，学生按要求在跑动中完成击球任务。每次练习可采用不同的方法进行。在练习中，教师应随时指出不足，以求改进。这样练习击球强度大，可在反复练习中使击球技术得到巩固、提高，如向右侧移动用正拍连续击球；向左侧退步移动用正拍连续击球；向右侧移动用正拍连续击不同深度的球；击准练习；击球比赛。

其四，器材要求，主要内容：

(1) 软式网球拍的标准规格。

①球拍应由木、金属及其他材料制成，拍框上要穿织网弦。

②球拍长度为69厘米。

③球拍拍框一般呈椭圆形，其长度为32厘米、宽度为22厘米。

④拍柄长度为37厘米。

⑤当球拍穿织网弦的方法给球以特殊影响时，不准再使用这种球拍。

(2) 标准软式网球的规格。

①球是充气的，以白色的橡胶制品为原料制成。

②球的直径为6.6厘米。

③球的重量为30～31克。

④球的弹跳高度：球在比赛场上从1.5米高处落下弹起应为65～80厘米。

其五，软式网球的比赛方法，主要内容：

(1) 每次团体赛由三场双打、两场单打组成，采用五局三胜制。这五场球的比赛顺序是：第一场双打，第二场单打，第三场双打，第四场单打，第五场双打。

(2) 每次团体赛每队可报名4～6名，在一次团体赛中，每个队员最多出场两次。

(3) 第一场和第三场双打运动员不得重复出场比赛。第二场和第四场单打不能由同一队员兼任。

(4) 单打比赛采用七局四胜制，双打比赛采用九局五胜制。

(5) 此方法适用于男、女团体赛。

三、棒球

(一) 教学目标

(1) 通过教学，学生能够掌握棒球运动的基本知识、棒球礼仪、竞赛规则以及基本技战术，全面发展学生身体素质。

(2) 培养学生的团队精神、组织才能及社交能力，发展学生的个性及创造性。

(3) 培养学生对棒球的兴趣爱好，树立正确的体育态度。

(4) 使学生养成良好的体育锻炼习惯。

(二) 教学内容纲要

1. 理论部分

(1) 通过讲解使学生了解棒球运动的起源、我国棒球运动的发展概况，熟悉棒球比赛规则，理解棒球运动的特点及健身意义，养成终身锻炼的体育观。

(2) 通过讲解和练习使学生掌握棒球基本战术，并掌握好基本的裁判准则，培养学生适应社会发展并具有抗压能力的人才。

(3) 使学生充分认识棒球运动的常见损伤、预防运动损伤的重要性，掌握出现运动损伤后的简单处理方法。

2. 实践部分

实践部分包括基本防守技术、基本进攻技术、集体防守战术、集体进攻战术四部分。

其一，基本防守技术，主要内容：

(1) 接球技术：接地滚球、高飞球、平直球。

(2) 传球技术：肩上传球、侧手传球、正手抛球。

(3) 投手技术：下手投球、肩上投球、投变化球。

(4) 封杀技术和触杀技术。

(5) 接手技术和投接手基本配合技术。

其二，基本进攻技术，主要内容：

(1) 击球技术：触击、长打。

(2) 跑垒技术：进垒、踏垒、回垒、滑垒、扑垒。

其三，集体防守战术，主要内容：

(1) 防守站位安排。

(2) 一垒封杀战术。

(3) 一垒、二垒双杀战术。

(4) 夹杀战术。

(5) 防牺牲触击战术。

(6) 防偷垒战术。

其四，集体进攻战术，主要内容：

(1) 击球棒次安排。

(2) 牺牲触击。

(3) 偷垒战术。

（4）打跑结合。

3．**专项素质练习**

（1）速度素质（加速跑、折返跑）练习。

（2）耐力素质（计时跑、越野跑）练习。

（3）力量素质和灵敏性素质练习。

四、垒球

（一）教学目标

（1）经过一学期的系统学习，学生能较全面地掌握垒球运动的基本常识、了解简单的竞赛规则及基本技战术要领，能参与同级别的垒球比赛，形成终身体育锻炼的意识。

（2）能较好欣赏高水平的垒球比赛并享受比赛带来的乐趣，能在学习中学会与人的沟通和合作，同时提高自身身体素质和心理素质，培养良好的团队精神。

（二）教学内容纲要

1．**理论部分**

（1）垒球运动的特点、比赛方法和发展简况。

（2）垒球比赛的场地、规则和裁判法。

2．**实践部分**

（1）进攻技术：击球基本技术（挥击和触击）、跑垒技术。

（2）防守技术：传接球技术，投手投球、接球技术，内场手、外场手接传球技术。

（3）进攻战术：击球次序的编排，牺牲打、偷垒、双偷垒战术。

（4）防守战术：防守站位的安排，防偷垒、防牺牲打、封杀、双杀战术。

（5）比赛实践。

3．**补充教学内容**

（1）跑垒员滑垒、扑垒技术。

（2）投接手的配球技巧。

（3）跑垒员的牺牲触击球及跑打战术。

五、木球

（一）教学目标

（1）使学生掌握木球运动的基本技术和比赛规则。

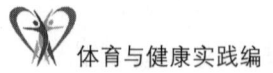

（2）培养学生不畏艰苦的意志品质，树立高尚的体育道德和勇敢顽强的良好作风。

（二）教学内容纲要

1. 理论部分

木球运动概念：木球运动是以球、球杆和球门为运动器具，在天然草地或沙滩地上规划球道，依据规则的规定，用球杆击打球，并逐一将球打过规定球门的一项运动。木球场地通常设置12个球道，在规则规定的范围内，击球杆数最少者获胜。因为木球运动参与者的目的不尽相同，所以木球具有以竞技比赛和休闲娱乐为目的的双重性特征。

2. 实践部分

实践部分包括基本技术、整体攻防战术和木球的比赛规则三部分。

其一，基本技术。木球运动属于对抗性竞技项目，其技术可以分为进攻技术和防守技术。

（1）进攻技术，包括击球（大力击球、轻击球、推拨球）、运球、接球、控制球、射门等。

①击球动作基本要领：准备姿势、挥板、击球时站位、击球的部位。

②击球可以分为大力击球、轻击球、推拨球。

③运球时机：当队员突破且距对方球门较远时，可直线推拨球运球前进；由守转攻进行反击时，控球队员正面无对手阻截且前方较长距离出现空当时；当对手紧逼封堵，向空位推拨球，以躲开对手阻截，寻找空隙。运球就是在奔跑中，运用连续的轻击球或者连续的推拨球。

④接球的基本方法：双手接球、单手握板接球、接空中来球。

⑤控制球。在木球比赛中，由于球以及球运行轨迹的特殊性，如场地大、球速快、人数相对较少等特点，因此，获得球并控制球是比赛的焦点。进攻和防守双方的每一次击打球，都可能失去控球权。比赛中，运动员必须不停地奔跑去抢断、拦截以获得控球权。控制球是将球抢断和拦截下来后，将球置于身体前方，用板头压住球，以身体保护球的方法。

⑥射门技术动作要求：击地滚球射门、击空中球、击反弹球射门，任意球或点球射门，角球射门。

（2）防守技术。木球运动的特点决定了攻防双方均有接、控球的不稳定性。抢断球成为双方积极防守的主要手段。抢断球并且控制球就可以由防守转入进攻。

①抢球。当对手停接球，并用身体保护球时，合理利用身体抢位，将球置于身前。

②断球。在预测到对方传球意图后，先紧贴接球队员，利用身体快速抢

位，主动伸板击球，截断对方队员之间的传接球。

③拦截球。拦截对方击、传球：进攻队员控制球后在击、传球前，必须有调整身体或击球方向的过程。防守队员要利用对方侧身或挥板的间隙，伸板拦截对方的传球或射门。运动中，可直接将板伸向对方击球点。在拦截定位球时，全蹲，同时单手持板于膝关节以下，当判断对方传击球方向时，及时伸板拦截，也可以侧扑倒地横板挡球。

④挡空中球。木球规则规定，不能击打高于膝关节以上的球。当球高于膝关节运行时，可伸球板上前被动挡截球，此时，板头不能有挥击动作；当板触击球时，可以略后侧下压，引球或切球，将球停于体前，也可使球主动触击，改变身体方向。

其二，整体攻防战术，学习木球常见的阵型——"二三"阵型、"二一二"阵型、"三二"阵型。

其三，木球的比赛规则。比赛场地共12球道，每赛道终点设有球门，每4人一组轮流挥杆击球，需完成所有球道的比赛，累计各赛道将球击进球门的杆数，杆数少者为优胜。

六、匹克球

（一）教学目标

（1）通过科学合理地教、学、练，学生初步掌握匹克球的基本技术、战术和科学的锻炼方法，提高学生的速度、力量、灵敏性、柔韧性、反应力等身体素质，培养学生自信心、不怕困难和坚强的意志。

（2）在匹克球双打配合中，学会社会交往，形成良好的合作意识与能力。

（二）教学内容纲要

1．理论部分

（1）匹克球的起源与发展。

（2）匹克球运动的特点与规则。

2．实践部分

实践部分包括基本技术和基本战术两部分。

其一，基本技术，主要内容：

（1）球性练习：行进间正反手颠球、球拍托球接力。

（2）握拍（大陆式、"V"方式）。

（3）发球：正手发球、反手发球。

（4）击球：正手击球、反手击球（单手、双手）。

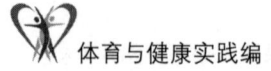

(5) 丁克球。

(6) 截击球。

(7) 吊球、高压球。

其二，基本战术，主要内容：

(1) 单打战术：接球上网。

(2) 双打战术：接发球、第三球短吊球、丁克球技术。

七、体育舞蹈

（一）教学目标

(1) 体育舞蹈课程以身体练习为主要手段，通过合理的体育教育和科学的体育锻炼，达到增强学生体质、增进学生健康、提高学生体育素养的目的。

(2) 培养学生探究学习的习惯，促进学生实践能力和创造能力的形成。

（二）教学内容纲要

1. 理论部分

(1) 体育舞蹈概述：体育舞蹈的概念，锻炼的目的、分类、特点及其发展。

(2) 体育舞蹈的基本知识：体育舞蹈的基本术语、角度、方位、赛场、舞步的方向、体育舞蹈的竞赛。

(3) 体育舞蹈的基本知识、音乐的选择和运用。

(4) 伦巴、华尔兹的基本知识，指定步型的规范及练习方法。

2. 实践部分

实践部分包括基本形体、华尔兹和伦巴三部分。

其一，基本形体，主要内容：

(1) 站立的基本姿势。

(2) 脚的五个基本位置。

(3) 手型。

(4) 手臂的七个基本位置。

其二，华尔兹，主要内容：

(1) 基本动作：前进并换步和后退并换步，左脚并换步和右转步，右脚并换步和左转步，叉形步，侧行追步，前进左转90度和后退左转90度，后退右转90度和前进右转90度。

(2) 慢三指定套路——花样舞步组合。整套组合：左脚并换步（1、2、3）—右转步（1、2、3、1、2、3）—右脚并换步（1、2、3）—左转步

（1、2、3、1、2、3）—叉形步（1、2、3）—侧形追步［1、2（1/2）、3］—右转步（外侧1、2、3）—后退锁步［1、2（1/2）、(1/2)、3］—后叉形步（1、2、3）—纺织步（1、2、3、1、2、3）—右旋转步（1、2、3、1、2、3）—右转步（1、2、3）—重复循环。

其三，伦巴，主要内容：

（1）基本动作：转动律动，移动，前、后、左、右库克拉恰，前进步，后退步。

（2）指定套路——伦巴花样舞步组合。整套组合：基本步（1、2、3、4、5、6）—纽约步（1、2、3、4、5、6、7、8、9）—定点转（1、2、3）—开式扭臀步（1、2、3）—扇形步（1、2、3）—曲棍球步（1、2、3、4、5、6）—基本步（1、2、3）—右陀螺转（1、2、3、4、5、6、7、8、9）—闭式扭臀步（1、2、3）—扇形步（1、2、3）—阿里曼娜（1、2、3、4、5、6）—手接手（1、2、3、4、5、6、7、8、9）—合位（1、2、3）—重复循环。

八、拉拉带操

（一）教学目标

（1）增强体力，使肌肉发达、体形改善，陶冶情操，促进学生的全面发展。

（2）掌握拉拉带操运动的基本动作要领，使学生体会到进行锻炼后的欢愉，培养学生终身体育观念。

（二）教学内容纲要

1．理论部分

理论部分包括拉拉带操概述、拉拉带的构造和握法两部分。

其一，拉拉带操概述。拉拉带操运动是一种轻器械健身运动。它的特点是拉拉带体积小、携带方便，是一种适合在校园课间开展的活动。随着社会的发展，操作电脑者的数量成倍地增长，青少年在十几年的学习中长期处于低头、含胸、弓背的伏案姿态，很容易出现一些不良症状，如背部与颈部肌肉萎缩、脊柱弯曲、精神与身体疲劳加重、肺活量减小等。这迫切需要一种能激起他们的锻炼兴趣、健身效果好，又能健美体姿、促进胸廓良好发育的运动。

其二，拉拉带的构造和握法，主要内容：

（1）拉拉带的构造分为手柄、转带轮、突轮、拉带四部分。

（2）握带法根据拉带的位置分前握带法、反握带法、正握带法三种。

2. 实践部分

（1）预备姿势：双脚并立，手握带两臂下垂（前握带）。

（2）预备节。

①第 8×1 拍（原地踏步击掌）：左脚开始踏步，双手胸前 2 拍一击掌（反握带）。要求及注意事项：脚离地约 15 厘米，身体保持正直。

②第 8×2 拍：双脚并立，同时两臂屈腕缠带 2 周。

（3）第一节：上肢运动（4×8 拍）。

①第 8×1 拍：1 拍左脚向前一步，同时两臂前举平拉带（正握带）；2 拍身体重心随着前移，右脚尖点地，同时两臂上举平拉带（正握带）；3 拍重复第一个动作；4 拍还原成直立。5－8 拍同 1－4 拍，方向相反。

②第 8×2 拍：1－2 拍左脚向左迈一步，同时两臂上举（正握带）；3－4 拍两臂拉带至侧上举（正握带）；5－6 拍两臂上举（正握带）；7－8 拍还原成直立。

③第 8×3 拍同第 8×1 拍、第 8×4 拍同第 8×2 拍，但方向相反。第 8×4 拍的 7－8 拍体后下带。要求及注意事项：身体重心的移动、直臂手臂上举。

（4）第二节：下蹲运动（4×8 拍）。

①第 8×1 拍：1－2 拍两腿半蹲，膝后挂带，同时两臂向前拉带至前举（前握带）；3－4 拍左脚向前一步成左弓步，两臂经侧至前举，同时颈后向前推带（反握带）；5－8 拍同 1－4 拍，方向相反。

②第 8×2 拍：1－2 拍左脚向左一步成左弓步，同时两臂左下右上斜拉带（反握带）；3－4 拍还原成直立；5－6 拍同 1－2 拍，但方向相反；7－8 拍还原成直立。

③第 8×3 拍同第 8×1 拍、第 8×4 拍同第 8×2 拍，但方向相反。要求及注意事项：斜拉带时两臂成一线。

（5）第三节：扩胸运动（4×8 拍）。

①第 8×1 拍：1 拍左脚侧出一步成开立，同时两臂经前举至侧举平拉带（正握带）；2 拍右腿并左腿，同时两臂前举；3 拍同 1 拍，4 拍同 2 拍；5－6 拍向左转 90 度成左弓步，同时两臂侧举拉带；7－8 拍还原成直立。

②第 8×2 拍和第 8×4 拍同第 8×1 拍，但方向相反。第 8×3 拍同第 8×1 拍。要求及注意事项：第 7 拍两臂经前举落下。

（6）第四节：体侧运动（4×8 拍）。

①第 8×1 拍：1－2 拍左脚侧出一步成开立，同时两臂侧上举（正握带）；3－4 拍上体向右侧屈一次；5－6 拍同 1－2 拍；7－8 拍还原成直立。

②第 8×2 拍：1－2 拍左脚侧出一步成开立，同时两臂侧上举（正握

带）；3-4拍上体向右侧屈一次，同时左臂拉带至体侧下举（正握带）；5-6拍同3-4拍；7-8拍还原成直立。

③第8×3拍同第8×1拍、第8×4拍同第8×2拍，但方向相反。要求及注意事项：侧屈时，上体不要前倾或后仰。

（7）第五节：体转运动（4×8拍）。

①第8×1拍：1-2拍左脚向左一步，同时双手叉腰（前握带）；3-4拍两腿半蹲，同时上体左转45度，右臂侧举拉带（正握带），眼看左手；5-6拍同3-4拍，方向相反；7-8拍还原成直立。

②第8×2拍和第8×4拍同第8×1拍，但方向相反。第8×3拍同第8×1拍。要求及注意事项：体转时，只转上体。

（8）第六节：腹背运动（4×8拍）。

①第8×1拍：1-2拍左脚向左45度一步成左弓步，同时两臂颈后侧举拉带（反握带）；3-4拍还原成直立；5-6拍右脚向左一步，同时上体前屈，两臂侧举拉带（正握带）；7-8拍还原成直立。

②第8×2拍和第8×4拍同第8×1拍，但方向相反。第8×3拍同第8×1拍。要求及注意事项：体前屈时，两腿伸直。

（9）第七节：腿部运动（4×8拍）。

①第8×1拍：1-2拍左腿侧伸踩带，同时上体左转前屈，左臂拉带至腰前（前握带）；3-4拍上体还原成直立左腿侧踢，同时左臂拉带，右臂经体侧至侧上举（反握带）；5-6拍同3-4拍；7-8拍还原成直立。

②第8×2拍和第8×4拍同第8×1拍，但方向相反。第8×3拍同第8×1拍。要求及注意事项：踢腿时，两腿伸直，上体保持正直。

（10）第八节：跳跃运动（4×8拍）。

①第8×1拍：1拍右脚原地跳一步，左腿前下踢，同时双手叉腰（前握带）；2拍两脚跳成并立；3-4拍同1-2拍，但方向相反；5拍右脚原地跳一步，左腿前下踢，同时左臂侧举（正握带），右臂胸前平屈（前握带）；6拍两脚跳成并立；7-8拍同5-6拍，但方向相反。

②第8×2拍：1拍身体左转90度跳成左弓步，同时两臂侧举（正握带）；2拍身体右转90度跳成预备姿势；3拍两脚同时起跳成开立半蹲，同时两臂侧举（正握带）；4拍还原成预备姿势；5-8拍同1-4拍，但方向相反。

③第8×3拍同第8×1拍、第8×4拍同第8×2拍，但方向相反。要求及注意事项：跳跃动作要有弹性。

（11）第九节：整理运动（2×8拍）。

①第8×1拍：1-2拍左脚向左迈出一步，同时两臂挂带颈后；3-8拍

两臂经胸前交叉向外绕环半周后自然落下。

②第 8×2 拍：同第 8×1 拍的 3—8 拍。

九、啦啦操

（一）教学目标

啦啦操课以啦啦操基本动作、成套动作、队形创编、竞赛的学习为主要载体，以提升学生体质健康为主要目标，以促进学生身心健康全面发展为根本要求，充分发挥学生自主、教学主导的课程教学理念。

（1）学生初步掌握体育与健康的基础知识、啦啦操的基本知识、成套动作与简单的队形编排知识；掌握常用的身体素质练习与体育健身方法。

（2）学生熟练掌握啦啦操成套动作技术与队形创编，能应用恰当的体育健身方法，使自身的体育素养与身心健康素质得到有效提升。

（3）增进学生体育锻炼意识，培养学生的创新能力与团队协作能力，从而提升学生的社会适应能力。

（二）教学内容纲要

1．理论部分

（1）啦啦操的起源与发展。

（2）啦啦操的分类与特点。

（3）啦啦操的基本术语。

（4）啦啦操的创编原则与方法。

（5）啦啦操的竞赛规则与比赛赏析。

2．实践部分

实践部分包括啦啦操的 36 个基本手位、基本步伐、难度动作、组合动作和专项素质练习五部分。

其一，啦啦操的 36 个基本手位，包括下 A、上 A、上 V、下 V、加油、T、短 T、W、上 L、下 L、斜线、K、侧 K、弓箭、小弓箭、短剑、侧上冲拳、侧下冲拳、斜下冲拳、斜上冲拳、高冲拳、R、上 M、下 M、屈臂 X、上 X、前 X、下 X、X、上 H、下 H、小 H、屈臂 H、前 H、M、O。

其二，啦啦操的基本步伐，包括原地踏步、后踢腿跑、侧并步、弓步、马步、跟点地、侧滑步、小碎步、小马跳、并腿跳、吸腿、锁步等。

其三，啦啦操的难度动作，主要内容：

（1）跳跃类：小分腿跳、踢尔特跳、鹿跳、C 跳。

（2）转体类：平转、阿提丢转体、挥鞭转、阿拉 C 杠、立转、库佩转体。

（3）翻腾类：前滚翻分腿起、侧手翻。

（4）柔韧与平衡类：搬腿、控腿、抱腿、连续 4 次大踢腿。

其四，啦啦操组合动作，主要内容：

（1）手位动作组合 4×8 拍。

（2）步伐动作组合 4×8 拍。

（3）花球啦啦操成套动作。

其五，专项素质练习，主要内容：

（1）柔韧素质：压踢腿（静动力）、体侧屈。

（2）灵敏素质：进退跑游戏、分腿跳游戏。

（3）力量素质：直腿提踵、单脚站蹲、垂直跳、团身跳。

（4）耐力素质：反向卷腹、坐姿半程背部卷动、俯身转体、跪姿俯卧撑。

（5）平衡能力：单腿抱膝站立、吸腿平衡。

十、定向运动

（一）教学目标

（1）培养学生定向运动的专项能力，使学生掌握一定的定向运动理论知识，掌握定向运动的基本技战术。

（2）提高学生的身体素质以及自觉锻炼的良好意识，达到强身健体的目的。

（3）培养学生机智果断、沉着冷静、顽强拼搏、敢于面对挫折等优良品质，以及团结协作的集体主义精神。

（二）教学内容纲要

1. 理论部分

（1）定向越野简介。

（2）定向越野的起源和发展。

2. 定向越野的物质条件（装备、器材）

（1）了解定向越野地图：地图的组成部分、地图比例尺、地物符号、地图的颜色、等高线（地形）、读图的一般规则、地图的正确拿法。

（2）指北针的使用：标定地图、确定站立点、注意事项。

（3）检查点说明符号。

（4）相关的野外知识：野外迷失的解决方法、实地对照地形的方法、野外辨别方向的方法。

（5）定向越野竞赛的组织与规则。

3. 实践部分

（1）定向地图与实地的对照：比例尺测算图上距离与实际距离、地图上的颜色与实际地物对照、地图上的地貌与实际地貌情况对照、检查点与实际地物对照。

（2）实地中标定地图：实地中利用指北针标定地图、实地中利用地物标定地图、利用实地中的明显地形标定地图。

（3）实地中确定站立点：直接确定、利用位置关系确定、利用交会法确定。

（4）定向越野起点出发技术。

（5）路线选择与实践。

（6）接近目标点时的技术。

（7）越野技术：平跑技术、持图跑技术、上下坡跑技术、穿越跑技术。

（8）定向越野路线设计。

4. 定向越野专项身体素质练习方法

（1）有氧耐力练习方法。

（2）下肢力量和踝关节专门性力量练习方法。

（3）腰、腹、背部力量练习方法。

（4）上肢力量和手握力练习方法。

（5）速度练习方法。

（6）身体柔韧性和协调性练习方法。

十一、高尔夫

（一）教学目标

（1）学生较全面地了解高尔夫球运动的知识，掌握高尔夫球运动技术；学生能更远、更准确地击球，以更少的杆数达到目标，体会只有充分挖掘和发挥自己的潜能，才能在竞争中立于不败之地。

（2）提高学生保持身体平稳、协调的能力及良好心态。人们热衷于高尔夫球运动的一个重要原因，是高尔夫球运动能让人们的心态更加平和。

（3）学生学会自尊、自律。高尔夫球运动是一项杜绝作弊的运动，它追求的是公平、和谐和信任。在高尔夫球场，人们挑战的是自己，而不是他人。

（4）学生亲身感受绿色、阳光、运动与健康的融合，体验人与自然的和谐，培养学生对美好健康生活、人生的内在追求。

（5）培养学生刻苦练习、善于思考、勇于战胜困难的意志和品质，培养学生对高尔夫球运动的兴趣，为终身体育奠定良好的基础。

（二）教学内容纲要

1．理论部分

（1）高尔夫球运动的起源与发展。

（2）高尔夫球运动的特点、锻炼作用和练习方法。

（3）高尔夫球运动的竞赛规则和裁判法。

（4）高尔夫球运动的礼仪。

（5）高尔夫球的球具、服装及球场介绍。

（6）练习打高尔夫球的注意事项。

2．实践部分

实践部分包括挥杆前的技术、挥杆技术、冲击球与击球后的收杆、球杆的选择与应用、球场实践，以及观摩、组织赛事共六大部分。

其一，挥杆前的技术，主要内容：

（1）握杆技术（grip）：重叠握杆法（overlapping grip）、自然握杆法（natural grip）、互锁握法（interlocking grip）。

（2）站位姿势（stance）：直角站姿（square stance）、闭合站姿（closed stance）、开放站姿（open stance）。

（3）瞄球姿势（address）：两臂姿势、躯干姿势、肩部姿势、臀部姿势、两膝姿势、体重分配、两脚姿势。

其二，挥杆技术，主要内容：

（1）直挥式（upright swing）。

（2）平挥式（flat swing）。

（3）后摆杆（take back）。

（4）上挥杆（back swing）及挥杆顶点（top of swing）。

（5）下挥杆（down swing）。

其三，冲击球与击球后的收杆，主要内容：

（1）冲击球（impacting）。

（2）顺势动作（follow through）。

（3）结束动作（finish）。

其四，球杆的选择与应用，主要内容：

（1）木杆（woods）：1号木杆（driver）、球道木杆（fairway woods）。

（2）铁杆（irons）：长铁杆（long irons）、中铁杆（middle irons）、短铁杆（shot irons）、特殊短铁杆（wedges）。

（3）推杆（putter）：T形推杆、L形推杆、镰刀形推杆。

（4）握法（grip）：反叠塔式握法（reverse overlapping grip）、叠塔式握法（overlapping grip）、自然式握法（natural grip）、反手式握法（crosshand

grip)。

（5）推杆站姿：击球准备、推击球（putting stroke）。

其五，球场实践，主要内容：

（1）高尔夫练习场击球。

（2）高尔夫球场九洞击球。

其六，观摩、组织赛事，主要内容：

（1）选择在高尔夫重大赛事期间（如 BMW 公开赛、Volvo 公开赛），组织学生现场观看比赛，欣赏职业球手的击球风采。

（2）安排学生做比赛工作人员，学习高尔夫赛事组织方法。

十二、散手

（一）教学目标

（1）了解武德、武魂、武知、武艺。

（2）学习武术散手的基本技术，初步掌握散手的攻防技术，使学生掌握一项锻炼身体和简单防身自卫的技能。

（3）在学生学习散手的过程中，向学生传授顽强拼搏的体育思想，提高学生的协调能力、灵敏性和爆发力，以达到全面提高身体素质的目的。

（二）教学内容纲要

1. 基本动作

（1）实战姿势：正架、反架。重点：格斗姿势。

（2）基本步法：进步、退步、前疾步、后疾步、上步、撤步、垫步、滑步、跳换步、环绕步、弹跳步。重点：进步、退步、前疾步、后疾步、环绕步。

（3）基本拳法：直拳、摆拳、勾拳、抄拳、贯拳。重点：直拳、摆拳、勾拳、抄拳、贯拳。

2. 攻防战术

（1）拳腿组合战术：进攻组合、防守反击组合、反击组合、连续进攻组合。重点：进攻组合、防守反击组合。

（2）截摔技术：抱腿前顶摔、旋压摔、别腿摔、擦肩过背摔、抱腿摔、拖摔、抄腿勾摔。重点：旋压摔、别腿摔、擦肩过背摔、拖摔、抄腿勾摔。

（3）攻防技术：进攻技术、防守技术、反击技术、防守反击技术、截击技术。重点：进攻技术、反击技术、防守反击技术、截击技术。

3. 竞赛规则与裁判法（略）

十三、攀岩

(一) 教学目标

攀岩运动是一项新兴的体育运动，是体现勇敢的运动。攀岩运动是在悬崖峭壁上比赛攀岩本领的运动，只靠运动员的双手、双脚抓蹬岩壁突出的支点和裂缝，一点点地向上攀登，需要有勇往直前的气魄和精湛的攀登技巧。攀岩者必须发挥自身的力量，集耐力、柔韧性和平衡能力于一身，利用那些难以把握的支点向上攀爬，完成腾挪、蹿跃、引体向上动作，并在惊险的运动中得到美的享受。因此，这项运动被誉为"岩壁上的艺术体操""岩壁芭蕾"。

(二) 教学内容纲要

1. 理论部分

（1）攀岩运动的起源、历史、发展现状与趋势。

（2）攀岩运动的特点、作用和价值。

（3）攀岩运动（含登山、野营）的安全、生存救护知识。

2. 实践部分

实践部分包括技术装备的熟悉与使用、绳结技术、保护技术、攀登技术四部分。

其一，技术装备的熟悉与使用，主要内容：

（1）保护性装备：主绳、铁锁、绳套、安全带、头盔、下降器以及上升器等的正确辨别和使用。

（2）辅助性装备：攀岩专用鞋、滑石粉的使用。

其二，绳结技术，包括单结、双"8"字结、单"8"字结、平结等。

其三，保护技术，主要内容：

（1）保护点的设置。

（2）保护方法：上保护技术、下保护技术。

其四，攀登技术，主要内容：

（1）基本攀登技术。

（2）攀登的手法技术。

（3）攀登的脚法技术。

（4）身体重心与攀登节奏的控制。

（5）攀登路线规划。

十四、击剑

（一）教学目标

通过击剑运动的学习，学生掌握击剑的基本技战术；培养学生爱国主义精神和高尚的道德品质，提高学生身体素质和机体感觉器官的功能，改善人体形态，提高运动技能，培养优良的心理品质。

（二）花剑教学内容纲要

1. 专项理论

（1）击剑运动概述。

（2）击剑规则与裁判法。

2. 技术部分

（1）剑的握法，立正、稍息、敬礼、实战姿势，花剑比赛的有效部分和有效部位。

（2）基本步法：向前一步、向后一步，向前交叉步、向后交叉步，弓箭步，向前垫步、向后垫步，向前跃步、向后跃步，冲刺，复合步。

（3）防守基本姿势：第一至第八防守姿势（防守动作）。

（4）主要防守方法：距离防守、直接防守、半圆防守、划圆防守。

（5）主要进攻技术：直刺、弓箭步刺、转移刺、假直刺转移刺、变换交叉刺、变换交叉转移刺、击打变换交叉刺、击打变换交叉转移刺、击打直刺、击打转移刺、转移击打直刺、转移击打转移刺。

（6）主要防守还击的路线：直接还击（直线）、水平转移（水平线）、垂直转移（垂直线）、对角转移（对角线）。

（7）一般的进攻形式：直接进攻、重复进攻、连续进攻、延续进攻。

（8）对练套路：右边单边上下击打、左边单边上下击打、直接防守还击、击打进攻防守还击、四二防守、垂直攻防、水平攻防、综合攻防、全方位攻防、圆六防四攻防、圆四防六攻防、不定点攻防。

（9）实战。

（三）重剑教学内容纲要

1. 专项理论

（1）击剑运动概述。

（2）击剑规则与裁判法。

2. 技术部分

（1）剑的握法、立正、稍息、敬礼、实战姿势，重剑比赛的有效部分和有效部位。

(2) 基本步法：向前一步、向后一步、向前交叉步、向后交叉步、弓箭步、向前垫步、向后垫步、向前跃步、向后跃步、冲刺、复合步。

(3) 防守基本姿势：第一至第八防守姿势（防守动作）。

(4) 主要防守方法：距离防守、直接防守、半圆防守、划圆防守。

(5) 主要进攻技术：直刺、弓箭步刺、转移刺、击打直刺、对抗刺、压剑刺。

(6) 主要反攻技术：直刺、对抗刺、摆脱刺、抢攻刺。

(7) 一般的进攻形式：直接进攻、重复进攻、连续进攻、延续进攻。

(8) 对练套路：上下击打、左右缠剑、摆脱转移、进攻接反攻、进攻接防守、六二防守还击、八四防守还击、直接六八四防守还击、不定点攻防、不定点反攻。

(9) 实战。

十五、轮滑

（一）教学目标

培养学生的运动兴趣、终身体育意识、勇敢顽强的意志品质，丰富学生的业余文化生活；掌握轮滑运动的基本知识、基本技术和基本技能，促进学生身体素质和机能的全面发展；掌握轮滑竞赛规则及裁判法，提高学生欣赏高水平轮滑技术能力。

（二）教学内容纲要

1．理论部分

(1) 轮滑运动的发展、特点。

(2) 轮滑技术理论。

(3) 轮滑运动的基本知识及竞赛规则。

(4) 轮滑装备、护具种类及选购原则。

(5) 轮滑运动中运动损伤的预防及注意事项。

2．实践部分

实践部分包括基本技术、基本动作和动作练习三部分。

其一，基本技术，主要内容：

(1) 站立：外八字站立、平行站立、丁字步站立。

(2) 滑行：向前单脚滑行、向前滑行、向后单脚滑行、向后滑行。

(3) 转弯：平转、正滑步转弯、倒滑步转弯。

(4) 刹车：刹车器刹车、内八字刹车、"T"形刹车。

(5) 安全跌倒：向前摔倒、向侧摔倒。

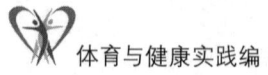

其二，基本动作，主要内容：

（1）"S"形过桩：双鱼、正蛇、倒蛇。

（2）"8"形过桩：正剪、倒剪。

其三，动作练习，主要内容：

（1）陆地模仿技术：基本姿势、侧蹬及收腿技术、摆臂技术、全身配合。

（2）初步滑行技术：基本站立、原地移动重心练习、迈步移动重心练习。

（3）直线滑跑技术：起动、滑行、收腿、蹬地、摆腿。

（4）转弯滑跑技术：走步转弯练习、蹬地与收腿、摆臂弯道技术、全身配合。

（5）停止方法：转弯减速法、"T"形停止法。

十六、跳绳

（一）教学目标

（1）掌握一种以上的跳绳方法，通过跳绳发展学生的身体素质，增强体能，促进学生身体的正常发育。

（2）让学生在学习中大胆向同学展示自己的动作，培养自信心。

（3）通过合作学习培养学生的合作创新精神，增强学生团队合作和社会适应能力。

（二）教学内容纲要

1. 理论部分

理论部分包括跳绳运动概述、竞赛规则和跳绳应注意的问题三部分。

其一，跳绳运动概述，主要内容：

（1）跳绳运动的发展、作用及特点。

（2）跳绳运动的分类。

其二，跳绳运动竞赛规则，主要内容：

（1）竞赛方法及相关规则。

（2）仲裁与裁判组成。

其三，跳绳应注意的问题，主要内容：

（1）绳子的选择。

（2）跳绳场地、服装、音乐的选择。

2. 实践部分——跳绳基本技术

（1）正向、反向、侧向的握绳方法。

（2）跳跃方法和姿势。

（3）短绳跳。

①单摇跳：双脚跳、双脚交替跳、一步跑跳、体前固定交叉单摇跳、体前交替交叉单摇跳、体后固定交叉单摇跳。

②双摇跳：直双摇跳、体前固定交叉双摇跳、体前开合交叉双摇跳。

③带人跳：一带一跳、一带二跳、一带一钻绳洞跳、一带二钻绳洞跳、换位半周车轮跳、双脚车轮跳。

（4）长绳跳。

①跳长绳的基本要求和特点。

②基本跳法：正、反上绳法。

③各种变换跳法：长绳单人跳、依次进长绳集体跳、平衡绳连续跳、长绳"8"字跳、双绳交互单摇跳、长绳内跳短绳。

参考文献

[1]《大学生体育与健康》编写组. 大学生体育与健康[M]. 贵阳：贵州人民出版社，2001.

[2]《大学体育与健康教程》编写组. 大学体育与健康教程[M]. 北京：人民体育出版社，2002.

[3]《国家学生体质健康标准解读》编委会. 国家学生体质健康标准解读[M]. 北京：人民教育出版社，2007.

[4]《体育保健学》编写组. 体育保健学[M]. 2版. 北京：高等教育出版社，1997.

[5]《体育保健学》编写组. 体育保健学[M]. 北京：高等教育出版社，1987.

[6]《体育教程》编写委员会. 体育教程[M]. 成都：四川大学出版社，2001.

[7]《体育与健康理论教程》编委会. 体育与健康理论教程[M]. 北京：北京体育大学出版社，2001.

[8] 陈水生. 高校健康教育教程[M]. 上海：华东师范大学出版社，1992.

[9] 邓浩，王东升，张伟. 大学体育与健康教程[M]. 郑州：中原农民出版社，2008.

[10] 邓树勋. 体育与健康（南方版）[M]. 广州：中山大学出版社，2001.

[11] 邓树勋. 体育与健康[M]. 广州：中山大学出版社，2002.

[12] 丁艺，李娟，刘瑞平. 大学体育实用教程[M]. 沈阳：东北大学出版社，2008.

[13] 丁英俊. 大学生体育与健康[M]. 开封：河南大学出版社，2002.

[14] 傅辉沮，张恩光. 体育与健康[M]. 南京：河海大学出版社，2002.

[15] 高顺生. 现代大学生应用体育保健康复[M]. 北京：北京体育大学出版社，2002.

[16] 矫玮. 运动损伤学双语教程[M]. 北京：北京体育大学出版社，2003.

［17］李祥. 健康教育学［M］. 桂林：广西师范大学出版社，2000.

［18］李宗述. 体育康复学［M］. 成都：四川教育出版社，1994.

［19］刘国柱. 实用运动处方［M］. 北京：北京科学技术出版社，1997.

［20］刘纪清. 实用运动处方［M］. 哈尔滨：黑龙江科学技术出版社，1993.

［21］刘清黎. 体育与健康［M］. 北京：高等教育出版社，2002.

［22］吕彦，达海. 外国养生保健［M］. 北京：人民体育出版社，1988.

［23］闵捷，高涵. 大学体育与健康基础教程［M］. 北京：北京体育大学出版社，2002.

［24］裴海泓. 体育［M］. 北京：人民卫生出版社，2001.

［25］彭杰，孙大明，项立敏. 大学体育理论教程［M］. 徐州：中国矿业大学出版社，2002.

［26］曲绵域. 实用运动医学［M］. 北京：北京科学技术出版社，2003.

［27］全国体育学院教材委员会. 体育概论［M］. 北京：人民体育出版社，2002.

［28］全国体育学院教材委员会. 武术［M］. 北京：人民体育出版社，1989.

［29］全国体育学院教材委员会. 运动生理学［M］. 北京：人民体育出版社，2000.

［30］冉德洲，陈惠昌. 运动医学［M］. 北京：人民教育出版社，1983.

［31］冉德洲，高兴. 运动医务监督［M］. 成都：四川教育出版社，1993.

［32］任建生. 心血管运动生理与运动处方［M］. 北京：北京体育大学出版社，1996.

［33］任建生. 休闲运动处方［M］. 武汉：武汉出版社，2000.

［34］孙德瑞. 体育与健康［M］. 大连：大连海事大学出版社，2002.

［35］唐健. 大学体育［M］. 北京：北京体育大学出版社，1998.

［36］田佳. 中医筋伤学［M］. 成都：成都体育学院出版社，1996.

［37］王安利，王松涛. 运动医学双语教程［M］. 北京：北京体育大学出版社，2004.

［38］吴江，黄力生. 大学体育理论［M］. 厦门：厦门大学出版社，2000.

［39］肖威. 大学体育健康理论与实践［M］. 北京：北京体育大学出版社，2002.

［40］邢登江，刘国庆. 大学体育［M］. 北京：北京航空航天大学出版社，2004.

［41］杨文轩. 当代大学体育［M］. 北京：人民体育出版社，2005.

［42］杨锡让. 实用运动生理学［M］. 北京：北京体育大学出版社，2007.

［43］杨忠伟. 体育运动与健康促进［M］. 北京：高等教育出版社，2007.

［44］虞定海. 中国传统保健体育与养生［M］. 上海：上海科学技术出版社，2001.

［45］张保华. 现代体育经济学［M］. 广州：中山大学出版社，2004.

［46］张广德. 引导养生功标准教程［M］. 北京：北京体育大学出版社，2001.

［47］赵坛生. 大学体育锻炼与健康指导［M］. 北京：北京邮电大学出版社，2003.